기본 동사 20개로

감각ON이 켜지면 영어FUN가 즐겁다!

기본 동사 20개로

감각ON 영어FUN 감각이 켜지면 영어가 즐겁다!

초판 1쇄 인쇄 2025년 09월 26일
초판 1쇄 발행 2025년 10월 10일

지은이	스텔라 최
발행인	임충배
홍보/마케팅	양경자
편집	김인숙
디자인	서해숙, 김수연
펴낸곳	도서출판 삼육오(PUB.365)
제작	(주)피앤엠123

출판신고	2014년 4월 3일
등록번호	제406-2014-000035호
주소	경기도 파주시 산남로 183-25 TEL 031-946-3196	FAX 031-946-3171
홈페이지	www.pub365.co.kr

ISBN 979-11-94543-38-1(03740)
ⓒ스텔라 최&2025 PUB.365

기본 동사 20개로

감각ON 이 켜지면
영어FUN 가 즐겁다!

저자 스텔라 최

PUB3옹오

머 리 말

아직도 영어를 공부하고 계신가요?

'배우다'라는 단어의 어원은 '스며든다'는 뜻의 '배다'에서 유래했다고 합니다. 우리가 무언가를 배운다는 것은 반복을 통해 몸이 자연스럽게 익혀 활용할 수 있는 상태로 만드는 것입니다. 그렇다면, 우리는 영어를 제대로 배우고 있었을까요? 공부한 영어를 정말로 사용하고 있나요?

영어를 배우는 과정에서, 우리는 흔히 '학(공부)' 단계에는 열중하지만, '습(익힘)' 단계에서 늘 한계에 부딪힙니다. 그 이유는 원어민이 실생활에서 자주 사용하는 표현과 기본 동사를 충분히 익히고 활용하지 못한 채 공부에만 머무르기 때문입니다.

저 역시 공부로만 영어를 접했을 때는 막연히 영어가 어렵기만 했었는데 알고 있는 기본 동사들과 표현들을 사용하며 외국인들과 자유롭게 대화를 하기 시작했을 때, 영어가 무척 흥미롭게 다가왔던 기억이 납니다.

다양한 환경에서 영어를 활용하며 느낀 점은, 어려운 단어 없이도 원어민과 대화할 수 있다는 사실이었습니다. 기본 동사에서 파생되는 여러 의미와 영어식 사고방식을 이해하고 대화에 적용하는 연습만으로도 영어로 의사소통이 충분히 가능했습니다. 이런 경험을 바탕으로 저는 기본 동사를 중심으로 한 회화 수업을 기획했고, 지금까지도 이어가고 있습니다.

요즘 인공지능 시대가 도래하며 "영어를 굳이 배워야 하나?"라는 질문도 종종 듣습니다. 하지만 인간적인 소통의 중심에는 여전히 언어가 있다고 믿습니다. 오히려 인공지능이 발전할수록, 사람 간의 언어적 온기와 소통의 감각은 더욱 중요해지리라 생각합니다.

이 책에서는 원어민이 일상에서 자주 사용하는 필수 동사 20개와 이를 활용한 영어회화 패턴 120개를 담고 있습니다. 여전히 영어로 말을 하고 싶은 독자들에게 이 책이 새로운 인연과 만남을 가능하게 하고 넓은 세상과 연결이 되는 설렘과 기쁨의 도구가 될 수 있기를 바랍니다.

감각 ON 영어 FUN과 함께 잠들어있던 영어 감각을 깨우고 대화의 즐거움을 만끽해 보시길 진심으로 바랍니다

저자 스텔라 최

학 습 방 법

감각 기르기

단어의 기본 이미지 느낌 익히기

우리가 자주 쓰는 동사나 표현이 어떤 이미지와
느낌을 갖고 있는지, 기본 뜻과 함께 쓰임을 익히게
됩니다. 짧고 간단한 예문과 함께 시작해, 단어에
대한 첫인상을 자연스럽게 키워보세요. 학습의
시작은 언제나 '느낌을 이해하는 것'에서 시작됩니다.

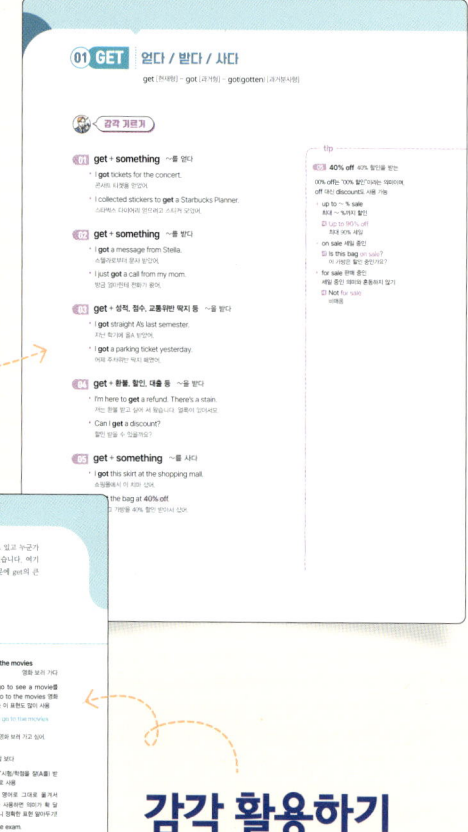

감각 활용하기

일상 회화에 적용해 보기

기본 개념을 익혔다면 이제는 일상 속 대화에
어떻게 자연스럽게 쓰이는지 확인해볼 차례입니다.
대화문 안에서 실제로 단어가 어떤 상황에서
어떻게 쓰이는지를 반복해서 듣고, 따라 말해보며
연습하세요. 단순한 해석보다도 '이럴 땐 이렇게
말하는구나!' 하는 감각을 키우는 것이 중요합니다.

감각 더하기

표현의 의미와 쓰임 확장하기

이제는 단어 하나를 넘어서, 패턴과 구조까지 연결해보는 단계입니다. 패턴 중심의 예시를 통해 다양한 문장을 자유롭게 만들어 볼 수 있습니다. 여기서 감각이 한층 더 깊어집니다.

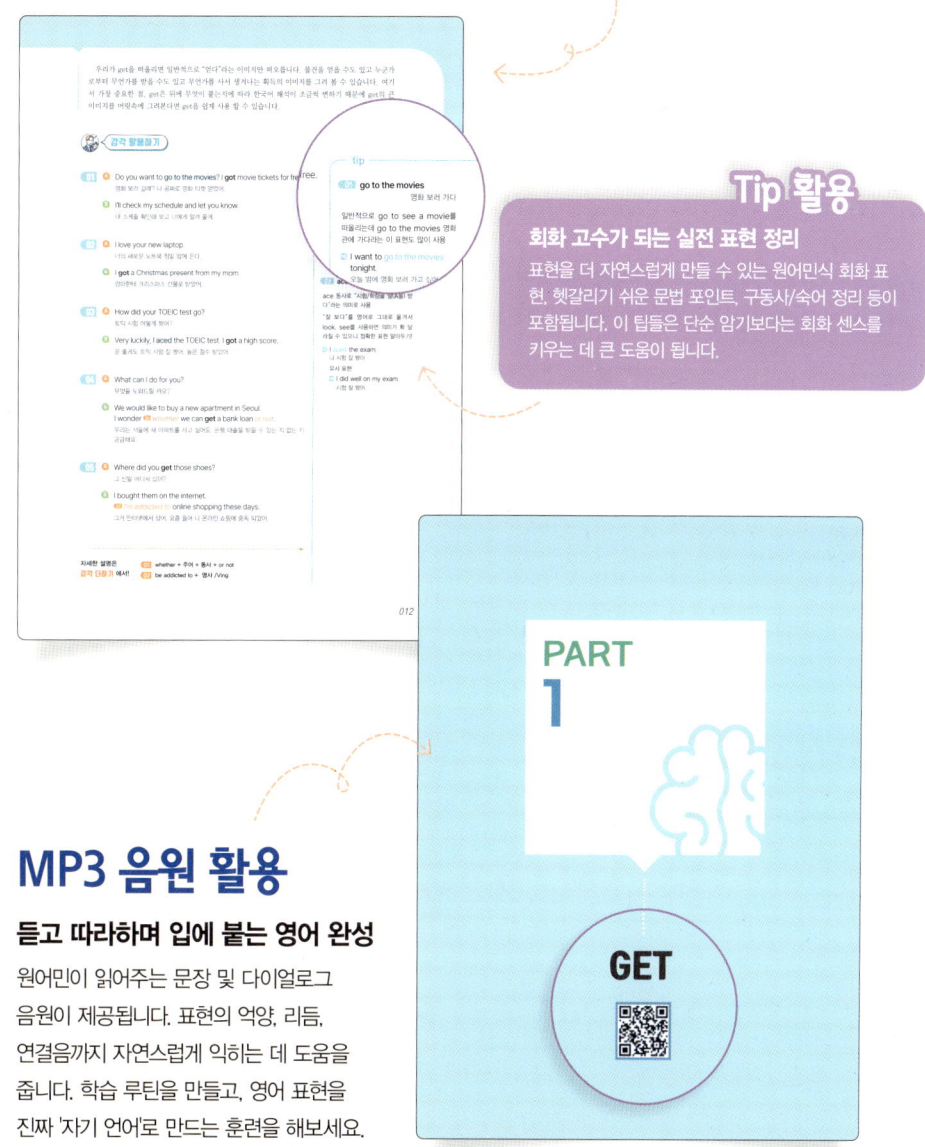

Tip 활용

회화 고수가 되는 실전 표현 정리

표현을 더 자연스럽게 만들 수 있는 원어민식 회화 표현, 헷갈리기 쉬운 문법 포인트, 구동사/숙어 정리 등이 포함됩니다. 이 팁들은 단순 암기보다는 회화 센스를 키우는 데 큰 도움이 됩니다.

MP3 음원 활용

듣고 따라하며 입에 붙는 영어 완성

원어민이 읽어주는 문장 및 다이얼로그 음원이 제공됩니다. 표현의 억양, 리듬, 연결음까지 자연스럽게 익히는 데 도움을 줍니다. 학습 루틴을 만들고, 영어 표현을 진짜 '자기 언어'로 만드는 훈련을 해보세요.

PART 1

GET

목 차

감각 ON, 영어 FUN

감각 ON, 영어 FUN

PART
1

GET

01 GET | 얻다 / 받다 / 사다

get [현재형] – got [과거형] – got(gotten) [과거분사형]

감각 기르기

01 get + something ~를 얻다

- I **got** tickets for the concert.
  콘서트 티켓을 얻었어.

- I collected stickers to **get** a Starbucks Planner.
  스타벅스 다이어리 얻으려고 스티커 모았어.

02 get + something ~를 받다

- I **got** a message from Stella.
  스텔라로부터 문자 받았어.

- I just **got** a call from my mom.
  방금 엄마한테 전화가 왔어.

03 get + 성적, 점수, 교통위반 딱지 등 ~을 받다

- I **got** straight A's last semester.
  지난 학기에 올A 받았어.

- I **got** a parking ticket yesterday.
  어제 주차위반 딱지 떼였어.

04 get + 환불, 할인, 대출 등 ~을 받다

- I'm here to **get** a refund. There's a stain.
  저는 환불 받고 싶어서 왔습니다. 얼룩이 있어서요.

- Can I **get** a discount?
  할인 받을 수 있을까요?

05 get + something ~를 사다

- I **got** this skirt at the shopping mall.
  쇼핑몰에서 이 치마 샀어.

- I **got** the bag at **40% off.**
  나는 그 가방을 40% 할인 받아서 샀어.

우리가 get을 떠올리면 일반적으로 "얻다"라는 이미지만 떠오릅니다. 물건을 얻을 수도 있고 누군가 로부터 무언가를 받을 수도 있고 무언가를 사서 생겨나는 획득의 이미지를 그려 볼 수 있습니다. 여기 서 가장 중요한 점, get은 뒤에 무엇이 붙는지에 따라 한국어 해석이 조금씩 변하기 때문에 get의 큰 이미지를 머릿속에 그려본다면 get을 쉽게 사용 할 수 있습니다.

감각 활용하기

01 **A** Do you want to go to the movies? I **got** movie tickets for free.
영화 보러 갈래? 나 공짜로 영화 티켓 얻었어.

B I'll check my schedule and let you know.
내 스케줄 확인해 보고 너에게 알려 줄게.

02 **A** I love your new laptop.
너의 새로운 노트북 정말 맘에 든다.

B I **got** a Christmas present from my mom.
엄마한테 크리스마스 선물로 받았어.

03 **A** How did your TOEIC test go?
토익 시험 어떻게 봤어?

B Very luckily, I **aced** the TOEIC test. I **got** a high score.
운 좋게도 토익 시험 잘 봤어. 높은 점수 받았어.

04 **A** What can I do for you?
무엇을 도와드릴 까요?

B We would like to buy a new apartment in Seoul.
I wonder **01** *whether* we can **get** a bank loan *or not*.
우리는 서울에 새 아파트를 사고 싶어요. 은행 대출을 받을 수 있는 지 없는 지 궁금해요.

05 **A** Where did you **get** those shoes?
그 신발 어디서 샀어?

B I bought them on the internet.
02 *I'm addicted to* online shopping these days.
그거 인터넷에서 샀어. 요즘 들어 나 온라인 쇼핑에 중독 되었어.

자세한 설명은
감각 더하기 에서!

01 whether + 주어 + 동사 + or not
02 be addicted to + 명사 /Ving

tip

01 **go to the movies**
영화 보러 가다

일반적으로 go to see a movie를 떠올리는데 go to the movies 영화 관에 가다라는 이 표현도 많이 사용

예 I want to go to the movies tonight.
오늘 밤에 영화 보러 가고 싶어.

03 **ace** 잘 보다

ace 동사로 "시험/학점을 잘(A를) 받 다"라는 의미로 사용

"잘 보다"를 영어로 그대로 옮겨서 look. see를 사용하면 의미가 확 달 라질 수 있으니 정확한 표현 알아두기!

예 I aced the exam.
나 시험 잘 봤어.
+ 유사 표현
예 I did well on my exam.
시험 잘 봤어.

02 GET : 가져오다 / 데려오다 / 이해하다 / 오해하다

 감각 기르기

01 get + 물건 ~를 가져오다

- I will **get** some snacks for you.
  내가 간식 좀 가져올게.

- Hold on a second, I will **get** my jacket.
  잠깐만 기다려봐, 내 자켓 좀 가져올게.

02 get + 사람 + 물건 ~에게 ~를 가져다(얻게 해) 주다

- I will **get** you some coffee.
  내가 커피 좀 가져다 줄게.

- Can I **get** you anything?
  뭐 좀 가져다줄까?

03 get + 사람 + (사람) (~에게) ~를 데려오다
get + 사람 + to + 장소 ~에 ~를 데려오다

- Your service is terrible. Please **get** me the manager.
  서비스가 엉망이네요. 매니저를 불러줘요.

- I want to **get** my boyfriend **to** your birthday party.
  너의 생일 파티에 남자친구 데려오고 싶어.

04 get + 의미/요점/상황 ~을 이해하다

- I **got** your point.
  네 요점이 뭔지 알겠어.

- I don't **get** your meaning.
  무슨 말인지 이해가 안가.

05 get + 목적어 + wrong ~를 오해하다

- I **got** him **wrong**.
  내가 그를 오해했어.

- You **got** it all **wrong**.
  네가 완전 오해하고 있어.

---

tip

01 hold on a second 잠깐만

잠깐 기다려 달라는 의미의 기본적인 표현

예 Wait a second.
Wait a minute.
Wait a moment.

+ 원어민들이 자주 사용하는 표현
예 Hold a minute.
Hold on a second.
(second 같은 경우는 말할 때 축약해서 sec이라고 표현)

05 get + 사람/it + wrong
~를 오해하다

misunderstand "오해하다"는 사무적이고 격식적인 표현

일상에서는 사람이나 어떤 상황을 "잘 못 이해하다" 즉, "오해하다"는 의미로 사용

예 Don't get me wrong.
오해하지 마.

get 뒤에 물건이 오면 그것을 가져오는 의미로 쓰이며, 문장 구조에 따라 〈get + 사람/물건〉 형태는 누군가에게 ~를 가져다 준다는 뜻이 됩니다. 또한 get 뒤에 사람이 오면 사람을 데려온다는 의미로 확장됩니다. get에서 반드시 기억해야 할 핵심 이미지는 상태의 변화, 즉 움직임으로, 개념이나 생각 등이 머릿속으로 이동해 이해되는 상황에도 사용됩니다.

감각 활용하기

01 Ⓐ I have a terrible headache.
머리가 심하게 아파.

Ⓑ I will **get** some medicine.
내가 약 좀 가져올게.

02 Ⓐ Can I have some water, please?
물을 좀 주실 수 있으세요?

Ⓑ Are you thirsty? I will **get** you some water.
목말라요? 물을 가져 올게요.

03 Ⓐ Where am I?
제가 어디에 있는 거죠?

Ⓑ Oh, you're awake. You're at the hospital.
I will go **get** the doctor and your family.
오, 깨셨네요. 병원입니다. 가서 제가 의사선생님과 가족들을 데려올게요.

04 Ⓐ Did you **get** it, Stella?
알아 들었어, 스텔라?

Ⓑ Yes, I **got** it.
응, 알아 들었어.

05 Ⓐ Get your hands off.
손 떼세요. (손 치워요)

Ⓑ Don't **get** me **wrong**. You got something on your shirt.
오해하지 마세요. 셔츠에 뭐가 묻었어요.

Ⓐ I'm sorry. I **got** you **wrong**.
미안해요. 제가 오해를 했어요.

tip

03 **be at the hospital**
병원에 있다

병문안이나 진료 등으로 병원에 있다고 표현 할 때는 be at the hospital

반면에 질병 등을 치료하기 위해서 병원에 입원해 있다고 표현할 때는 be in the hospital

예 I was in the hospital for three days.
나는 3일동안 입원해 있었어.

03 GET | 명사를 하다

 **감각 기르기**

01 **get some rest** 휴식을 좀 취하다

- I **got a lot of rest** all day.
  하루 종일 많이 쉬었어.

- I'm just going to **get some rest** at home tomorrow.
  내일은 그냥 집에서 좀 쉴 거야.

02 **get some fresh air** 바람을 쐬다

- I'm under a lot of stress. I need to **get some fresh air**.
  엄청 스트레스 받아. 바람을 좀 쐬야겠어.

- I'm about to go and **get some fresh air**.
  바람을 쐬러 갈 참이야.

03 **get some sleep** 잠을 좀 자다

- I **got enough sleep** last night.
  지난 밤에는 잠 충분히 잤어.

- Please just try and **get some sleep**.
  제발 잠을 좀 자려고 해봐.

04 **get some exercise** 운동을 좀 하다

- My New Year's resolution is to **get some exercise**.
  새해 결심은 운동을 좀 하는 거야.

- How can I **get more exercise** at home?
  어떻게 하면 집에서 운동을 더 할 수 있을까?

05 **get some food** 음식을 좀 먹다

- Let's **get some food** first.
  우리 우선 좀 먹자.

- I didn't have time to **get some food**.
  음식을 먹을 시간이 없었어.

tip

02 **be about to + 동사원형**
막 하려고 하다

바로 당장 어떤 동작이나 일을 하려고
하는 것을 설명할 때 씀

예 I'm about to go out for
dinner.
저녁 먹으러 가려고 하던 참이야.

〈get + 명사〉를 사용해서 일상 회화에서 쓰이는 정해진 표현이 있습니다. 더불어 그 명사에 따라 get의 의미도 조금씩 달라집니다. 〈get + [some(좀)/ a lot of(많이)/ enough(충분히)/ more(더)] + 명사〉 중간에 다양한 수량 형용사를 사용하면 의미가 더욱 확장 됩니다.

감각 활용하기

01 **A** **03** *I'm sick and tired of* working overtime every day.
매일 밤 야근하게는 거 지긋지긋 해.

B I think you need to **get some rest**.
내 생각에는 너는 휴식을 좀 취하는 게 좋을 것 같아.

02 **A** **04** *I could use* a break.
잠깐 쉬어야겠어.

B Why don't we **get some fresh** air?
우리 바람 좀 쐬면 어떨까?

03 **A** I'm so tired because I **tossed and turned** all night.
어제 밤새 뒤척여서 정말 피곤해.

B **05** *You'd better* **get more sleep**.
잠을 좀 더 자는 게 좋을 꺼야.

04 **A** Why did you **sign up** for a gym membership?
헬스장은 왜 등록했어?

B I've gained a lot of weight lately.
So, I'm trying to **get** enough **exercise** regularly.
요즘 살이 많이 찐 상태야. 그래서 규칙적으로 충분한 운동을 하려고 하고 있어.

05 **A** How did your presentation go?
발표는 어땠니?

B Can I **get some dinner** first? I'm so hungry.
Because I haven't eaten anything all day.
저녁 먼저 먹을 수 있을까? 나 정말 배고파. 하루 종일 아무것도 못 먹었어.

자세한 설명은
감각 더하기 에서!
03 be sick and tired of + 명사 /Ving
04 I could use + 명사
05 had better + 동사원형

---

tip

03 **toss and turn** 뒤척이다

밤새 잠을 제대로 이루지 못하고 이리 저리 뒤척이고 잠을 설칠 때 사용

시제를 넣어 말할 때 연결 된 두 단어 모두 시제를 변경 해서 사용 해야 함.

예 I ended up tossing and turning.
결국 밤새 뒤척였어.

04 **sign up** 등록하다

register, enroll 이 두 단어와 함께 sign up for 역시 프로그램이나 시설 등에 "등록하다, 가입하다, 신청하다"는 의미로 알아두기!

예 I signed up for a cooking class last week.
지난 주에 요리 수업 등록했어.

05 **How did 주어 go?**
어떻게 됐어? 어땠어?

이 문장에서 go의 의미는 "진행되다"로, 어떤 일이나 상황이 어떻게 진행되고 결과가 나왔는지 물어볼 때 주어 자리에 your test, interview, blind date 같은 원하는 내용을 넣어서 질문 가능

예 How did your job interview go?
면접 어떻게 봤어?

04 GET : 어떠한 상태가 되다, 무언가를 하게 되다

 **감각 기르기**

01 **get** + 형용사   ~한 상태가 되다

주어의 상황이 어떠한 상태로 변화 혹은 행동이 변화함을 표현합니다.

- I **got** sick this morning.
  오늘 아침에 몸이 안 좋았어.

- I **got** hungry. Can we get something to eat?
  배고파 졌어. 우리 뭐 좀 먹을까?

02 **get** + 형용사 비교급   더 ~해지다(더 ~한 상태로 변하다)

- I'm **getting** older.
  나는 더 나이가 들어가고 있어.

- The situation is **getting** better and better.
  상황이 점점 더 좋아지고 있어.

03 **get** + p.p.   ~가 되다

- You don't have to **get** depressed.
  우울해 할 필요 없어.

- I **got** caught cheating on the test.
  시험에서 부정행위를 하다가 걸렸어.

04 **get** + 목적어 + p.p.   ~가 ~된 상태로 되게 하다

목적어(사물)가 특정한 상태로 변화가 되었음을 표현하며 내가 직접 어떤 동작을 하기보다 돈을 주고 무언가를 수리하거나 어떤 서비스를 받게 될 때 사용

- I am going to **get** my car repaired this weekend.
  이번 주말에 자동차를 고치러 갈 거야.

- Do I have to **get** the work done by today?
  오늘까지 제가 그 일을 끝내야 하나요?

05 **get to** + 동사원형   ~하게 되다, ~를 할 수 있는 기회가 되다,
~할 수 있어 감사하다/좋다

단순히 "~하게 되다"라는 의미를 넘어서 "~할 수 있는 기회가 된다" 혹은 "~를 할 수 있어 감사하거나 좋다"라는 의미를 지니고 있음

- Are you on social media? I want to **get to** know you better.
  너 SNS 하니? 너를 더 잘 알아가고 싶어.

- I **got to** meet him in person yesterday.
  어제 그를 직접 만날 수 있었어.

tip

03 **cheat** 컨닝을 하다

무언가 부정행위를 하다고 표현할 때는 "컨닝"이라는 단어가 많이 알려져 있지만 실직적으로 cheat을 사용

예 cheat on the test
   시험에서 부정행위하다

+ 미드나 영화에서 자주 등장하는 표현 중 〈cheat on + 사람〉은 "~를 두고 바람을 피다"는 의미로 함께 익히기

  예 He cheated on me.
     그가 바람을 피웠어.

be동사는 "~이다"라는 단순한 상태를 나타낸다면 get의 특징적인 의미 중에 하나는 상태변화라는 것을 꼽을 수 있습니다. 어떠한 상태가 변화한다는 의미를 인식하고 나면 get을 다양하게 표현 할 수 있으며 그렇게 사용되는 의미와 더불어 다양한 문장 구조를 익혀주는 것이 중요합니다.

감각 활용하기

01 **A** I have a big presentation tomorrow.
So I'm starting to **get** nervous. I hope it goes well.
내가 내일 중요한 발표가 있어서 긴장되기 시작했어. 잘 되면 좋겠어.

B Don't worry about it. I'm sure you can do it.
걱정하지마. 네가 해낼 수 있을 거라고 확신해.

02 **A** Where are you now? Are you coming? My phone battery is running out and it's **getting** darker and darker.
지금 어디야? 오고 있어? 핸드폰 배터리도 떨어지고 점점 어두워지고 있어.

B I'll be there as soon as I can.
최대한 빨리 거기로 갈게.

03 **A** Why the long face? What's wrong?
왜 시무룩 하니? 무슨 일 있어?

B I feel so down. I just **got** dumped by my girlfriend.
06 *What if* I can't get over her?
나 기분이 안 좋아. 나 여자친구한테 차였어. 그녀를 잊지 못하면 어쩌지?

04 **A** Wow, did you get a haircut?
와우, 머리 잘랐어?

B I **got** my hair trimmed and permed yesterday. Do I look good?
어제 머리 다듬고 파마했어. 나 괜찮아 보여?

A Yeah, your new hairstyle looks good on you.
응, 새로운 헤어스타일 너에게 잘 어울린다.

05 **A** How was your honeymoon?
신혼 여행은 어땠어?

B Oh, it was really amazing. We **got to** visit a lot of beautiful places.
정말 좋았어. 아름다운 곳을 많이 가볼 수 있어서 좋았어.

자세한 설명은 **감각 더하기** 에서!   **06** What if + 주어 + 동사

tip

03 **Why the long face?**
왜 시무룩해 보이니?

우울해 보이거나 시무룩해 보일 때 Why do you have such a long face?라는 표현을 사용하는데 구어체에서 간단히 why the long face?라고 축약해서 사용

여기서 long face는 사람들이 우울할 때 얼굴 표정이 아래로 길게 늘어지는 것을 의미

05 GET | 구동사 활용

 감각 기르기

01 **get in touch with** + 사람　연락을 하다, ~와 (겨우) 연락이 닿다

- Did you **get in touch with** your boss?
  상사와 연락을 했니?

- I just **got in touch with** my lawyer.
  나의 변호사와 막 연락했어.

02 **get up**　일어나다

- I want you to **get up** early.
  나는 네가 일찍 일어났으면 좋겠어.

- The first thing I do when I **get up** is (to) drink some water.
  아침에 일어나서 내가 제일 먼저 하는 건 물을 마시는 거야.

03 **get along with** + 사람　~와 어울려 (감정적) 잘 지내다

- I **get along with** my family.
  나는 가족들이랑 잘 지내요.

- Do you **get along with** your co-worker?
  너는 동료들이랑 잘 지내?

04 **get on** + 교통수단　~에 승차하다
　↔ **get off** + 교통수단　~에서 하차하다

- I just **got on** the bus.
  나 방금 버스에 탔어.

- I will **get off** the bus at the next stop.
  나는 다음 정거장에서 내릴 거야.

05 **get to** + 장소　~로 도달하다

- I don't know how to **get to** the airport.
  나는 공항까지 어떻게 가야하는지 몰라요.

- We will **get** there in 10 minutes.
  우리는 거기에 10분후쯤 도착할 거야.

---

tip

01 **get in touch**　연락을 하다

+ **keep(stay) in touch**
  연락을 유지하고 지내는 것으로 일회성보다는 꾸준히 서로의 안부를 묻고 지내는 의미

  예 I want to keep in touch with you.
  너랑 연락하며 지내고 싶어.

+ **lose touch**
  "연락이 끊어지다"라는 뜻으로 쓰임

  예 I lost touch with her after college.
  나는 그녀와 대학 졸업 후 연락이 끊겼어.

03 **get along with**
　　　　　~와 어울리다

이 표현은 관계가 돈독하고 편안하게 잘 지내고 사이가 좋다는 의미

+ **hang out**은 여럿이서 어울려서 재미있게 시간을 보내는 의미로 "놀다"라는 표현

  예 I hung out with my friends last weekend.
  지난 주말에 친구들이랑 놀았어.

+ **play**는 아이들이 장남감으로 놀거나 어른들이 놀아주는 의미로 사용

05 **get to** 장소　도착하다

arrive를 많이 떠올리는데 아주 먼 곳에서부터 도착한 느낌. 일상에서는 〈get to + 장소〉를 많이 사용

home, here, there과 같은 단어는 "~쪽으로"라는 의미가 있어서 to 생략

예 How do I get to the subway station?
지하철 역까지 어떻게 가나요?

구동사(phrasal verb)는 〈동사 + 전치사〉가 연결되거나 〈동사 + 부사〉가 연결되어 하나의 구로 붙어 다니며 기존 동사의 의미에서 벗어나 새로운 표현으로 사용 됩니다. 영어에는 관용적인 구동사가 다양하게 존재하기 때문에 자연스러운 영어회화를 위해서는 각 동사에 존재하는 필수적인 구동사를 잘 알아두어야 합니다. get 뒤에 전치사가 붙어 다양한 표현으로 사용되는 필수 구동사를 정리해 보았습니다.

 **감각 활용하기**

01 A I tried calling Stella but I couldn't reach her.
스텔라랑 통화하려고 했는데 연락이 되지 않았어.

B She is probably **in the middle of** class.
I will **get in touch with** her.
지금 한참 수업 중 일거야. 내가 그녀에게 연락해 볼 게.

02 A What time do you usually wake up?
보통 몇 시에 일어나니?

B I tend to **get up** early in the morning every day.
나는 매일 일찍 일어나는 편이야.

03 A I think Amber is a great co-worker.
나는 앰버가 좋은 동료라고 생각해.

B I think so too. She is trying to **get along with** everyone.
나도 그렇게 생각해. 그녀는 모두와 잘 지내려고 노력해.

04 A Did I catch you at a bad time?
통화 가능하니? (내가 곤란 할 때 전화를 건거야?)

B I just **got on** the subway. It **is packed with** people.
I can't talk on the phone right now. I will get back to you.
내가 방금 지하철 탔는데 사람이 너무 많아서 전화 통화 못하겠어. 다시 전화할게.

05 A How do you usually **get to** work?
회사에는 어떻게 출근하니?

B I usually drive to work, but sometimes I go to work by bus.
보통 운전해서 회사에 출근하지만 가끔은 버스를 타고 출근해.

━ tip ━

01 be in the middle of
한참 ~하는 중이다

무언가에 집중하고 그것을 진행 중에 있을 때 사용할 수 있는 유용한 표현

예 I'm in the middle of something.
나는 한참 뭐하고 있는 중이야.

04 Did I catch you at a bad time? 통화 가능해?

전화를 받은 상대가 바쁘게 느껴질 때 사용할 수 있으며 대화를 나누기 위해 사무실이나 집에 방문 했을 때에도 사용 가능하며 그 때는 "지금 좀 얘기하기 힘들어?"라고 해석

＋ 방문 시에만 사용 할 때
예 Did I come at the bad time?
나중에 다시 올까?

04 be packed with 붐비다

어딘가에 갔을 때 혹은 특정한 공간에 사람들이 많을 때 "붐빈다"는 의미로, 보통 장소가 주어

＋ 유의어 be crowded with
예 The shopping mall is crowded with people.
쇼핑몰에 사람이 많아.

01 whether + 주어 + 동사 + or not ~인지 아닌지

whether or not + 주어 + 동사 문장의 구조로도 사용 가능하며 상황이 제대로 파악되지 않을 때나 어떤 행동을 해야 하는지 아닌지 피력 할 때 사용 할 수 있습니다.

- I'm going to help you **whether** you want it **or not**.
  네가 원하든 원하지 않든 내가 도와줄게.

- I have no idea **whether** she wants to break up with me **or not**.
  그녀가 나와 헤어지고 싶어하는 지 아닌 지 정말 모르겠어.

- For now, I'm not sure **whether** this new smartphone is good **or not**.
  지금으로서는 이 새로운 스마트폰이 좋은 지 아닌지 잘 모르겠어.

- I won't give up **whether** the problem is difficult **or not**.
  그 문제가 어렵든 아니든 나는 포기하지 않을 거야.

- We are going to start the meeting **whether** you come or not.
  네가 오든 오지 않든 우리는 회의를 9시에 시작할 거야.

02 be addicted to + 명사 /Ving ~에 푹 빠져있다, 중독되어 있다

내가 무언가에 푹 빠져 있거나 중독되어 있다고 표현하고자 할 때 사용해 볼 수 있는 표현입니다. 유의어로는 *be into + 명사 /Ving*도 많이 사용됩니다.
나 영어 배우는 거에 푹 빠져있어.
I'm into learning English.

- She **is addicted to** social media these days.
  그녀는 SNS에 빠져있어.

- I **am addicted to** playing golf.
  나는 골프 치는 것에 빠져있어.

- I have a sweet tooth. I **am addicted to** chocolate.
  나는 단 거를 좋아해. 초콜릿에 빠져있어.

- He **is addicted to** working out every morning.
  그는 매일 아침 운동을 하는 것에 푹 빠져있어.

- I used to **be addicted to** coffee.
  나는 예전에 커피에 중독되었어.

---

tip

01 break up with + 사람
~와 헤어지다

우리나라에서 남녀사이에서 만났다가 헤어질 때 깨졌다는 말을 하는 것처럼 영어에서도 비슷한 표현을 사용

break라는 동사가 원형이라는 걸 꼭 기억하기

예 I broke up with my boyfriend.
나는 남자친구랑 헤어졌어.

01 For now 우선은, 당분간은, 일단은, 현재로서는

현재 상태나 조치, 결정 등이 유지될 수 있지만 앞으로 상황이 바뀔 수 있는 가능성을 염두해 두고 사용

예 For now, let's decide to do it this way.
일단은 이런식으로 하기로 해요.

02 used to + 동사원형
~하곤 했다(지금은 아님)

일반동사를 쓰게 되면 어떤 동작, be동사로 표현을 하면 어떤 상태, 과거에 무언가를 했거나 어떤 상태였지만 지금은 그러하지 않다고 표현

예 I used to be a heavy smoker.
나는 예전에 담배를 많이 피웠어.

03 **be sick and tired of** + 명사 /Ving   ~가 지긋지긋 해

무엇인가에 실증이 나거나 진절머리날 때 사용할 수 있는 표현으로 *be sick of*와 *be tired of*를 각각 사용할 수 있으며 둘을 결합하여 사용하면 그 의미가 좀 더 강조 됩니다. 더불어 *be fed up with* ~이라는 표현도 함께 유의어로 알아두면 좋습니다.

- **I am sick and tired of** your nagging.
  나는 너의 잔소리가 지긋지긋 해.

- **I am sick and tired of** your complaining.
  너의 불평불만이 지긋지긋 해.

- **I am sick and tired of** wearing a face mask all the time because of COVID.
  코로나 때문에 줄곧 마스크 쓰는 거 지긋지긋 해.

- **I am sick and tired of** him taking me for granted.
  나를 당연시 여기는 그가 지긋지긋 해.

- **I am fed up with** noises coming from upstairs.
  윗집에서 나는 층간 소음 때문에 넌덜머리가 난다.

04 **I could use** + 명사   ~가 필요해/있었으면 좋겠다

우리가 무언가 원하거나 필요하다는 말을 쓸 때 *I want* ~ 혹은 *I need* ~라는 표현 을 가장 많이 떠올립니다. 원어민들이 많이 사용하는 회화표현으로 무언가 필요하 고 그것이 있었으면 좋겠다는 의미로 사용할 수 있습니다. 더불어 상대방에게 부탁 을 할 때도 이 표현으로 문장을 만들어 쓸 수 있습니다.

- **I could use** a drink after work.
  퇴근하고 술 한잔 하고 싶다.

- **I could** really **use** a breather.
  한 숨 돌릴 수 있으면 정말 좋겠다.

- I'm under the weather. **I could use** a day-off.
  오늘 컨디션이 안좋아. 하루 쉬고 싶다.

- **I could use** your help.
  너의 도움이 필요해.

- **I could** surely **use** your advice.
  나는 확실히 너의 조언이 필요해.

tip

03 **nag** 잔소리를 하다

nag 잔소리하다는 의미로 사용

예 Stop nagging me.
잔소리 좀 그만 해

04 **under the weather**
컨디션이 안 좋은, 몸이 아픈

몸의 상태를 표현 할 때 컨디션이라는 단어를 사용하지만, condition은 보 통 날씨/업무 환경, 조건, 상태를 표현 할 때 사용

+ 실전 회화 표현
예 I'm under the weather.
I'm not feeling well.
I'm in bad shape.

05 **had better** + 동사원형 ~하는 게 좋을 걸

have to + 동사원형 반드시 '~해야 한다'는 의미보다는 강요성이 있습니다. 어떠한 동작을 하지 않으면 불이익이나 안 좋은 상황이 생길 수 있음을 암시함으로써 어떠한 행동을 취할 것을 강하게 조언할 때 주로 쓰입니다.

You had better + 동사원형 형태로 사용하며 말 할 때는 *You'd better* + 동사원형 형태로 축약해서 사용합니다.

※ 부정문 : *You had better not* + 동사원형

• You **had better** get going right now.
너는 지금 가는 게 좋을 것 같아.

• You **had better** quit smoking for your health.
건강을 위해서 담배를 끊는 게 좋을걸.

• It's freezing cold outside. You **had better** bundle up.
밖에 너무 추워. 옷 단단히 여며서 입는 게 좋을 거야.

• You **had better** work out on a daily basis if you want to lose weight.
살을 빼고 싶다면 운동을 매일 하는 게 좋을 거야.

• You **had better** not have a late-night snack.
야식을 먹지 않는 게 좋을 거야.

06 **What if** + 주어 + 동사 ~라면 어쩌지?

일어나지 않길 바라는 일이 발생했을 때에 대한 걱정과 우려를 표현할 때 쓸 수 있습니다.

• **What if** she doesn't come to my party?
그녀가 내 파티에 오지 않으면 어쩌지?

• **What if** there is nothing left at all?
아무것도 남아 있지 않으면 어쩌지?

• **What if** I make terrible mistakes in front of everyone?
모든 사람들 앞에서 끔찍한 실수하면 어쩌지?

• **What if** I get laid off?
내가 해고되면 어쩌지?

• **What if** I'm so sick after I get vaccinated?
I'm worried about the side effects of the COVID 19 vaccine.
백신 맞고 정말 아프면 어쩌지? 나 코로나 백신 부작용이 걱정된다.

---

tip

05 **get going** 가보다

볼일 등이 있거나 시간이 되어서 간다라는 의미로 사용 할 수 있고 통화 마무리 할 때도 사용 가능한 표현

예 I've got to get going.
나 가봐야 해.

05 **bundle up** 옷을 껴입다

보통 추운 겨울에 옷을 따뜻하게 입거나 두껍게 입으라고 표현 할 때 사용

예 You need to bundle up not to catch a cold.
감기 걸리지 않게 옷을 따뜻하게 입어야 해.

06 **get laid off** 해고되다

일반적으로 fire이라는 단어는 "해고를 하다"라는 의미이기 때문에 "해고되다"라고 표현을 할 때면 be/get fired를 사용하며 이 표현은 회사나 일하는 곳에서 직원의 큰 잘못이나 실수로 인해 쫓겨났다는 의미 내포

예 I heard Kevin got fired.
케빈이 해고 됐다고 들었어.

회사의 사정이 안좋아져서 정리해고 되었다라는 의미로는 be/get laid off를 사용

PART
2

TAKE

01 TAKE 취하다 / 수강하다 / 이용하다 / 먹다 / 걸리다

take [현재형] − took [과거형] − taken [과거분사형]

 **감각 기르기**

01 take + 명사 ~를 취하다, 갖다, (물건을 선택해서) 구입하다

상점에서 물건을 구매하겠다고 말 할 때 buy를 대신해서 이 물건을 취해서 가져가겠다는
의미로 사용 (감각 활용하기 대화문 참고)

- Please **take** a seat.
  앉으세요.

- You can **take** this hat if you want.
  이 모자 원하면 너 가져.

02 take + 수업/시험 수업을 듣다, 시험을 보다

- I am **taking** 6 classes this semester.
  이번 학기에 6개 수업을 듣고 있어.

- When was the last time you **took** the TOEIC test?
  마지막으로 토익 시험 언제 봤어?

03 take + 교통수단/승강기/계단 ~를 타다, 이용하다

- I **take** the subway when I go to school.
  학교 갈 때 지하철을 타.

- Why don't we **take** an elevator?
  우리 엘리베이터 타고가는 건 어때?

04 take + 약/비타민 등 ~을 섭취하다

- You have to **take** this medicine twice a day.
  하루에 두 번 이 약을 먹어야 해.

- Is it good to **take** vitamins?
  비타민을 먹는 게 좋은 가?

05 It takes + (사람) + 시간 + (to + 동사원형)
~하는 데 ~ 시간이 걸리다

- It doesn't **take** a long time.
  시간이 오래 걸리지 않아.

- It took me 20 minutes to drive to work.
  나는 차로 출근하는데 20분이 걸렸어.

---

tip

01 take a seat 앉으세요.

- sit down
  이 표현은 선생님이나 부모님이 아
  이들을 훈육하거나 군대에서 훈련할
  때 혹은 강아지 훈련 시 사용

- 누군가 앉기를 권유할 때는 take a
  seat 이나 have a seat 이라는 표
  현 사용

04 twice 두 번

"몇 번" 횟수를 표현할 때

- 기본적으로 time이 "시간"이라는
  의미로 사용될 때는 불가산 명사이
  지만, −s를 붙이면 "번"이라는 횟수
  를 나타낼 수 있음
  예 한 번 once
  　두 번 twice (two times)
  　세 번 thrice (three times)

05 It 주어 It의 활용

시간, 날씨, 계절, 날짜, 요일, 거리, 상
황, 밝기 등은 주어를 it으로 활용하여
문장을 사용

take는 강한 의지로 무언가를 취하거나 소유한다는 기본 의미를 가지며, 선택지 중 하나를 의지를 가지고 취한다는 뜻으로 다양한 상황에 쓰입니다. 예를 들어 "수업을 듣다", 교통수단을 "이용하다", 약이나 비타민을 "먹다"로 표현할 수 있습니다. 또한 시간을 취한다는 것은 어떤 일을 하는 데 "시간이 걸린다"는 의미로도 사용됩니다.

 **감각 활용하기**

01 Ⓐ I love this skirt and I'm happy with the price. I will **take** it.
이 치마 완전 마음에 들고 가격도 만족스러워요. 이걸로 살게요.

Ⓑ Would you like to buy anything else?
다른 거 구매하실 건 없으신가요?

02 Ⓐ What are you planning to do this summer vacation?
이번 여름 방학에는 계획 있어?

Ⓑ **01** *I'm going to* **take** an English class before I go backpacking.
배낭여행 가기 전에 영어 수업 들을 거야.

03 Ⓐ Excuse me, where do I **take** the bus to downtown?
실례합니다. 시내로 가는 버스는 어디서 타나요?

Ⓑ Over there, the bus stop is across the road.
저쪽이요. 버스정류장은 길 건너에 있습니다.

04 Ⓐ Did you **take** any medicine for your headache?
두통약은 좀 먹었어?

Ⓑ Yes, I did. But the medicine doesn't **work**.
02 *Maybe I should* go to see a doctor.
응, 그런데 약이 안 들어. 아무래도 병원에 가보는 게 낫겠어.

05 Ⓐ How long does it take to go to Bundang?
분당까지 가는 데 얼마나 걸려?

Ⓑ It will **take** an hour to get there by subway.
지하철로 거기까지 가는 데 한 시간 걸릴 거야.

---

tip

03 **take the bus** 버스를 타다

+ take a bus VS. take the bus
여러 버스 중 하나를 타면 a
정해진 특정한 버스를 타면 the

+ 교통수단에 따라 승/하차는 다른
동사 사용!
예 승차하다 / 하차하다
get on / get off + 대중교통
get in(to) / get out of
+ 승용차, 택시 등

04 **work** 일하다

work의 대표적인 3가지 의미가 있으며, 상황에 따라 의미를 파악해야 함

+ 일하다
예 I have to work this weekend.
나는 이번 주말에 일 해야해.

+ 작동이 되다
예 The copier is not working again.
복사기가 또 작동을 안해.

+ 효과가 있다
예 It actually worked.
그거 확실히 효과가 있었어.

자세한 설명은
감각 더하기 에서!

01 be going to + 동사원형
02 Maybe + 주어 + should + 동사원형

029

02 TAKE | 가져가다 / 누군가를 데려가다 / 받아들이다

 **감각 기르기**

01 **take** + 물건 ~을 가져가다

- Just in case, **take** an umbrella with you.
  혹시 모르니까 우산 가져가.

- Can I **take** this on board?
  이거 기내에 가지고 가도 되나요?

02 **take** + 사람 + (**to**) + 장소 ~로 ~를 데려다 주다

- I usually **take** my son **to** school in the morning.
  내가 보통 아침에 아들을 학교에 데려다 줘.

- It's too far to walk. I'll **take** you **home**.
  걸어서 가기에는 너무 멀어. 내가 집에 데려다 줄게.

03 **take** + 상황/소식 ~을 받아들이다

- We broke up and I didn't **take** it well.
  우리는 헤어졌고 나는 그것을 잘 받아들이지 못했다.

- How did your parents **take** the news?
  부모님이 그 소식을 어떻게 반응하셨어?

04 **take** + 충고/칭찬 ~을 받아들이다

- I regret that I didn't **take** her advice.
  그녀의 충고를 받아들이지 않은 것을 후회해.

- I decided to **take** that as a compliment.
  칭찬으로 받아들이기로 결심했어.

05 **take it personally/seriously/lightly**
  감정적으로/진지하게/가볍게 받아들이다(보다)

- Don't **take it personally**.
  기분 나쁘게 받아들이지 마.

- I think you should **take** this situation **seriously**.
  너는 이 상황을 심각하게 봐야 한다고 생각해.

---

tip

01 **just in case** 혹시 모르니까

"만약의 경우를 대비해서"라는 사전적인 의미를 가지고 있으며 구어체에서 사용되는 의미도 함께 알아두면 유용

예 I will bring some cash just in case.
혹시 모르니까 현금 좀 챙길게.

02 **home** 집으로

장소를 나타낼 때 방향을 나타내는 전치사 to를 사용하는데,

특정 단어 중에는 to가 이미 단어에 녹아 있어 전치사 to를 사용 할 필요가 없음

+ home, there, here, abroad, upstairs, downstairs
  예 go home 집으로 가다
    get there 거기에 도착하다
    come here 여기로 오다
    travel abroad 해외 여행을 하다

take의 "취하다"는 물건을 가져가거나 사람을 데려가는 이미지로 확장할 수 있으며, 이런 이미지를 떠올리며 예문을 익히면 좋습니다. 감정, 의견, 태도 등을 "받아들이다"로 해석할 수 있지만, 다양한 명사와 결합해 여러 의미로 쓰인다는 점을 기억하세요. 특히 상황을 받아들인다는 뜻을 "보다"로 오해해 look, see, watch를 쓰면 어색할 수 있습니다.

감각 활용하기

01 **A** You should **take** a coat **with** you. It is starting to get cold at night.
코트 가져가는 게 좋을 거야. 밤에는 추워지기 시작 할거야.

B Don't worry. **03** *I'm used to* the cold.
걱정하지마. 나 추위에 익숙해.

02 **A** Did you go out with her yesterday?
너 어제 그녀랑 데이트 했어?

B Yes, I **took** her **to** a great restaurant. It had a good atmosphere.
응. 나는 그녀를 훌륭한 식당에 데려갔어. 그곳 분위기가 좋았어.

03 **A** Even though it was such shocking news, she **took** the news well.
그 소식이 정말 충격적이었는데 그녀는 그 소식을 잘 받아들였어.

B What a relief.
다행이다.

04 **A** Your presentation was beyond my expectation.
너의 발표는 기대 이상이었어.

B Oh, I will **take** that as a compliment.
오. 칭찬으로 받아들일게.

05 **A** Are you making fun of me?
너 나 놀리고 있는 거야?

B I'm just teasing you. **Take it lightly.** Don't **take it personally.**
그냥 장난친 거야. 가볍게 받아들여. 기분 나쁘게 생각하지 마.

자세한 설명은
감각 더하기 에서!
03 be/get used to + 명사 /Ving

tip

02 **go out with** 데이트를 하다

이 표현은 "외출하다"라는 의미도 있지만 남녀사이에서 데이트를 하거나 사귈 때 사용 가능

+ date + 사람 형태로 전치사 없이 사용하는 게 특징
예 I'm dating her.
나는 그녀랑 데이트하고 있어.

02 **atmosphere** 분위기

mood는 기분에 관련된 표현으로, atmosphere는 어떤 장소의 분위기와 관련된 표현으로 사용. 더불어 vibe라는 단어도 사용 가능

예 This place has a great vibe.
여기 분위기 좋다.

04 주어 + **be beyond one's expectation**
기대 이상이다/기대를 뛰어 넘다

주어에 해당되는 어떤 상황이나 어떤 것이 누군가의 기대를 넘어설 때 사용

예 The hotel we stayed was beyond our expectation.
우리가 머물렀던 그 호텔은 기대 이상이었어.

05 **make fun of** + 사람 놀리다

누군가를 놀리거나, 비웃을 때 사용

예 Don't make fun of me.
나 놀리지 마.

05 **be teasing** 장난치다, 농담하다

I'm just joking.을 제일 많이 쓰지만 teasing(짓궂게 괴롭히는)이란 표현도 원어민이 즐겨 사용

03 TAKE | 행동을 취하다

 **감각 기르기**

01 take a break/rest 잠깐 쉬는 시간을 갖다

- Let's **take a break**. I could use some coffee.
  우리 잠깐 쉬자. 커피를 좀 마셔야겠어.
- Why don't we **take a** 10 minute **break**?
  우리 10분 휴식 시간을 갖는게 어때요?

02 take a picture 사진을 찍다

- Can you **take a picture** of me?
  저의 사진을 찍어 주실 수 있으세요?
- First, let me take a selfie.
  우선 내가 셀카를 먼저 찍고.

03 take a nap 낮잠을 자다

- I'm getting sleepy after lunch. I want to **take a nap**.
  점심 먹으니 슬슬 졸리네. 낮잠 좀 자고 싶다.
- I was thinking of **taking a nap**.
  낮잠을 잘까 생각 중이었어.

04 take a shower 샤워를 하다

- **04** *Make sure* you **take a shower**, before you go to bed.
  자러 가기 전에 꼭 샤워하도록 해.
- It's scorching hot. I'm sweating a lot. Can I **take a quick shower**?
  푹푹 찌는 날씨야. 땀이 많이 나는데 나 잠깐 샤워 좀 해도 될까?

05 take action 조치를 취하다

- I'm here to **take action**.
  저는 조치를 취하러 왔어요.
- If you don't **take action** now, it will get worse.
  지금 조치를 취하지 않으면 더 안 좋아질 거야.

자세한 설명은
감각 더하기 에서!
04 make sure (that)

tip

02 take a selfie 셀카를 찍다

셀카라는 표현은 우리말에서 자주 사용되지만 영어를 구사하는 사람들에게는 selfie가 자연스럽고 익숙한 표현

예 Let's take a selfie using a selfie stick.
우리 셀카봉으로 셀카 찍자.

04 scorching hot 폭염

날씨가 더운 것을 표현할 때, hot도 좋지만, "모든 걸 태워 버릴 듯이 더운, 찜통더위"를 표현할 때는 scorching을 사용

04 quick
동작이나 활동이 (재)빨리

+ 우리가 짧은 시간 내에 무언가를 빨리하는 것을 표현 할 때 quick이라는 단어를 사용
예 I need to make a quick phone call.
잠깐 전화 통화를 해야 해요.

+ fast는 속도가 빠른 것을 의미
예 I have a fast car.
나는 (속도가) 빠른 차가 있어.

〈take a + 명사〉 형태는 그 명사를 자신의 영역으로 가져오는 동작, 즉 "어떤 행동을 하다"로 이해할 수 있습니다. 명사에 따라 의미가 달라지며, 예를 들어 take a break는 "쉬다", take a picture는 "사진을 찍다", take a nap이나 take a shower는 낮잠을 자거나 샤워를 한다는 의미입니다. 이 외에도 다양한 표현이 있지만, 여기서는 기본적인 영어회화 표현을 소개합니다.

감각 활용하기

01 Ⓐ Let' **take a** coffee **break**.
우리 커피 한잔하면서 쉬는 시간 좀 갖자.

Ⓑ Oh, that sounds good. Do you need me to do a coffee run?
오, 좋아요. 제가 커피 사올까요?

02 Ⓐ Do you mind **taking a picture** of me with the Eiffel Tower in the background?
에펠 탑을 배경으로 사진을 찍어 주셔도 괜찮으세요?

Ⓑ No, not at all. By the way, are you traveling by yourself?
네 그럼요. 그나저나 혼자 여행 중이세요?

03 Ⓐ **05** *Now that* we just finished our exam, let's throw a party
우리 시험도 끝났으니까 파티 하자.

Ⓑ Oh, I stayed up all night cramming for my exam. So I'm too tired. I need to **take a nap** first.
어제 밤을 새서 너무 피곤해. 우선 낮잠을 자야겠어.

04 Ⓐ Why are you sweating like a pig?
왜 이렇게 땀을 뻘뻘 흘려?

Ⓑ I worked out for two hours. I have to **take a shower**.
두시간 동안 운동 했어. 샤워해야 해.

05 Ⓐ I really didn't know what to do when the house caught fire. But you **took action** right away.
집에 불이 났을 때 나는 정말 안절부절 못했는데 너는 바로 조치를 취하더라.

Ⓑ I had to do something one way or the other.
어떤 방법을 써서라도 뭔가를 해야 했어.

자세한 설명은 **감각 더하기** 에서! **05** now that + 주어 + 동사

tip

01 **do a coffee run**
커피를 사러 가다

do/go on/make a coffee run 동사가 다양하게 변할 수 있고, 중간에 커피 말고 도넛이나 햄버거 또는 도넛의 특정 브랜드를 이름을 사용 가능

ⓔ I'm going on a doughnut run.
나 도넛 사러 갈꺼야.

03 **stay up all night + Ving**
밤을 새다

무언가를 하면서 "밤을 새다"라는 의미로, 다양한 동사에 –ing를 붙여서 표현 가능

ⓔ I stayed up all night watching TV.
나는 TV 보느라 밤을 샜어.

03 **cram** 벼락치기를 하다

작은 구멍에 밀어 넣다는 의미도 있지만 "벼락치기 공부를 하다"로도 사용

04 **sweat like a pig**
땀을 뻘뻘 흘리다

I'm sweating a lot. 땀을 많이 흘린다고 할 때 이 문장으로 사용 가능하지만 이디엄 표현도 함께 알아두기!

ⓔ I was sweating like a pig during the interview.
인터뷰를 하는 동안 땀을 뻘뻘 흘렸어.

05 **one way or the other**
어느 쪽으로든, 어떻게 되든지

+ 유의어 : somehow 어떻게든
ⓔ I need to make a decision one way or the other.
어떻게든 나는 결정을 해야 해.

04 TAKE | 동사를 활용한 이디엄

 감각 기르기

01 **take a rain check** 일정을 미루다

- I am going to need to **take a rain check**.
  다음으로 연기해야겠어요.

- I'm sorry to say that I should **take a rain check** on going to the movies.
  이런 말하기 미안한데 영화 보는 거 다음으로 연기하면 좋을 것 같아.

02 **take a hint** 눈치를 차리다

- You definitely can't **take a hint**. So I'm frustrated.
  너는 정말 눈치가 없어. 그래서 내가 답답해.

- He hasn't asked me out yet. I think he can't **take a hint**.
  아직도 데이트 신청을 안 했어. 그는 눈치가 없어.

03 **take** + 목적어 + **for granted** ~을 당연시 여기다

- Don't **take** me **for granted**.
  나를 당연시 여기지 마.

- I **took** it **for granted** that I could travel abroad this summer.
  나는 당연히 이번 여름에 해외로 여행 갈 수 있을 거라 생각했어.

04 **take** + 사람 + **up on that/it** 제안 등을 받아들이다

- Thank you for having me. I will **take** you **up on it**.
  초대해줘서 고마워. 그렇게 할게(초대에 응함).

- I wouldn't be able to **take** you **up on that**.
  그것을 받아들일 수 없을 것 같아.

05 **take care of** (동물, 사람)을 돌보다/(일 등)을 처리하다

- He **takes care of** his children every weekend.
  그는 주말마다 아이들을 돌봐.

- I will **take care of** it.
  내가 그거 처리할 게.

tip

02 **be frustrated** 답답하다

+ 감정적으로 짜증나고 답답한 것을 표현 할 때는 be frustrated

+ (물리적) 코가 막힌다거나 방 공기가 답답하다고 할 때는 stuffy
  예 I have a stuffy nose.
  코가 막혔어.

02 **asked me out (on a date)** 데이트 신청을 하다

on a date를 생략하고 많이 사용

예 Did you ask her out?
그녀에게 데이트 신청했니?

Idiom(이디엄)은 둘 이상의 단어들이 연결되어 단어가 가진 직접적인 의미 이외에 문화나 관습의 영향으로 특별한 의미를 지니는 것을 의미합니다. 우리나라 말에도 그런 관용적인 표현이 존재하며 그 표현에 대한 의미를잘 못 파악하면 대화의 흐름을 제대로 이해 할 수 없이 때문에 영어 회화에서 자주 사용되는 이디엄은 필수적으로 알아두시길 권장합니다.

감각 활용하기

01 Ⓐ We are going to grab a beer after work. Join us?
우리 퇴근하고 맥주 한잔 할 거야. 너도 같이 갈래?

Ⓑ I'm afraid that I have to work overtime tonight.
Can I take a rain check on that?
아쉽게도 오늘 저녁에는 야근을 해야해. 다음으로 미룰 수 있을까?

02 Ⓐ Why didn't you answer my phone calls?
I called you several times.
왜 내 전화 안 받았어? 내가 여러 번 전화했는데.

Ⓑ Can't you take a hint? I am still angry at you.
You'd better apologize to me.
너 눈치 없어? 나 아직 너한테 화나 있잖아. 사과하는 게 좋을 거야.

03 Ⓐ My first priority is money.
What could possibly be more important than money?
나의 가장 우선 순위는 돈이야. 돈보다 중요한 게 뭐가 있을까?

Ⓑ Money is one of the most important things in life, but don't take your family for granted.
인생에서 중요한 것 중 하나가 돈이지만 가족을 당연히 여겨서는 안 돼.

04 Ⓐ Take it from me. It is worth a try.
내가 하는 말 믿어. 그건 도전해 볼 가치가 있어.

Ⓑ Oh, all right. I'll take you up on your offer.
그래. 내가 제안을 받아들일 게.

05 Ⓐ I'm in a bind. I don't want to ruin this project.
I'm at a loss about what to do.
곤란한 상황에 처했어요. 이 프로젝트를 망치고 싶지 않은데 뭘 해야 할지 모르겠어요.

Ⓑ Don't panic. Get a grip on yourself. I will take care of it.
당황하지 말고, 마음을 가라앉혀요. 내가 처리할게요.

tip

01 grab a bite (to eat)
간단하게 먹다

무언가 간단하게 먹을 때 a bit 대신 햄버거가, 샌드위치, 스넥 등 간단하게 먹을 음식에 직접 사용 가능하며 마시는 것도 함께 표현 가능

04 Take it from me.
정말이야, 내 말 믿어도 돼.

나로부터 정보나 말을 취하라는 뜻은 내가 이미 경험하고 겪은 일을 조언하는 것이니 믿어 보라고 할 때 사용

04 It's worth + 명사/Ving
가치가 있다

어떠한 일을 하는데 들인 노력, 시간, 돈, 위험 등이 그 만큼의 가치가 있다는 표현

ⓔ This book is worth reading.
이 책은 읽을만한 가치가 있어.

05 ruin 망치다

ruin이라는 동사와 더불어 screw up/mess up "엉망으로 만들다, 망치다"라는 의미로 사용

ⓔ I screwed up my interview.
나는 인터뷰를 망쳤어.

05 get a grip on oneself
정신차려, 마음을 가라앉혀.

이 표현에서 grip은 "꽉 웅켜잡음"의 뜻 스스로를 꽉 웅켜잡은 상태로 변화시킨다는 것은 정신이나 감정을 자제하고 진정하라는 의미

05 TAKE | 구동사 활용

 감각 기르기

01 **take off** (회사에) 휴가를 내다, (학교 등) 휴학하다, 쉬다
(옷, 장신구 등을) 벗다, 빼다

- I'm thinking of **taking** this semester **off**.
이번 학기에 휴학할까 생각 중이에요.

- It's hot in here. I had better **take** my coat **off**.
여기 안에 덥다. 코트를 벗어야겠어.

02 **take over** 일 등을 맡아주다/인수하다, 장악하다

- I have been running the restaurant for 5 years since I **took over** from my mom.
엄마에게 식당을 물려받고 5년째 운영하고 있어.

- The company is **taking over** the world with its flagship product.
그 회사는 주력상품으로 세계를 장악하고 있다.

03 **take after** (가족 구성원 중 특히 연장자의 외모, 성격 등)을 닮다

- You don't **take after** your parents at all.
너는 너의 부모님을 전혀 닮지 않았어.

- I **take after** my mom's personality.
나는 엄마의 성격을 닮았어.

04 **take apart** 분해하다

- It took me about 5 hours to **take** this camera **apart** and put it back together.
카메라를 분해해서 조립하기까지 대략 5시간 걸렸어.

- He is **taking apart** the laptop to fix it.
그는 노트북을 고치기 위해서 분해하고 있어.

05 **take up** (어떤 활동 등을) 배우다/시작하다
(시간이나 공간 등을) 차지하다

- I have **taken up** golf lately.
최근에 골프를 배우기 시작했어.

- I don't want to **take up** a lot of my time on this.
이걸 하는데 많은 시간을 뺏기고 싶지 않아.

tip

02 **flagship product** 주력 상품

flagship은 주력 상품이나 회사에서 대표로 하는 브랜드나 서비스를 표현

📝 The company is opening its first flagship store in Seoul.
그 회사는 첫번째 주력 매장을 서울에 오픈합니다.

구동사(phrasal verb)는 동사와 전치사 또는 부사가 결합해 원래 동사 의미와는 다른 새로운 표현으로 사용됩니다. 영어에는 관용적인 구동사가 많아 자연스러운 회화를 위해 필수 구동사를 익혀두는 것이 중요합니다. 특히 〈take + 전치사〉 형태는 표현마다 다양한 의미가 있지만, 여기서는 일상회화에서 자주 쓰이는 의미를 중심으로 정리했습니다.

 **감각 활용하기**

01 Ⓐ Why didn't you come to work yesterday?
어제 왜 회사 안 나왔어?

Ⓑ Something urgent came up at home. So I **took** a day **off**.
집에 급한 일이 생겼어. 그래서 하루 휴가를 냈어.

02 Ⓐ Can you **take** it **over** for me from now on?
지금부터 내일 좀 맡아 줄 수 있어?

Ⓑ Oh, **06** *I'm afraid that* I can't. I'm sorry. I have a lot on my plate today.
오, 안타깝게도 안 될 것 같아. 미안해. 오늘 할 일이 산더미야.

03 Ⓐ Who do you resemble more, your mother or father?
어머니하고 아버지 중 누구를 더 닮았나요?

Ⓑ I **take after** my father more than my mother.
저는 어머니보다는 아버지를 닮았어요.

04 Ⓐ What are you up to tomorrow?
내일 뭐할 거야?

Ⓑ I **took** the TV **apart** out of curiosity yesterday and it has broken down. I have to go get it fixed.
어제 호기심에 TV를 분해해 봤는데 고장이 났어. 그것을 고치러 가야 해.

05 Ⓐ A lot of clothes that I don't wear are **taking up** space in the closet. I should **get rid of** them.
옷장 속에 내가 안 입는 많은 옷들이 공간만 차지하고 있어. 그것들을 없애는 게 좋겠어.

Ⓑ I came up with a great idea. How about you look for things that you don't use and donate them?
나 좋은 생각이 났어. 안 쓰는 물건들을 찾아서 기부하는 건 어때?

자세한 설명은 **06** be afraid that
감각 더하기 에서!

---

tip

01 **something urgent comes up**
급한 일이 생기다, 발생하다

일이 생겼을 때 사용 가능하며, 급한 일이 생겼다는 의미를 강조하고 싶을 때는 urgent/ unexpected를 사용

ⓔ Something unexpected came up at work.
회사에 갑작스럽게 일이 생겼어.

02 **have a lot on my plate**
일이 많이 쌓이다

접시에 무언가 많이 쌓였다는 것은 내게 주어진 일거리가 많다는 것으로 의역할 수 있고 회화에서 많이 사용

"I have a lot of work to do." 라는 표현도 함께 알아두기!

04 **What are you up to?**
뭐하고 있어?

기본적으로 현재 뭘 하고 있는지 물어보는 의미이지만 문장 끝에 미래를 나타내는 시간부사를 붙여서 미래 시점에 무엇을 할 것인지 물어볼 수 있음

+ 유의어
What are you doing _____?
ⓔ What are you up to this weekend?
이번주 주말에 뭐 할 거야

05 **get rid of**
제거하다, 없애다, 버리다

어떤 물건이나 사람을 있던 자리에서 없애거나 처리한다는 기본적인 의미를 가지고 있으며 다양한 상황에서 활용되므로 알아두면 좋음

ⓔ I want to get rid of my stress.
스트레스를 없애고 싶어.

감각 더하기

01 be going to + 동사원형 ~할 예정이다

*be going to + 동사원형*의 문형은 앞으로 할 일을 이미 결심하고 정해진 일정이나 사항에 대해서 말하거나 현재 사실을 바탕으로 예측 할 때 사용 할 수 있습니다. (축약: be gonna + 동사원형)

우리가 일반적으로 알고 있는 미래형의 시제로 *will + 동사원형*은 의지를 가지고 말하는 순간 결정을 내려 "~를 할 것이다"라는 의미로 사용되며 의지나 약속을 하거나 화자의 개인적인 의견이나 경험을 바탕으로 앞으로 일어날 일을 예측 할 때 사용 할 수 있습니다.

- I'm going to sleep in tomorrow. Please don't wake me up.
  나는 내일 늦게까지 잘거야. 깨우지 말아줘.

- I'm going to hang out with my friends this weekend.
  나는 이번주 주말에 친구들이랑 놀거야.

- I'm going to go get my nails done after work.
  퇴근하고 손톱 하러 갈 예정이야.

- I'm going to travel abroad next summer.
  나는 내년 여름에 해외로 여행할 예정이야.

- It's getting dark. It's going to rain cats and dogs.
  밖이 어두워지고 있어. 비가 억수같이 쏟아질 것 같아.

02 Maybe + 주어 + should + 동사원형
아무래도 ~해야 할까 봐

확신이 서진 않지만 그렇게 하면 좋을 법한 행동을 할 때 사용하는 표현이며 내가 하는 말에 대해서 상대의 의견이 궁금할 때 넌지시 이 표현을 사용해서 말을 해봐도 좋습니다.

- My job is boring. **Maybe** I **should** quit my job.
  내 일이 지루해. 아무래도 일을 그만둬야 할까 봐.

- I'm having a toothache. **Maybe** I **should** go to the dentist.
  치통이 있는데 아무래도 치과에 가봐야 할까 봐.

- **Maybe** I **should** take up tennis again.
  아무래도 테니스 다시 시작해야 할까 봐.

- **Maybe** you **should** call in sick today.
  아무래도 너는 전화로 병가를 내야 할 꺼 같아.

- There might be a lot of traffic. **Maybe** we **should** leave early.
  차가 막힐 수 도 있을 것 같아. 우리 일찍 출발해야 할 거 같아.

tip

01 sleep in 늦잠을 자다

(주말이나 휴일에) 늦게까지 푹 자다

+ oversleep
  (의도하지 않게 평소 일어나는 시간 시간보다) 늦잠을 자다

  예 I overslept this morning.
  오늘 아침에 늦잠 잤어.

01 rain cats and dogs
비가 억수같이 내리다

+ 비가 많이 내리는 것을 표현 할 때
  a lot 대신 cats and dogs 사용

+ pour 마구 쏟아지다
  예 It is pouring outside.

02 call in sick 병가를 내다

몸이 안좋을 때 회사나 학교를 못 간다는 연락을 전화로 알리고 결근하거나 결석하는 것을 표현

예 I need to call in sick today.
오늘 병가를 내야겠어.

03 **be/get used to** + 명사/Ving ~하는데 익숙하다/익숙해지다

어떤 동작을 하거나 어떤 것에 익숙해지는 상황에 대해서 표현할 때 사용하며 반드시 기억해야 하는 점은 to뒤에 명사나 Ving형태를 취합니다.

주어 + be used to + 동사원형 to 뒤에 동사원형이 연결이 되면 '~하는데 사용되어지다'라는 의미로 쓰여집니다.

- I **am used to** Korean food.
  나는 한국음식에 익숙해.

- I **am used to** living here.
  이 곳에서 사는 게 익숙해.

- She **is used to** speaking English.
  그녀는 영어로 말하는 것이 익숙하다.

- He **is used to** pulling an all-nighter.
  그는 밤을 새는 것이 익숙하다.

- I **am getting used to** driving a car.
  나는 차를 운전하는 게 익숙해 지고 있어.

04 **make sure (that)** 주어 + 동사 꼭 ~해(하세요)

'확실하게 하다'라는 의미도 있지만 회화표현으로 사용을 할 때 '꼭 ~를 하세요'라는 당부나 조언, 부탁 어조로 사용할 수 있습니다.

Make sure (that) ~ 문장에서 that 생략 가능합니다. *Make sure to + 동사원형* 의 형태로도 사용 가능한 것까지 알아 두시면 좋아요.

- **Make sure** you buckle up before you drive.
  운전하기 전에 꼭 안전띠를 매세요.

- **Make sure** you take your medicine regularly.
  꼭 규칙적으로 약을 먹어.

- **Make sure** you wash your hands when you get home.
  집에 들어오면 꼭 손을 씻어.

- I'm allergic to walnuts. Please **make sure** there's no walnuts in it.
  제가 호두 알레르기가 있어요. 거기에서 꼭 호두는 빼주세요.

- **Make sure** to call me after work.
  퇴근하고 꼭 나한테 전화 줘.

tip

03 **pull an all-nighter**
밤을 새다

+ "밤을 새다"라는 표현으로 여러가지가 있는데 그중 가장 기본적인 stay up all night과 pull an all-nighter 두 가지를 알아두기!

+ 더불어 burn the midnight oil "(공부나 일을 하기 위해) 밤새 불을 밝히다"라는 표현도 있음

04 **buckle up** 안전벨트를 매다

+ 익숙한 표현
  fasten one's seatbelt
  예 Fasten your seatbelt please.
  안전벨트 매세요.

+ 원어민 일상 표현
  buckle up과 wear one's seatbelt

04 **be allergic to**
알레르기가 있다

주로 사용하는 표현으로는 I have an allergy.를 사용하는데, 〈I am allergic to + 명사〉라는 표현도 함께 알아두기!

예 He is allergic to pollen.
그는 꽃가루 알레르기가 있어.

05 **now that** + 주어 + 동사

(이제) ~하니까, (이제) ~하기 때문에, ~한 이상

Now that + S + V 단순히 이유만을 말해 주는 것이 아니라 일정 시간 동안 무언가를 열심히 했거나 앞서 말한 내용을 바탕으로 이야기를 연결하는 뉘앙스를 가지고 있습니다. 더불어 새롭게 일어난 상황에 대해서도 설명할 수 있습니다.

- **Now that** you're pregnant, you need to take good care of yourself.
  임신도 했으니까 몸을 잘 챙겨야 해.

- **Now that** you mention that, you look like you've lost a lot of weight.
  네가 말하니까 하는 말인데 너 살이 많이 빠진 것 같아.

- **Now that** I think about it, it doesn't make sense at all.
  생각해 보니까 그거 전혀 말이 되지 않아.

- **Now that** you have some time to talk, let me ask you something.
  이제 얘기할 시간이 생겼으니까 내가 뭐 좀 물어 볼게.

- **Now that** I got the computer fixed yesterday, you don't have to worry about it.
  내가 어제 컴퓨터 수리 받았으니까 걱정할 필요 없어.

06 **be afraid that** 주어+ 동사 ~

~라 안타깝다, 아쉽다/ ~라 유감스럽다

afraid라는 형용사는 대표적으로 두가지 상황에서 쓸 수 있습니다.

be afraid of + 명사/Ving ~을 두려워하다, 무서워하다'라고 사용할 수 있으며 *be afraid that + 주어 + 동사* '~라 안타깝다/아쉽다, ~하는 것에 대해 유감스럽게 생각한다'라는 의미로 쓰입니다.

이 표현은 보통 그런 사항이 되는 것에 대한 아쉬움과 유감을 표현하자면, be sorry는 감정적으로 유감스러움이나 위로를 표현합니다.

- I **am afraid that** I can't make it to your wedding.
  안타깝게도 너의 결혼식에 참석할 수 가 없어.

- I'm **afraid that** I can't help you with it.
  안타깝게도 그것을 도와줄 수 없을 것 같아.

- I'm **afraid that** I can't get it done by Tuesday.
  유감스럽게도 내가 하요일까지는 끝낼 수 없을 것 같아.

- I'm **afraid that** I have to work this weekend.
  유감스럽게도 내가 주말에 일을 해야 할 것 같아.

- I'm **afraid that** you are not suitable for this position.
  유감스럽게도 당신이 이 직책에 적합하지 않는 것 같습니다.

tip

05 make sense 말이 되다

의미가 통하거나 어떤 말이 타당 하여 이해가 될 때 사용. 보통 주어가 어떤 상황이 되는 경우가 많아서 it을 주어로 많이 사용

예 This is starting to make sense.
이제 이해가 되기 시작하네.

06 make it

make it은 두 단어가 하나의 말뭉치로 사용되며 4가지의 다른 의미 모두 일상 회화에서 상황에 따라 자주 사용되니 꼭 익히기

+ 해내다, (분야에서) 성공하다
+ (간신히) 시간 맞춰서 가다
+ (모임 등에) 참석하다
+ (사고, 질병 등으로 간신히) 살아남다, (힘든 경험 등) 이겨내다

PART
3

GIVE

01 GIVE · 사물을 주다 / 명사를 주다

give [현재형] − gave [과거형] − given [과거분사형]

 **감각 기르기**

01 **give + 사람 + 사물** ～에게 ～를 주다

- I will **give** you the book that I bought yesterday.
  어제 내가 샀던 그 책 너에게 줄게.

- Excuse me, I dropped my fork. Can you **give** me another one?
  미안하지만 내가 포크를 떨어뜨려서 다른 걸로 하나 줄 수 있어?

02 **give + 사물 + to + 사람** ～를 ～에게 주다

보통 손에서 손으로 건 낼 수 있는 물건 위주로 사용 가능

- Please **give** it **to** me.
  그거 나한테 줘봐.

- She **gave** her keys **to** me to keep.
  그녀는 자신의 열쇠를 나에게 보관하라고 줬어.

03 **give + 사람 + 전화/메시지** ～에게 ～을 주다

- I will double check my schedule and **give** you a call right away.
  내 스케줄 다시 확인해서 바로 전화할게.

- He will **give** me a wake-up call at 7 o'clock tomorrow morning.
  내일 아침 7시에 그가 나에게 모닝콜 할 거야.

04 **give + 사람 + 리필/할인** ～에게 ～을 (베풀어)주다

- **01** *Let me give* you a refill.
  한잔 더 줄게.

- I **gave** him a 20% discount.
  내가 그에게 20% 할인을 해줬어.

05 **give + 사람 + 교통위반 딱지** ～를 떼이다
give + 사람 + 기회 한번 봐주다

- The police officer **gave** me a speeding ticket.
  교통경찰이 속도 위반 딱지를 줬어.

- It's my first time here. Please **give** me a chance.
  여기 초행길입니다. 한 번만 봐주세요.

자세한 설명은
감각 더하기 에서! **01** Let me + 동사원형

give의 기본 의미는 "누군가에게 무언가를 주다"입니다. 이는 단순한 물건뿐 아니라, 명사에 따라 다양한 것을 제공할 때도 사용됩니다. 명사에 따라 의미가 달라질 수 있다는 점을 기억해두면 좋습니다. 기본 문장 구조는 〈주어 + give + 사람 + 사물〉이며, 같은 의미로 〈주어 + give + 사물 + to + 사람〉 형태도 가능합니다. 이때는 사람 앞에 to를 붙여 전달 방향을 나타내야 합니다.

감각 활용하기

01 **A** Where does it hurt?
어디가 아프나요?

B I have a terrible backache. Please **give** me a pain killer.
허리가 너무 아파요. 진통제 좀 주세요.

02 **A** All of a sudden, my husband **gave** some flowers to me yesterday. I can't tell you how moved I was.
어제 갑자기 남편이 꽃을 줬어. 얼마나 감동을 받았던지 말로 다 할 수 없어.

B You must have been touched.
진짜 감동받았겠다.

03 **A** Did you get in touch with Julie?
줄리와 연락을 해봤어?

B Not yet. I'll **give** her a call.
아직이요. 그녀에게 전화해 볼게요.

04 **A** This coffee tastes great. Could you **give** me a refill?
이 커피 맛있네요. 리필해 주실 수 있으세요?

B Sure. I'll be back with it.
물론이죠. 금방 오겠습니다.

05 **A** The police officer **gave** me a parking ticket.
경찰에게 주차위반 딱지 떼였어.

B Why? Where did you park the car? **02** *You should have been* more careful.
왜? 주차를 어디에 했는데? 더 조심을 했어야지.

자세한 설명은 **감각 더하기** 에서! **02** should (not) have + p.p

tip

02 **all of a sudden**
갑자기, 뜬금없이

"갑자기, 별안간"을 떠올리면 suddenly를 사용하지만 원어민들은 all of a sudden도 많이 사용

예 All of a sudden, he called me last night.
그가 갑자기 나에게 전화를 했어.

+ 유사 표현 : out of the blue

05 **parking ticket**
주차위반 딱지 & 주차권
parking ticket은 주차위반 딱지를 표현하기도 하지만 주차권으로 사용할 수 있음

예 Could you validate my parking ticket?
주차 확인을 받을 수 있을까요?

+ 여기에 함께 쓰는 validate "승인하다, 인증하다"라는 단어 알아두기!
예 We don't validate parking.
우리는 주차 확인 해드리지 않습니다.

+ 과태료, 벌금
fine "좋은"이라는 형용사로 많이 알고 있는 이 단어가 명사, 동사로 사용하게 되면 "벌금/벌금을 물리다"라는 의미로 사용
예 Don't forget to pay the fine by today.
오늘까지 벌금 내는 거 까먹지 마.

02 GIVE | 행동을 주다

 감각 기르기

01 give + 사람 + one's + word/advice

~에게 약속을 하다/충고를 하다

- I **gave** him my **word** that I would take care of his family.
  나는 그의 가족을 돌보겠다고 약속했어.

- Speaking of the project, let me **give** you some **advice**.
  그 프로젝트 말이 나와서 그런데, 내가 조언을 좀 하도록 할게.

02 give + 사람 + a hand/a hug   ~에게 도움을 주다/~을 안아주다

- Let me see if I can **give** you **a hand** with it.
  그것을 내가 도와줄 수 있을지 한번 알아볼게.

- Mom, **give** me **a** big **hug**.
  엄마, 나를 꼭 안아줘.

03 give + 사람 + a ride/lift   ~를 데려다 주다/태워다 주다

- I used to **give** her **a ride** to Incheon Airport.
  예전에 내가 그녀를 인천공항에 데려다 주곤 했지.

- Thank you for **giving** me **a lift**.
  태워다 줘서 고마워.

04 give + 사람 + goose bumps   ~때문에 닭살 돋다
give + 사람 + the cold shoulder   ~에게 쌀쌀 맞게 하다

- The movie **gave** me **goose bumps**.
  그 영화 때문에 닭살 돋았어.

- Don't **give** me **the cold shoulder**.
  나한테 쌀쌀 맞게 굴지 마.

05 give it a try/shot/go   ~를 시도하다, 한번 도전해 보다

- Do you want to **give it a try**?
  너 한번 시도해 볼래?

- I've never tried it before, but I will **give it a shot**.
  한 번도 그거 먹어본 적 없는데 시도해 볼게.

tip

03 give + 사람 + a ride

태워다주다

누군가를 데려다 주거나 태워다 주는 것을 말할 때 사용. ride를 명사로 "태워주는 일 / 태워다 주는 사람"으로 이해하기

더불어 lift는 영국에서 승강기라는 의미로 사용하지만, "태워주기"라는 명사의 의미가 있으므로 함께 알아두기!

+ 유의어 : drive + 사람 + to + 장소
  예 Can you drive me to work?
  나를 회사로 태워다 줄 수 있어?

05 try 한번 도전해 보다

"도전하다"는 표현으로 try만 떠오른다면, 꼭 익혀두기!

+ give it a try/ shot/ go에서 try/ shot/ go는 모두 명사로 "시도"라는 의미를 지니고 있음
  원하는 명사를 적용해서 표현 사용하기!
  예 What's holding you back?
  Just give it a shot.
  뭘 망설이는데? 그냥 도전해봐.

give는 누군가에게 물건을 건네주는 의미로 사용할 수 있지만 특정적인 행동을 하는 경우에도 이 동사가 사용이 됩니다. give 뒤에 특정 행동을 표현하는 명사를 붙여 다양한 상황에서 활용해 볼 수 있습니다. 이번 편에서는 관용적으로 사용되는 동사 표현이 많이 담겨 있으므로 원어민이 일상 생활에서 자주 사용하는 생생한 표현들을 익혀보고 연습해보면 좋겠습니다.

감각 활용하기

01 **A** **03** *How come* you lied to me? I'm so disappointed in you.
도대체 나한테 왜 거짓말을 한 거야? 너에게 정말 실망했어.

B Please give me a chance. It won't happen again. I **give** you my **word**.
한 번만 봐줘. 다시는 이런 일 없을 거야. 내가 약속할게.

02 **A** Can you do me a favor? This grocery bag is **way too** heavy. I need your help.
부탁 좀 해도 될까? 장 본 가방이 무거워도 너무 무거워. 너의 도움이 필요해.

B Sure, let me **give** you **a hand**.
물론이지. 내가 도와주도록 할게.

03 **A** Although I set the alarm, I overslept. I am screwed. I have a big meeting this morning.
알람을 맞춰놓고 잤는데도 늦잠을 잤어. 망했어. 오늘 아침에 중요한 회의 있는데.

B Hey, chillax and get ready, I will **give** you **a ride** to work.
진정하고 준비해. 회사까지 내가 데려다 줄게.

04 **A** My mom has been **giving** me **the cold shoulder** since I broke my curfew again.
내가 통금 시간을 또 어긴 이후로 엄마가 계속 나를 쌀쌀맞게 대하고 계셔.

B I know you're upset, but it was definitely your fault that you broke your promise. There is no excuse for it.
네가 속상한 건 알겠지만 약속을 어긴 건 네가 완전히 잘 못 했어. 변명의 여지가 없어.

05 **A** I have been thinking about studying English abroad for ages but I haven't decided yet.
나는 해외에서 영어 공부를 하는 것에 대해 오랫동안 생각해 왔는데 아직 결정을 내리지 못했어.

B What are you waiting for? Just **give it a go**.
뭘 망설이는 거야? 그냥 한번 도전해 봐.

자세한 설명은
감각 더하기 에서!
03 How come + 주어 + 동사?

---

tip

01 **It won't happen again.**
다시는 안 그럴게.

우리말로 바로 떠올리거나 옮기면 오류가 많이 생기는 문장이므로 잘 익혀두고 비슷한 표현도 함께 알아두기!

예 I won't let it happen again.

02 **way too + 형용사**
~해도 너무 ~한 상태

어떤 상태임을 강조할 때 〈too + 형용사〉 "너무~한"의 의미로 사용

way는 "훨씬"이란 의미의 부사로 사용하여, 〈way too + 형용사〉로 형용사의 의미를 좀 더 강조

예 Your skirt is way too short.
치마가 짧아도 너무 짧다.

03 **chillax** 진정해

진정하거나 마음을 가라 앉히라고 말할 때 가장 대표적으로 떠오르는 표현으로 calm down, take it easy가 있으며, 현대에 들어와 만들어진 표현으로 원어민들이 자주 사용하는 chill out과 relax를 결합시킨 chillax라는 표현도 알아두기!

예 Let's all chillax.
모두 진정합시다.

05 **What are you waiting for?**
뭘 망설이는 거야?

누군가 어떤 일을 하기에 앞서 주저하거나 망설일 때 쓸 수 있는 표현

+ 유의어
What's holding you back?

03 GIVE | 추상적인 것을 주다 / 구동사 활용

 **감각 기르기**

01 **give** + 사람 + 시간   ~에게 (특정한 시간)을 주다

- Can you **give** me another 10 minutes?
  10분만 더 줄 수 있어?

- She **gave** me a hard time.
  그녀가 나를 힘들게 했어.

02 **give** + 사람 + 생각/예시/이유   ~에게 ~을 주다, 다시 한번 생각해보다

- He told me to **give** it a second thought.
  그가 나에게 다시 한번 생각해보라고 말했어.

- I will **give** you an example so that you can understand.
  너가 이해할 수 있게 예를 들어 줄게.

03 **give** + 발표/연설/수업   ~을 발표하다/연설하다/수업을 하다

- Whose turn is it to **give** a presentation?
  이번에 발표는 누가 할 차례야?

- She **gave** an interesting speech last time.
  그녀는 지난번에 흥미로운 강연을 했어.

04 **give up**   ~를 포기하다, 끊다

- I will never **give up**.
  나는 절대 포기하지 않을 거야.

- The doctor said I have to **give up** meat, salt and sweets.
  의사가 고기, 소금 그리고 단것들을 끊어야 한다고 말했어.

05 **give out**   나눠주다, 유출하다, (다리 등에 힘이) 빠지다

- The girl who is **giving out** candies is my younger sister.
  사탕을 나눠주고 있는 저 여자애가 나의 여동생이야.

- They **gave out** our personal information.
  그들은 우리들의 개인정보를 유출 했어.

---

tip

02 **give it a second thought**
별말을 다한다(별말씀을요)

부정문으로 사용하게 되면 여러 상황에서 사용 가능

예 Don't give it a second thought.
망설이지 말고 그냥 시도해!

+ 유의어 : (상대가 고마움을 표현 할 때 겸양의 표현으로 사용) 별말씀을요.
Don't mention it.
It's was nothing.
No worries.
No sweat.
My pleasure.
Not a big deal.

05 **give out**
(다리 등) 힘이 풀리다

이 표현은 기계가 작동되지 않거나 격렬한 운동 등으로 인해 신체부위가 기능을 하지 못하고 힘이 빠지거나 풀릴 때 사용 할 수 있는 표현

예 My knees gave out after I finished the marathon.
마라톤을 완주하고 나서 무릎에 힘이 빠졌어.

기본동사 give와 함께 특정 행동을 표현하는 여러 예문들을 살펴보았습니다. 지금부터는 추상적인 의미를 지닌 명사들을 give와 함께 사용이 되면 어떤 의미로 활용이 되는지 알아보도록 하겠습니다. 더불어 활용도가 높은 구동사를 알아보고 give의 확장적인 의미까지 익혀보도록 하겠습니다.

감각 활용하기

01 **A** Can you **give** me a few minutes to finish this? It won't take long.
이거 끝낼 시간을 좀 줄 수 있어요? 오래 걸리지는 않을 거에요.

B For sure. **04** *Don't hesitate to* tell me if you need my help.
물론이죠. 제 도움이 필요하면 언제든지 말씀하세요.

02 **A** Thank you so much for doing all my work while I was on sick leave.
병가 중이었을 때 나의 모든 일을 해줘서 정말 고마워요.

B Don't **give** it a second thought. **05** *No matter how* busy you are, take good care of your health.
별말을 다한다. 아무리 바빠도 건강 잘 챙겨.

03 **A** I **gave** a lecture in front of many students for the first time. I broke out in a cold sweat.
처음으로 많은 학생들 앞에서 강의를 했어. 식은땀 났어.

B I'm sure that your class will be popular in college.
네 수업은 대학에서 인기가 있을 거라고 확신해.

04 **A** I've totally **given up** smoking. But it is not easy to kick the habit.
나 담배 완전 끊었는데 나쁜 습관을 버리는 건 쉽지 않아.

B Are you serious? You really quit smoking? **06** *You used to* be a heavy smoker.
진심이야? 네가 담배를 정말 끊었다고? 너 예전에 완전 골초였잖아.

05 **A** What's the matter with you? Why are you **wearing a cast** on your leg?
무슨 일이야? 다리에 왜 깁스를 하고 있어?

B My legs **gave out** after hiking. I fell down and hurt my leg.
등산하고 다리에 힘이 풀렸어. 넘어져서 다리를 다쳤어.

자세한 설명은 **감각 더하기** 에서!
04 Don't hesitate to + 동사원형
05 No matter how + 형용사/부사 + 주어 + 동사
06 used to + 동사원형

tip

02 **be on sick leave**
병가 중이다
+ 회사 생활 중 병가 낼 때, take a sick day로 표현

03 **break out in a cold sweat**
식은땀이 나다
걱정되거나 공포감이 들어 식은땀이 날 때는 break out in a cold sweat이라고 표현
여기서 break out은 무언가가 "발생하다"라는 뜻으로 식은땀과 함께 사용하면 "식은땀을 흘리다"는 의미
예 I always break out in a cold sweat whenever I go to the dentist.
치과를 갈 때마다 나는 항상 식은 땀을 흘린다.

05 **wear a cast** 깁스를 하다
깁스는 팔이나 다리를 다쳤을 때 고정하는 것을 표현하지만 영어에서는 다르게 사용
+ 추가 표현
주어 + have/get a cast on one's leg/arm.
예 She got a cast on her arm.
그녀는 팔에 깁스를 했어.

01 Let me + 동사원형   ~하도록 하다

Let + 목적어 + 동사원형 형태로 사용할 수 있으며 "내가 ~ 무언가를 하도록 할게"
라는 표현으로 우리에게 *Let me introduce myself.*로 많이 알려진 문장도 이 패
턴으로 사용된 것임을 기억한다면 잘 활용할 수 있습니다.

- **Let me** take care of it.
  내가 처리하도록 할게.

- **Let me** show you how to use it.
  어떻게 사용하는지 알려줄게.

- **Let me** tell you what happened.
  무슨 일이 있었는지 너에게 알려줄게.

- **Let me** check my schedule.
  내 일정을 확인해보도록 할게.

- **Let me** see if I can make a hotel reservation.
  호텔 예약을 할 수 있는지 확인해 보도록 할게.

02 should (not) have + p.p   ~했어야 하는데(하지 말았어야 했는데)

"~했어야 했는데…" 하지 못한 것에 대한 아쉬움이나 후회를 나타낼 때 사용하는
표현으로 일상상황에서 유용하게 사용됩니다.

부정문으로는 *should not have + p.p.*로 하지 말았어야 했는데 해버린 것에 대한
후회를 나타냅니다. *shouldn't have + p.p.*로 축약해서 사용합니다.

- I **should have** studied harder in high school.
  고등학교 때 공부를 더 열심히 했어야 했는데.

- I **should have** bought it when it was on sale.
  세일을 하고 있었을 때 나는 그것을 샀어야 했는데.

- You **should have** told me the truth in the first place.
  애초에 나에게 진실을 말했어야 했어.

- I **shouldn't have** eaten too much last night. My face feels puffy.
  어젯밤에 너무 많이 먹지 말았어야 했어. 얼굴이 부었어.

- You **shouldn't have** drunk dialed your ex-girlfriend.
  너는 전여자친구에게 술에 취해서 전화를 하지 말았어야 했어.

tip

02 puffy 부어 있는

puffy는 눈이나 얼굴이 부어 있거나
통통하게 부은 상태를 말할 때 씀

swollen은 타박상이나 염증으로 인
해 치료가 필요할 정도로 부었을 때
사용

예 I have puffy eyes.
눈이 부었어.

02 drunk dial
  술취해서 전화를 걸다

drunk dial은 술에 취한 채로 누군가
에게 전화를 거는 것을 표현

예 Did you drunk dial him?
술에 취해서 그에게 전화를 했다고?

+ dunk text는 술에 취해서 누군가
  에게 문자를 보낸다는 표현도 함께
  알아두기!

03 **How come** + 주어 + 동사 ? 도대체 왜 ~하는 거야?

언뜻 한국어 의미만 보고 접근했을 때 *why*와 *how come~*이라는 표현이 같다고 느낄 수 있지만 의미적 차이가 있습니다.

일반적으로 이유가 궁금해서 물어볼 때는 의문사 why를 사용하지만 어떤 상황에 대해서 정황을 알고자 할 때 질책하거나 안타까운 상황에서 어쩌다가 그런지에 대한 설명을 듣기 원할 때 *How come + 주어 + 동사*를 가벼운 문체로 사용할 수 있고 문장의 형태를 잘 익히고 사용해야 합니다.

- **How come** you are late for work?
  어째서 회사에 지각 했니?

- **How come** you missed the last bus?
  도대체 왜 막차를 놓친 거야?

- **How come** he is in a bad mood?
  그는 대체 왜 기분이 안 좋은 거야?

- **How come** you didn't call me back yesterday?
  어제 왜 다시 연락을 주지 않았니?

- **How come** you can't make it to my birthday party?
  어째서 내 생일 파티에 올 수 없다는 거야?

04 **Don't hesitate to** + 동사원형 주저하지 말고 ~하세요

hesitate은 "주저하거나 망설이다"라는 의미를 가지고 있는 동사입니다.

*Don't hesitate to + 동사원형*을 사용해서 표현을 쓰게 되면 누군가 어떤 일을 쉽게 하지 못하고 망설이거나 주저할 때 어려워하지 말고 알려달라는 배려의 표현이며 공손한 뉘앙스이므로 비즈니스 회화에서도 자주 사용됩니다.

- **Don't hesitate to** let me know if there's anything I can help you with.
  제가 도울 수 있는 일이 있다면 주저하지 마시고 알려주세요.

- **Don't hesitate to** look around.
  얼마든지 둘러보세요.

- **Don't hesitate to** email me if you have any questions.
  질문이 있으면 망설이지 말고 저에게 메일 주세요.

- **Don't hesitate to** contact us if you're not satisfied with our service during your stay.
  머무시는 동안 저희 서비스가 만족스럽지 않다면 주저하지 마시고 연락주세요.

- **Don't hesitate to** tell me if you need more information.
  정보가 더 필요하면 망설이지 말고 말씀하세요.

tip

03 **be in a bad mood**
기분이 안좋다

mood는 "기분"이라는 뜻으로 사용되며 전치사 in를 꼭 함께 사용

in a bad mood 기분이 나쁜
↔ in a good mood 기분이 좋은

예 I got promoted, so I'm in a good mood.
나는 승진해서 기분이 좋아.

04 **let me know** (나에게) 알려줘

상대방에게 정보를 요청하거나 의견을 물어볼 때 사용 할 수 있으며 무언가를 결정한 결과를 요청할 때도 쓸 수 있음

추가적으로 내가 상대방에게 정보를 알려준다고 할 때는 Let you know~

예 Let me know if you are available.
시간이 되면 나에게 알려줘.

05 **No matter how** + 형용사/부사 + 주어 + 동사

아무리 ~라 할지라도, 어떻든 간에

아무리 어떤 상황, 상태라도 어떤 행동을 하겠다는 의지를 표현하기도 하고 "아무리 했지만 결국 ~하지 못한다"는 의미로도 표현을 할 수 있습니다.

- **No matter how** expensive the car is, I will buy it someday.
  그 차가 아무리 비싸도 언젠가 나는 그 차를 살 거야.

- **No matter how** fast you drive, you can't make it there on time.
  네가 아무리 빨리 운전한다고 해도 거기에 제시간도 도착할 수 없어.

- **No matter how** long it takes, I will never give up.
  아무리 시간이 오래 걸릴지라도 나는 절대 포기하지 않을 거야.

- **No matter how** tired you are, you have to take care of your children.
  아무리 피곤해도 너는 아이들을 돌봐야 해.

- **No matter how** hard I tried, I couldn't get straight A's.
  아무리 열심히 노력을 했어도 나는 올 A를 받을 수 없었다.

06 **used to** + 동사원형   지금은 아니지만 예전에 ~하곤 했다

과거의 습관이나 생활 방식, 상태, 기호에 대한 반복적으로 일어난 과거의 일들이 지금 현재에는 그렇지 않다는 것을 이야기할 때 사용합니다.

used to + 동사원형 형태를 잘 익히고 부정문(*didn't use to* + 동사원형)도 함께 살펴보도록 해요.

- I **used to** be in good shape when I was your age.
  나는 네 나이 때 몸매가 좋았어.

- There **used to** be a movie theater here.
  여기에 영화관이 있었는데.

- I **used to** work out on a daily basis.
  나는 매일 운동을 했었는데.

- He **used to** give me a heads-up.
  그가 예전에는 귀띔을 해주곤 했는데.

- We **didn't use to** get up early.
  우리는 예전에 일찍 일어나지 않았어.

tip

06 **be in good shape**
몸매가 좋다

신체적으로나 심리적 건강상태가 좋을 것을 표현할 때 쓰기도 하며 몸매가 좋은 것을 표현할 때도 사용

▣ You look like you're in good shape.
컨디션 좋아 보인다.

+ 컨디션이 안좋을 때는 be out of shape

06 **give 사람 a heads-up**
귀띔하다

자동차에 보면 head-up display라고 전방표시장치라는 게 있는데, 어떤 방향으로 가야하는지 알려주는 장치

일상생활에서는 a heads-up을 사용하면 앞으로 어떤 선택을 해야하는지 미리 알려주고 경고해주는 것을 표현

▣ Thank you for giving me a heads-up.
미리 귀띔해줘서 고마워.

PART
4

BRING

01 BRING ┃ 무언가를 가져오다 / 누군가를 데려오다

bring [현재형] − brought [과거형] − brought [과거분사형]

 감각 기르기

01 **bring** + 물건 ～를 가져오다

- I **brought** a sandwich for lunch.
  점심으로 샌드위치 싸가지고 왔어.

- I didn't need to **bring** the car.
  차를 가져올 필요가 없었어.

02 **bring** + 사람 (**to** + 장소) ～를 ～에 데려오다

- You had better **bring** your parents **to** school tomorrow.
  내일 부모님을 학교로 모셔오도록 하는 게 좋을 겁니다.

- What **brings** you here?
  여기는 무슨 일로 왔어?

03 **bring** + 사람 + 물건 ～에게 ～를 가져다주다

- **01** *Don't forget to* **bring** me a souvenir.
  기념품 가져오는 거 잊지 마.

- Can you **bring** me napkins and another fork?
  냅킨과 포크를 더 가져다줄 수 있으세요?

04 **bring** + (사람) + 추상적인 개념 가져오다

- Summer **brings** tornados to the U.S.
  미국에는 여름에 토네이도가 생겨요.

- She **brings** me joy.
  그녀는 나에게 기쁨을 가져다준다.

05 **bring** + 목적어 + **to** + 명사 ～가 ～되게 하다

- First, you should **bring** water **to** a boil.
  우선 물을 끓여야 합니다.

- Thank you for joining us and let's **bring** this **to** a close.
  함께해 주셔서 감사하며 이제 마무리하겠습니다.

자세한 설명은
감각 더하기 에서! **01** Don't forget to + 동사

---

tip

03 **What brings you here?**
무슨일로 오셨어요?

아는 사람을 길에서 우연히 만났을 때 무슨 일로 왔는지 물어보거나 비즈니스 회화에서 방문자에게 무슨 일로 방문을 했는지 물어볼 때 사용

이 표현은 현재시제와 과거시제를 병행해서 사용 (What brought you here?)

예 What brings you to Korea?
한국에는 무슨 일 때문에 오셨나요?

bring은 "물건을 가져오다"라는 기본 의미를 가지며, 〈bring + 사람〉은 "사람을 데려오다"로 get과 유사하게 쓰입니다. bring은 말하는 이나 듣는 이 쪽으로 무언가를 가져오거나 데려오는 것을 의미합니다. 반면 take은 그 자리에서 다른 쪽으로 물건을 가져가거나 사람을 데려가는 이미지로 이해하면 됩니다.

감각 활용하기

01
A Did you **bring** an umbrella with you?
02 *It seems like* It is going to rain.
우산 가지고 왔어? 비가 올 것 같아 보여.

B I didn't **bring** one. Let's hurry up and get inside.
Or we might catch a cold.
우산 안 가지고 왔어. 빨리 안으로 들어가자 안 그러면 감기 걸릴지도 몰라.

02
A What should I **bring** to your housewarming party?
집들이에 뭐를 가져가야 하니?

B Just bring yourself. We have everything we need.
그냥 와. 우리 필요한 건 다 있어.

A By the way, Can I **bring** my girlfriend to your party?
그런데, 여자친구 네 파티에 데려가도 되니?

03
A I ran out of toilet paper and towels.
Can you **bring** me some more?
두루마리 휴지와 수건이 다 떨어졌어요. 좀 더 가져다주실 수 있을까요?

B I will send them to your room right away.
바로 방으로 보내 드리겠습니다.

04
A The novel **brought** her wealth and fame.
She is on a roll these days.
그 소설은 그녀에게 부와 명예를 가져다주었어. 그녀는 요즘 잘나가.

B It's really good for her.
정말 잘 됐네.

05
A What's the problem with our new project?
우리 새로운 프로젝트에 무슨 문제가 있니?

B The coronavirus pandemic **brought** it to a halt.
코로나 전염병으로 그 프로젝트가 중지되었어.

자세한 설명은
감각 더하기 에서!
02 It seems like + 명사/ It seems like that + 주어 + 동사

tip

02 **bring yourself** 빈손으로 와

친구나 지인을 초대할 때 부담 갖지말고 아무것도 챙길 게 없다고 말하고 싶을 때 사용할 수 있는 표현

Bring yourself.
몸만 오세요.

04 **be on a roll**
승승장구하다, 잘나가다

사업이나 일 등이 잘되거나 학업이 잘 진행되고 있는 것을 표현할 때 사용

I'm really on a roll.
나는 정말 잘해 나가고 있어.

 **감각 기르기**

01 bring up (화제나 이야기를) 꺼내다/양육하다

- **03** *I can't believe* that you're **bringing** it **up** now.
  지금 그 이야기를 꺼내다니 말도 안 돼.

- Olivia is **bringing up** her baby by herself.
  올리비아는 그녀의 아기를 혼자 키우고 있다.

02 bring out ~를 끌어내다, 발휘되게하다
(시장 등에) 내놓다, 출시하다

- He always **brings out** the worst in me.
  그는 항상 나에게서 최악의 모습을 끌어내.

- The car company will **bring out** a new model.
  자동차 회사는 새로운 모델을 내놓을 것이다.

03 bring back (추억 등을) 상기시키다, 무언가를 사오다, 다시 가져오다

- This song **brings back** memories of my ex-boyfriend.
  이 노래는 전 남자친구의 기억들을 떠오르게 해.

- I will **bring back** some milk.
  오는 길에 우유 좀 사가지고 올게.

04 bring on/about (결과 등을) 초래하다

- You **brought** it **on** yourself.
  네가 자초한 일이야. (자업자득이다)

- COVID has **brought about** a lot of changes in our society.
  코로나는 우리사회에 많은 변화들을 가져왔다.

05 bring in (사업, 장소)를 유치하다/(전문가 등을)영입하다

- **04** *We're planning to* **bring in** new business.
  우리는 신규 사업을 유치할 계획이다.

- Maybe we should **bring in** an expert from outside.
  아무래도 우리 외부에서 전문가를 영입해야 할까봐.

자세한 설명은
감각 더하기 에서!
- **03** I can't believe (that) + 주어 + 동사
- **04** be planning to + 동사

- tip

01 be brought up 자라다

"누군가의 손에서 자라다"라는 표현을
하려면 be brought up을 사용

예 I was brought up by our
grandmother.
나는 할머니 손에서 자랐어.

bring은 "무언가를 가져오다"라는 의미를 가지고 있지만 전치사와 결합이 되면서 의미 자체가 여러 가지 형태로 달라질 수 있습니다. bring 뒤에 붙는 전치사에 따라 다양한 표현들이 만들어지며 bring 뒤에 같은 전치사가 붙더라도 상황에 따라 의미가 완전 바뀌기 때문에 영어 회화에서 자주 쓰이는 표현들을 잘 알아두시길 바랍니다.

감각 활용하기

01 **A** I heard you broke up with your boyfriend. Is that true?
너 남자친구랑 헤어졌다고 들었어. 진짜야?

B Why are you **bringing** this **up**?
05 *I'm not in the mood to* talk about it.
왜 지금 이 얘기를 꺼내는 데? 나는 지금 그것에 대해 말할 기분이 아니야.

02 **A** You are the one who **brings out** the best in me.
당신은 내 안의 최고의 모습을 끄집어 내주는 사람입니다.

B We seem like a match made in heaven.
I'm having the best time of my life.
제 생각에는 우리는 하늘이 맺어준 인연 같아요. 내 인생의 최고의 시간을 보내고 있어.

03 **A** This place isn't as good as it used to be.
여기는 예전 같지 않다.

B I know, but it **brings back** some happy memories of my childhood.
맞아. 그렇지만 이곳은 어릴 적 행복한 추억을 떠오르게 해.

04 **A** The decision **brought on** a crisis. I didn't take it into account.
그 결정은 위기를 초래했어. 그것을 고려하지 않았어.

B It was a long shot. Let's go back to the drawing board.
가능성이 희박했어. 우리 처음부터 계획을 다시 짜봅시다.

05 **A** Our situation's getting worse. What should we do?
우리 상황이 더 악화되고 있어. 우리 어떡하지?

B Let me think, we **06** *might as well* **bring in** an expert to deal with it.
생각 좀 해보자. 이렇게 되었으니까 우리 그것을 해결하기 위해서 전문가를 영입하는 게 좋겠어.

자세한 설명은 **감각 더하기** 에서!
05 be in the mood to + 동사원형
be in the mood for + 명사 + Ving
06 might as well + 동사원형

tip

02 **a match made in heaven**
천생연분

영어에서는 하늘이 맺어준 인연이라는 의미로 사용

+ 유의어 : destiny(운명), be meant to be together
We're meant to be together.
우리는 운명이야.

04 **a long shot** 승산이 없다

과녁 중앙을 맞춰야 하는데 거리가 멀리 있다면 맞추기 어려운 것처럼 It's a long shot이라고 하면 가능성이 희박한 것을 표현할 때 씀

It's a long shot, but it's worth a try.
가능성은 희박하지만 해볼 가치는 있어.

04 **go/get back to the drawing board**
원점으로 돌아가다

무언가를 한참 계획하거나 제안한 내용이 여의치 않아 처음부터 다시 시작한다고 할 때 표현을 사용할 수 있음

계획을 세웠던 백지의 화판으로 돌아가서 원점부터 계획을 다시 세운다고 이해하고 외우기!

You need to go back to the drawing board.
너는 원점으로 돌아가야 해.

감각 더하기

01 **Don't forget to** + 동사 ~ 할 것을 까먹지 마

일상 생활을 할 때 무엇인가 챙겨야 하거나 중요한 일을 해야 할 때 상대에게 잊지 말고 꼭 하라고 당부할 때 쓸 수 있는 패턴입니다.

- **Don't forget to** make your bed every morning.
  매일 아침 이부자리 정리하는 거 잊지 마.

- **Don't forget to** call me after work.
  퇴근하고 나한테 전화하는 거 잊지 마.

- **Don't forget to** separate the trash.
  쓰레기 분리수거 하는 거 잊지 마.

- **Don't forget to** bring my book.
  내 책 가져오는 거 잊지 마.

- **Don't forget to** book the tickets
  티켓 예매하는 거 잊지 마.

02 **It seems like** + 명사
It seems like that + 주어 + 동사 ~ 인 것 같다

어떤 상황에 대해서 자신의 주관적인 생각, 느낌 등을 "~ 인 것 같다"고 표현할 때 사용하며 어떤 상황에 대한 결론을 추측해서 말 할 때도 쓸 수 있습니다.

더불어 시각적으로 무언가를 보면서 느껴지는 상황이나 생각을 표현할 때는 *It looks like that* + 주어 + 동사 형태를 사용 할 수 있습니다.

- **It seems like** a perfect idea.
  그건 완벽한 생각인 것 같아.

- **It seems like** he has feelings for you.
  그가 너에게 마음이 있는 것 같아.

- **It seems like** we have a lot in common.
  우리는 공통점이 많이 있는 것 같아.

- **It seems like** he is into playing golf.
  그가 골프 치는 것에 빠져 있는 것 같아.

- **It seems like** many teenagers spend a lot of time using their smartphones.
  많은 십대들이 스마트폰을 사용하며 많은 시간을 보내는 것 같아.

---

tip

01 **make the bed**
침대를 정리하다

자고 일어나서 이불이나 잠자리를 정리하거나 침대를 정리하다라는 표현으로 make one's bed 형태로도 사용

図 The first thing I do in the morning is make my bed.
아침에 제일 먼저 하는 일은 침대를 정리하는 것이다.

02 **have feelings for**
누군가를 좋아하다

좋아하다는 like 라는 동사가 제일 먼저 떠오르는데 누군가에게 마음이 있다거나 좋아하는 마음을 말할 때는 〈주어 + have feelings(a thing) for + 사람〉를 사용

図 I think I have feelings for you.
내가 너를 좋아하는 것 같아.

02 **have a lot in common**
공통점이 있다

〈주어 + have ~ in common with + 사람〉 중간에 a lot, something, nothing 같은 표현을 넣어서 다양한 의미로 사용 가능

図 I have nothing in common with her.
나는 그녀와 공통점이 없다.

03   I can't believe (that) + 주어 + 동사

~라니 말도 안된다, 믿을 수가 없다

이 표현은 "그것에 대해 믿을 수 없다"라는 뜻으로 알려져 있습니다. 추가적으로 어떤 일이 일어나거나 새로운 소식을 듣고 어떻게 그럴 수 있는지 놀라움을 느낄 때 "말도 안 된다/실감이 나지 않는다"라는 의미로도 사용 할 수 있는 표현입니다. (문장 연결고리 that은 생략이 가능합니다.)

- **I can't believe that** I made it.
  내가 해냈다니 믿을 수가 없다.

- **I can't believe that** Mark cheated on his girlfriend.
  마크가 여자친구를 두고 바람을 피웠다니 놀랍다.

- **I can't believe** I'm **at work** on Christmas.
  크리스마스에 회사에 있다니 믿을 수가 없다.

- **I can't believe** you lost my bag.
  네가 내 가방을 잃어버리다니 말도 안 돼.

- **I can't believe** this is happening again.
  이런 일이 또 일어나고 있다니 실감이 안 난다.

04   be planning to + 동사   ~ 할 계획이다

무언가를 계획 중에 있다고 표현할 때 사용하면 좋은 표현입니다. 해석이 비슷한 정해진 예정됨을 표현하는 *be going to + 동사원형*과 동일하게 생각할 수 있으나 *be going to + 동사원형*보다는 확실성은 조금 떨어지지만 *be planning to + 동사원형*은 계획을 공유할 때 사용합니다.

- I**'m planning to** work this weekend.
  이번주는 주말에는 일을 할 예정이야.

- I**'m planning to** have plastic surgery this month.
  나 이번 달에 성형수술 할 계획이야.

- She **is planning to** study abroad.
  그녀는 해외에서 공부할 계획이다.

- We**'re planning to** get married at the end of the year.
  우리는 연말에 결혼을 할 거야.

- What **are** you **planning to** do for Christmas this year?
  올해 크리스마스에는 무엇을 할 계획이니?

05 **be in the mood to** + 동사원형 　～ 하고 싶은 기분이다
be in the mood for + 명사 + Ving

mood는 기분을 표현하는 단어로 특정한 기분에 있다는 것은 "～하고 싶은 기분이다"라는 의미를 전달할 때 쓸 수 있는 표현입니다.
더불어 유의어 *I feel like + Ving* 알아두면 좋습니다.

- **I'm in the mood to** drink some coffee.
커피 마시고 싶어(커피를 마시고 싶은 기분이야).

- **I'm in the mood to** go to the movies.
영화 보러 가고 싶은 기분이야.

- **I'm in the mood to** go for a drive.
드라이브 가고 싶어.

- **I'm not in the mood to** eat out.
나 오늘 외식할 기분이 아니야.

- **I'm in the mood for** some ice cream.
아이스크림이 좀 먹고 싶어.

06 **might as well** + 동사원형 　～하는 편이 낫겠어

내가 할 수 있는 여러가지 선택 중에서 "～ 하는 게 차라리 낫겠다"는 의미로 쓸 수 있습니다. 어쩔 수 없는 상황이나 마지 못해 무언가를 할 때도 사용하며 불만족스럽지만 체념 가까운 뉘앙스로 "그나마 ～하는 편이 좋겠어"로 표현할 수 있습니다.

- I **might as well** leave my belongings with the hotel.
내 소지품을 호텔에 맡기는 게 좋겠어.

- I **might as well** call and tell her not to come today.
아무래도 그녀에게 오늘 오지 말라고 전화하는 게 낫겠어.

- I'm late for work. I **might as well** skip breakfast.
회사에 늦었어. 아침을 안 먹는 게 좋겠어.

- You **might as well** try to reboot your computer.
컴퓨터를 껐다가 켜보는 게 낫겠어.

- It's pouring outside. We **might as well** stay at home.
비가 퍼붓는데 집에 있는 게 낫겠어.

PART
5

DO

01 DO : 무언가를 하다

do [현재형] – did [과거형] – done [과거분사형]

 **감각 기르기**

01 **do** (어떤 동작이나 행위를) 하다

- Please tell me what I have to **do**.
  제가 뭘 해야 하는지 알려주세요.

- How could you **do** this to me?
  어떻게 나한테 네가 이럴 수 있어?

02 **do** (사업이나 본분을) 다하다/(글쓰기 등을) 하다

- I really want to **do** a book.
  나는 정말 책을 쓰고 싶어.

- I **did** a lot of reading yesterday.
  나는 어제 책 많이 읽어 놨어.

03 **do** (과제, 실험/연구 등을) 하다

- **01** *The last thing I want to do* is **do** my homework.
  진짜 숙제하고 싶지 않아.

- Don't worry about it. Let me **do** more research.
  그건 걱정 마. 내가 더 조사해 보도록 할게.

04 **do** (어떤 일의 진행 상황) 되어가다/(일상에서) 지내다

- How are you **doing**?
  요즘 어떻게 지내?

- I hope you are **doing** well.
  나는 네가 잘 지내고 있기를 바라.

05 **do** 충분하다, 적절하다

어떤 행위를 충분히 할 수 있거나 적절하다는 의미로 사용

- This jacket will **do** for another year.
  이 자켓이면 한 해는 충분히 지낼 수 있어.

- That won't **do** at all. You'd better apologize to me.
  그걸로는 전혀 충분하지 않아. (분이 안 풀리니까) 나에게 사과하는 게 좋을 거야.

자세한 설명은 **감각 더하기** 에서!

01 The last thing I want to do is (to) + 동사원형

---

tip

03 **do one's homework**
미리 준비를 하다

"과제를 하다"라는 의미도 있지만, "사전 조사를 하다"는 의미로 미리 정보를 찾아보며, 자신이 해야 할 일에 대한 준비를 할 때도 사용

예 I did my homework for my interview.
면접을 위한 준비를 했다.

do는 "무언가를 하다"라는 기본적인 의미를 가지고 있습니다. 행위나 동작을 나타내는 동사를 대신하여 사용할 때가 있으며 직접적인 의미를 들어내는 단어가 아닌 do를 사용하게 되면 전체적인 대화의 내용에 따라 그 의미가 무엇인지 유추 해야합니다. 여기서 꼭 기억해야 할 것은 우리나라 말로 "하다"라는 모든 말이 do로 대체되는 것이 아니므로 do가 어떻게 표현되는지 잘 익혀보고 사용하면 좋습니다.

감각 활용하기

01 **A** What are you up to this weekend?
이번 주말에 뭐 할 거야?

B I've run out of groceries.
I'm going to **do** the shopping with my wife.
식료품이 떨어져서 아내랑 장보러 갈 거야.

02 **A** I have nothing to do. I'm bored to death.
나는 뭐 할 게 없어. 나 지루해 죽겠어.

B I did some work this morning. Let's **do** something.
Why not see a movie?
나 오늘 아침에 일 좀 해놨어. 우리 뭐 하자. 영화 보는 거 어때?

03 **A** **02** *What do you say* we go for a walk after dinner?
저녁 먹고 우리 산책하러 가는 거 어떻게 생각해?

B I have to **do** my assignment. I **procrastinated** way too much.
나 과제 해야 해. 너무 오래 미뤘네.

A Don't wait until the last minute.
제발 미루지 말고 바로 해.

04 **A** **03** *It's been a while since we last met.* How are you **doing**?
우리 저번에 마지막으로 만나고 진짜 오랜만이다. 잘 지내(요즘 어때)?

B I'm **doing** really well.
잘 지내고 있어.

05 **A** Do you have an extra chair?
여분의 의자 있어?

B I have this broken one. Let me get you a new one. Hold on.
망가진 것만 있는데 새 거로 찾아 줄게. 잠깐만.

A I can still use this one. This will **do**.
이거 쓸만한데. 이걸로 충분해.

tip

01 **do the shopping**
장을 보러 가다

+ go shopping
일반적으로 사고싶은 물건을 즐거운 마음으로 구매하러 간다는 뜻

예 I'm going to go shopping with my friend.
친구랑 쇼핑하러 갈 거야.

+ do the shopping
필요로 인해 식료품이나 생필품을 구매한다는 뜻

02 **be 형용사 to death**
~해 죽겠어

어떤 상황이 극한으로 치달을 때, "~해 죽겠다"는 의미로 사용

예 I'm starving to death.
배고파 죽을 지경이야.

03 **procrastinate** 미루다

(과제, 공부, 보고서 작성, 운동, 분리수거 등) 꼭 해야할 일을 하기 싫거나, 귀찮아서 질질끌다가 한 번에 닥쳐서 하는 것을 표현

예 Stop procrastinating.
미루는 것 좀 그만해.

+ 추가 표현
put off : 단순히 무언가를 미루다
delay : 어쩔 수 없이 상황 때문에 미루다
postpone : 더 나은 상황을 위해 미루거나 연기하다

자세한 설명은
감각 더하기 에서!

02 What do you say (that) + 주어 + 동사?
What do you say to + 명사?

03 It's been a long time since + 주어 + (last) + 과거동사

02 DO | 집안일을 하다 / 운동을 하다 / 머리를 하다

 감각 기르기

01 do the housework 집안일을 하다

- I **do the laundry** almost every week. First, I separate the whites from the colors, and then I put them in the washing machine.
  나는 거의 매주 빨래를 해. 우선 흰색과 색 있는 것을 구분하고, 세탁기에 빨래를 집어넣어.

- It's your turn to **do the dishes**.
  네가 설거지할 차례야.

02 do yoga 운동을 하다

- I **04** *am trying to do yoga* at least three times a week.
  나는 적어도 일주일에 3번 요가를 하려고 하고 있어.

- Olivia spends an hour **doing** some **cardio** every day.
  올리비아는 매일 유산소 운동을 한 시간씩 해.

03 do my hair 머리 손질을 하다, 머리를 하다

- I didn't have enough time to **do my hair**.
  머리를 손질할 충분한 시간이 없었어.

- I like your new hairstyle. Who **does your hair**?
  너의 새로운 머리 스타일 마음에 들어. 누가 머리를 해주니?

04 do 무언가를 잘 하다/(시험 등을) 잘 보다

- You **did** a good job.
  아주 잘 했어.

- I didn't **do** well on my final exam.
  기말고사를 잘 못 봤어.

05 be done 마치다, 끝내다

- I**'m done** with the dishes.
  니는 ·설거지 끝냈어.

- **Are** you **done** with your project?
  프로젝트는 끝낸 상태야?

---

memo

02 do yoga 요가를 하다

보통 "스포츠를 하다"라고 할 때는 play sports라고 표현하지만

혼자서 하는 운동 예를 들어 필라테스, 벨리댄스, 에어로빅이나 유도, 태권도를 한다고 말할 때는 do 사용.

예 I will learn how to do Taekwondo.
나는 태권도를 배울 거야.

02 do some cardio
유산소 운동을 하다

예 I do some cardio to lose weight.
살을 빼기 위해서 유산소 운동을 한다.

+ 운동 관련 표현
do some stretching 스트레칭을 하다
do some weight training 근력 운동을 하다

자세한 설명은
감각 더하기 에서!   **04** I'm trying to + 동사원형

기본동사 do를 사용하여 특정적인 동작을 표현할 수 있습니다. 집안일에 관련된 이야기를 하거나 운동을 할 때, 머리 손질을 하는 것을 표현 할 때, 무언가를 잘 해 냈을 때도 do를 사용할 수 있습니다. 더불어 우리가 어떤 행위를 끝까지 하고 끝내는 것을 do의 과거분사 형태인 be done을 사용하여 "마치다, 끝내다"라는 의미를 전달할 수 있습니다.

감각 활용하기

01 **A** Something urgent has come up at work.
I **05** *won't be able to* help you with the housework today.
회사에 급한 일이 생겼어. 오늘 집안일을 도와주지 못할 것 같아.

B You **get off the hook** today, but you'll have to **do the vacuuming** and mop the floors.
오늘은 위기를 모면했지만 이번 주말에 청소기 돌리고 바닥 닦아야 할 거야.

02 **A** Did you do some stretching? It's very important to warm up before you **do some weight training**.
스트레칭 좀 했니? 근력운동하기 전에 준비운동을 하는 건 정말 중요해.

B Oh, really? Then let's do it first.
오, 정말? 그럼 그것부터 먼저 하자.

03 **A** **06** *Are you ready to* go out?
나갈 준비됐어?

B I am almost done. I'm **doing my hair**.
거의 다 했어. 머리 손질을 하고 있어.

04 **A** How well did you **do** in high school?
고등학교에서 얼마나 공부 잘했어?

B I just got by. Um... actually I **did** well in school, if I do say so myself.
그럭저럭 했어. 음... 내입으로 말하기 좀 그렇지만 사실은 학교 다닐 때 우등생 이었어.

05 **A** Have you packed your luggage?
짐은 다 쌌어?

B I'm not **done** yet. Packing is such a hassle.
아직 안 끝났어. 짐 싸는 건 정말 귀찮은 일이야.

자세한 설명은 **감각 더하기** 에서! | **05** will (not) be able to + 동사원형
06 Are you ready to + 동사원형/ Are you ready for + 명사

tip

01 **get off the hook**
곤경을 모면하다

어려운 상황이나 위기를 모면할 때 쓸 수 있는 표현으로 물고기가 낚시 바늘에 걸려있는 미끼만 물고가 위기를 모면하는 상황을 연상하면 외우기 쉬움

예 I can't let you get off the hook on that.
너를 그냥 봐줄 수는 없어.

05 **a hassle**
귀찮은 상황이나 번거로운 일

귀찮은 것을 표현할 때 가장 먼저 떠오르는 표현이 It's annoying.인데 원어민이 즐겨 사용하는 a hassle도 알아두기!

무언가 성가시고 복잡한 일이나 상황을 표현할 때 사용

예 Parking here is a huge hassle.
여기서 주차하는 거 진짜 번거로워.

03 DO | 구동사 활용 / 동사를 활용한 이디엄

 **감각 기르기**

01 **do** + 목적어 + **over**   무언가를 다시 하다
(앞서 한 일이 잘 되지 않아서) 두 번 일을 하다

* You should **do** it **over**.
  너는 그걸 다시 하는 게 좋을 것 같아.

* I failed the exam. So I have to **do** it **over**.
  나 시험을 잘 못 봐서 다시 봐야 해.

02 **do without**   ~없이 해내다, 견디다(지내다)

* It is inconvenient to **do without** a car in a big city.
  대도시에서는 차가 없으면 불편하다.

* I can't **do without** my smartphone.
  스마트폰 없이 도저히 안되겠어.

03 **do one's(the) best**   최선을 다하다

* One of my most favorite phrases is 'Do my best.'
  내가 가장 좋아하는 문구 중 하나가 "최선을 다하다"이다.

* I **did my best** but it wasn't good enough.
  내가 최선을 다했지만 충분하지 않았나 봐.

04 **have something(nothing) to do with**
~ 와 관련이 있다(없다)

* He **has something to do with** the car accident.
  그가 그 교통사고와 관련이 있어.

* I **have nothing to do with** the scandal.
  나는 그 스캔들하고 아무런 관련이 없어.

05 **do the trick**   효과가 있다, 성과를 거두다

* The medicine **did the trick**. I didn't have to see a doctor.
  약이 효과가 있어서 병원에 갈 필요가 없었어.

* When it comes to 'English grammar', this book will **do the trick**.
  영문법에 관해서라면 이 책이 효과가 있을 거야.

---

tip

01 **do-over** 다시 도전

명사로 **do-over**는 "재도전하기, 다시 하기"라는 의미를 가지고 있으며, 비격식적으로 어떤 일을 다시 시작할 기회를 언급하거나, 실수로 인해서 결과가 마음에 들지 않을 때 재도전하다는 의미로 사용

예 I messed up on my presentation.
Can I get a **do-over**?
나 발표를 망쳤어. 다시 할 수 있을까?

do동사에 전치사를 붙여서 사용하는 구동사 중 회화에서 대표적으로 사용 하는 두가지 표현을 익혀 보려고 합니다. 더불어 do동사를 사용한 이디엄을 익혀보고 영어회화 감각을 깨워보면 좋겠습니다.

감각 활용하기

01 **A** You need to **do** your work **over** until you are satisfied with it.
네가 만족할 때까지 일을 다시 해야 해.

B It seems like it is the best way not to **drop the ball**.
그게 실수하지 않는 가장 좋은 방법인 것 같네.

02 **A** You are the real fixer.
너는 진정한 해결사야.

B What would you **do without** me?
나 없으면 어쩔 뻔했어?

03 **A** This presentation is really important.
I want you to **make the most of** yourself.
이 발표 정말 중요해. 네가 최선을 다해줬으면 좋겠어.

B I'm making a lot of effort for it and I will **do my best**.
노력 많이 하고 있고 최선을 다할 거야.

04 **A** Who ruined my computer? Was that you?
누가 내 컴퓨터를 망친 거야? 너야?

B No, I didn't do anything. I **had nothing to do with** it.
아니야, 나 아무것도 안 했어. 나는 그거랑 전혀 상관없어.

05 **A** Can you do me a favor? This grocery bag is so heavy.
부탁 좀 해도 될까? 이 장바구니가 정말 무거워.

B Oh, wait a second. I have a great idea.
This foldable shopping cart will **do the trick**.
잠깐만. 좋은 생각이 있어. 이 접이식 쇼핑 카트가 효과가 있을 거야.

tip

01 **drop the ball** 실수하다

"실수하다"라는 의미로 make a mistake과 함께 알아두면 좋은 표현은 drop the ball 공을 떨어트리면 실점으로 이어지기 때문에 "실수하다"라는 의미로 사용

예 I don't want to drop the ball anymore.
나는 더이상 실수하고 싶지 않아.

03 **make the most of + 명사**
최대한 활용하다, 최선을 다하다

무언가를 가장 최상의 것으로 만들어 낸다는 것은 그 명사를 최대한으로 활용한다는 의미로 사용 가능

예 You should make the most of your time.
너는 너의 시간을 최대한으로 활용해야 해.

05 **Can you do me a favor?**
부탁 좀 해도 될까요?

favor는 "호의"라는 의미를 가지고 있으며, 나에게 호의를 베풀어 달라는 것은 즉, 부탁을 들어달라는 의미

+ 유의어 : Can I ask you a favor?
부탁 하나만 해도 될까?

+ Can you를 생략하고 Do me a favor?로 가볍게 사용 가능

01 The last thing I want to do is (to) + 동사원형

가장 하고 싶지 않은 것은 ～이다

하고 싶지 않다는 표현을 떠올리면 I don't want to ～, I don't like ～ 문장이 떠오르지만 이 문장도 알아두면 좋아요. 이 패턴은 표면적으로 봤을 때 이해가 잘 되지 않을 수 있으므로 표현을 잘 이해하고 연습하는 게 중요합니다. "그것은 내가 가장 마지막으로 하고 싶은 것"이라는 뜻은 그만큼 하고 싶지 않아서 마지막으로 미뤄둔다는 의미로 이해하시면 좋습니다.

*The last thing I want to do is (to) + 동사원형*에서 be동사 뒤에 to가 생략되었기 때문에 동사원형을 바로 사용할 수 있습니다.

- **The last thing I want to do is** hurt you.
  너에게 상처 주고 싶지 않아.

- **The last thing I want to do is** leave her.
  그녀를 떠나고 싶지 않아.

- **The last thing I want to do is** work on weekends.
  주말마다 일하는 거 진짜 싫어.

- **The last thing I want to do is** screw up our relationship.
  우리의 관계를 망치고 싶지 않아.

- That's **the last thing I want to do**.
  이거 진짜 하기 싫어.

02 What do you say (that) + 주어 + 동사 ?
What do you say to + 명사 ? ～하는 거 어떻게 생각해?

상대방의 의견을 묻거나 제안할 때 사용하는 표현이며 *What do you say (that) + 주어 + 동사?* 형태로 문장을 만들어서 사용할 수 있으며 더 간단히 말하기를 원할 때는 *What do you say to + 명사?*로 말을 만들어서 쓸 수 있습니다.

- **What do you say** we just calm down a little?
  우리 좀 진정하는 게 어때?

- **What do you say** we go out for dinner tonight?
  오늘 저녁은 외식하는 거 어때?

- **What do you say** we go to the movies after work?
  퇴근하고 영화 보러 가는 거 어때?

- **What do you say to** a cup of coffee?
  커피 한잔하는 거 어때?

- **What do you say to** another drink?
  한잔 더 어때?

---

tip

01 screw up

망치다, 엉망으로 만들다

+ ruin "엉망으로 만들다, 망치다"는 뜻으로 screw up과 함께 유의어 mess up도 함께 익혀 두기!

  예 He totally screwed up my party.
  그가 내 파티를 완전 망쳤어.

+ be screwed는 상황이 안좋을 것을 말하거나 큰일 났다는 것을 표현할 때 "망했어"라는 의미로 사용

  예 I'm screwed.
  나 망했어.

03 **It's been a long time since** + 주어 + (last) + 과거동사

~를 (마지막으로) 한지 오래되었어

무언가를 오랜만에 할 때 사용할 수 있는 표현으로 a long time을 대신해서 a while과 ages를 넣어서 말을 할 수 있습니다.

*It's been a long time since + 주어 + 과거동사*를 연결해서 다양한 의미로 응용해서 유용하게 사용해 보세요.

- **It's been a long time since** I saw my grandmother.
  할머니를 뵌 지 오래되었다.

- **It's been a long time since** we talked.
  우리가 이야기를 나눈 지도 오래됐어.

- **It's been a while since** I went to the shopping mall.
  쇼핑하러 간 것도 엄청 오래됐어.

- **It's been a while since** we last traveled.
  마지막으로 여행하고 진짜 오랜만이야.

- **It's been ages since** I heard from her.
  그녀로부터 소식을 들은 것도 꽤 됐어.

04 **I'm trying to** + 동사원형   ~를 하려고 하고 있어

try는 "노력하다"라는 의미와 "시도하다"라는 의미로 제일 잘 알고 있는데 우리가 무언가 이루거나 해내가 위해서 무언가를 하고 있다고 표현할 때 유용하게 쓰입니다.

- **I'm trying to** read at least 3 books a month.
  한달에 적어도 3권의 책을 읽으려고 하고 있어.

- **I'm trying to** get a new job.
  새로운 일자리를 잡으려고 노력하고 있어.

- **I'm trying to** cut down on smoking.
  나는 담배를 피우는 것을 줄이려고 하고 있어.

- **I'm trying to** walk my dog every day.
  나는 매일 강아지를 산책 시키려고 하고 있어.

- **I'm trying to** get along with my new co-worker.
  나는 새로운 동료와 잘 지내려고 하고 있어.

— tip —

03 It's been a long time.

오랜만이야.

오랜만에 만나는 사람에게 건넬 수 있는 인사로 Long time no see.도 있지만 It's been a long time.을 사용해서 인사를 전할 수 있다는 점도 알아두기

물론 여기서 a long time 대신 a while, ages를 대체해서 표현 가능

04 cut down on 줄이다

특정한 소비나 무언가에 대한 사용량을 줄이는 것을 의미하여 〈cut down on + 대상〉 줄이고자 하는 대상을 on 뒤에 붙여서 사용

예 You should cut down on screen time.
너는 스크린 타임을 줄이는 게 좋을 것 같아.

05 **will (not) be able to** + 동사원형   ~할 수 있을 거야(없을 거야)

앞으로 있을 미래에 무언가를 할 수 있다고 표현할 때, *will be able to + 동사원형* 을 사용할 수 있습니다. "할 수 있다"라는 의미인 can은 will과 조합해서 사용할 수 없기 때문에 미래에 가능한 것을 표현할 때는 이 패턴을 기억해서 사용하면 좋습니다.

- I **will be able to** stay for 2 weeks.
  2주는 머무를 수 있을 거야.

- I **will be able to** help you with it.
  나는 그것을 도와줄 수 있을 거야.

- I **will be able to** get there in time.
  시간보다 빨리 도착할 수 있을 거야.

- You **will be able to** make it.
  너는 해 낼 수 있을 거야.

- You **will be able to** enjoy your vacation.
  너는 휴가를 즐길 수 있을 거야.

06 **Are you ready to** + 동사원형
Are you ready for + 명사   ~할 준비가 되었니?

무언가를 할 준비가 되었다고 표현할 때 자주 사용하는 표현이며 의문문 뿐만 아니라 평서문으로도 익혀두면 도움이 많이 됩니다.

특히 ready는 형용사인데 동사로 잘못 알고 사용하는 경우가 많이 있습니다. 사용 시 be ready로 잘 외워두는 게 좋습니다. *be ready to + 동사원형* 또는 *for + 명사/Ving* 형태로 사용합니다.

더불어 우리나라 말로 해석 시 과거 시제로 해석되지만 현재 준비가 되어있는 상태를 물어보는 것임을 잊지 마세요.

- **Are you ready to** hit the gym?
  헬스장 갈 준비됐어?

- **Are you ready to** order?
  주문할 준비가 되었나요?

- **Are you ready to** go camping?
  캠핑 갈 준비됐어?

- **Are you ready for** the meeting?
  회의할 준비가 되었나요?

- **Are you ready for** some dessert?
  디저트 먹을 준비됐어?

tip

06 **hit the gym** 헬스장을 다니다

fitness canter로 피트니스 센터라는 표현도 있지만 보통은 go to a gym 헬스장을 다닌다고 표현을 하며 구어체에서 hit을 사용해서 말 할 수 있음

📱 I'm going to hit the gym after work.
나 퇴근하고 헬스장 갈 거야.

PART
6

HAVE

01 HAVE : 무언가를 소유하다(가지다)

have [현재형] – had [과거형] – had [과거분사형]

 **감각 기르기**

01 **have** + 명사 ~을 가지고 있다

• I want to **have** a luxury bag.
나는 명품가방을 갖고 싶어.

• I**'ve** got something in my eye.
눈에 뭔가 들어갔어.

02 **have** + 외모/성격 ~을 가지고 있다/닮다

• Does she **have** long hair?
그녀는 머리가 길어?

• I **have** my mom's personality.
나는 엄마 성격을 닮았어.

03 **have** + (인간)관계 ~가 있다

• I **have** four members in my family.
나는 4명의 가족이 있습니다.

• We didn't know she **had** a boyfriend.
우리는 그녀가 남자친구가 있었다는 건 몰랐어.

04 **have** + 감정/생각/사고방식 ~을 가지다

• You need to **have** courage to say No.
아니라고 말할 용기를 가져야 해.

• If you understood my situation, you would **have** a different point of view.
너가 나의 상황을 이해했다면 다른 견해를 가지고 있었을 텐데.

05 **have** + 행사/파티/모임/업무 ~을 하다

• I'm going to **have** my birthday party this Sunday.
이번주 일요일에 내 생일 파티 할 거야.

• I **have** a big meeting this morning.
오늘 아침에 중요한 회의가 있어.

─ tip ─

01 **have got** 가지다

내가 지닌 소유물, 관계, 질병을 "가지다"라고 말을 할 때 강조를 해서 표현

+ 평서문 : 주어 + have got a/the + 명사

+ 의문문 : Have + 주어 + got a/ the + 명사?

+ 부정문 : 주어 + have not got a/ the + 명사

📋 I've got a gift for you.
너에게 줄 선물이 있어.

have는 나에게 속해 있는 모든 것을 표현 할 수 있습니다. 물건을 소유하고 있는 것 뿐만 아니라 외모나 성격을 표현 할 때도 쓸 수 있으며 나에게 속한 사람과의 관계를 설명할 때도 have 동사를 사용하지요. 더불어 내 머릿속에 지니고 있는 감정, 생각, 의문, 사고방식, 재능 등에 대한 내용을 말 할 수 있습니다. 내가 주최하거나 속하는 행사 또는 업무에서도 have를 써봅시다.

 **감각 활용하기**

01 ⓐ Are there any rooms available?
빈 방 있나요?

ⓑ Yes, we only **have** a room with a queen size bed.
네, 퀸 사이즈 침대가 있는 방 하나 있습니다.

02 ⓐ I heard you had a blind date. **What does he look like?**
너 소개팅 했다고 들었어. 그는 어떻게 생겼어?

ⓑ He looks like a model. I mean he is tall and handsome.
He **has** brown eyes and a likable appearance.
모델 같아. 그는 키가 크고 잘 생겼어. 그는 눈이 갈색이고 외모가 호감형이야.

03 ⓐ Have you heard that Jenny has just **had** a baby girl?
제니가 막 딸을 낳았다는 소식 들었어?

ⓑ Oh, that's great news. I'm so jealous of her. I**'ve** got two boys.
와, 잘됐다. 정말 부럽다. 나는 아들만 둘인데.

04 ⓐ I **have** a great idea.
Let's play a game and make a bet for dinner.
좋은 생각이 있어. 저녁 (누가 살지) 내기 게임하자.

ⓑ That would be fun. Let's do it, Fair and square!
재미있겠다. 하자, 정정당당하게.

05 ⓐ I decided to **have** a New Year's Eve party at my place.
I really hope you can make it.
송년의 밤 파티를 우리 집에서 하기로 했어. 네가 꼭 올 수 있으면 좋겠어.

ⓑ Absolutely. I'm really looking forward to it.
당연하지. 정말 기대된다.

---

tip

01 **available**
　　　　사용 가능한, 시간이 있는

available은 사물과 함께 쓰면 "사용 가능한" 의미로 사용되며, 사람과 함께 쓰면 "시간이 있는"이라는 의미

예 Please call me when you are available.
시간이 있을 때 전화해.

02 **What does 주어 look like?**
　　　　　　어떻게 생겼어?

생김새를 물어볼 때 보통 How 의문문으로 문장을 떠올리는데 What ~ like를 이용해서 질문 가능

예 What does he/she look like?
어떻게 생겼어?

예 What is he/she like?
성격은 어때?

04 **fair and square**
　　　　　　정정당당하게

fair 공평, square 정사각형

네모 반듯하게 평하게 나눈다는 의미는 어떤 일을 하거나 내기를 할 때 공평하게 정정당당하게라는 표현

예 We won fair and square.
우리는 정정당당하게 이겼어.

02 HAVE 질병이 있다 / 시간을 보내다 / 어려움이 있다 / 대화를 나누다

 **감각 기르기**

01 have + 질병/증상 ~으로 인해 아프다

- I **have** a splitting headache and a sore throat.
  머리가 깨질 듯이 심하게 아프고 목도 아파.

- He can't sleep because he **has** insomnia.
  그는 불면증이 있어서 잠을 못 자.

02 have + 식사/음료 ~을 먹다/마시다

- I'm **having** lunch with Judy. Will you join us?
  나 주디랑 점심 먹을 건데 같이 갈래?

- I feel like **having** a drink.
  한 잔하고 싶어.

03 have + 시간 시간을 보내다

- I went camping with my family last weekend and I **had** a great time.
  지난 주말 가족들이랑 캠핑을 다녀왔는데 정말 좋은 시간을 보냈어.

- I was **having** a blast this year, indeed.
  올해 즐거운 한해를 보냈어요, 정말.

04 have + 싸움/말다툼 ~을 하다
have + 문제/어려움 ~이 있다

- **01** *Why didn't you* tell me you **had** an argument with Matthew?
  매튜랑 싸웠다고 왜 말 안 했어?

- I **02** *have trouble* sleep*ing* because of the hot weather. I hate this kind of weather.
  날씨가 더워서 잠을 자는 게 힘들어. 이런 날씨 진짜 싫어.

05 have + 대화/논의 ~을 나누다

- **03** *I'm here to* **have** a talk with you.
  너랑 이야기를 하려고 왔어.

- Let me know whether you can **have** a discussion about it.
  그것에 대해서 논의를 할 수 있는지 알려줘.

자세한 설명은
감각 더하기 에서!
- **01** Why didn't you + 동사원형?
- **02** have trouble + Ving
- **03** I'm here to + 동사원형

---

tip

03 have a blast
즐거운 시간을 보내다

have fun 뿐만 아니라 have a blast 를 사용해서 "즐거운/신나는 시간을 갖다, 재미있게 보내다"라고 표현 가능

We had a blast at the party.
우리는 파티에서 정말 신났어.

03 indeed 정말, 확실히

앞선 문장에 정말 그러했다고 강조할 때 "정말, 확실히"라는 의미로 사용하거나, 강한 긍정의 대답으로 "물론, 당연히"라는 의미

This is useful, indeed.
이건 유용해, 정말!

05 have a talk 이야기를 하다

단순히 수다를 떨기보다 어떤 주제나 문제에 대해서 심도있게 진지한 이야기나 대화를 나누는 것을 의미

I will have a talk with my parents.
부모님과 진지하게 이야기해 볼게.

기본동사 have에서 일반 회화에서 유용하게 사용되는 표현의 모음집이라고 할 수 있을 정도로 중요한 부분입니다. 아래 예문 모두 일상에서 자주 사용되는 표현이니 각 상황에서 적시적소에 사용 할 수 있도록 반복 연습을 하고 숙지 하시길 바랍니다.

감각 활용하기

01 **A** There is a new dessert cafe nearby. Why don't we go there? You have a sweet tooth.

여기 근처에 새로운 디저트 카페 있는데 같이 가볼래? 너 단거 좋아하잖아.

B I would love to but, I got a cavity and I **have** a terrible toothache. I have to go to the dentist.

가고 싶은데 충치가 생겨서 이가 너무 아파. 치과에 가야 해.

02 **A** Have you **had** dinner?

저녁 먹었어?

B Not yet. I'm starving. I could eat a whole pizza all by myself.

아직. 너무 배고파. 나 혼자서 피자 한판 다 먹을 수도 있을 것 같아.

03 **A** Only three days to go before the trip. **04** *I can't wait to go* on a trip.

여행가기까지 딱 3일 남았어. 빨리 가면 좋겠어.

B Enjoy your vacation. I hope you **have** a good trip.

휴가 즐겁게 보내고 좋은 여행 되길 바라.

04 **A** Do you have time tonight? I'm craving beer today. How about grabbing a drink after work?

오늘 저녁에 시간 있어? 나 맥주가 땡기는데 퇴근하고 한잔하는 거 어때?

B I really want to do that. But I **had** an argument with my wife yesterday. I'd better go home early.

나도 정말 그러고 싶은데. 어제 아내랑 싸웠어. 집에 일찍 가는 게 좋을 것 같아.

05 **A** I'm not feeling well. I **05** *have no choice but to* take a half-day off and go to see a doctor.

컨디션이 안 좋아. 반차 내고 병원에 다녀올 수 밖에 없겠어.

B I think you've been overworking for a few weeks. You need to **have** a talk with your doctor about your symptoms before they get worse.

몇 주 동안 과로한 것 같아. 더 나빠지기 전에 의사선생님께 증상에 대해서 이야기하는 게 좋겠어.

자세한 설명은
감각 더하기 에서!
04 I can't wait to + 동사원형/ I can't wait for + 명사
05 have no choice but to + 동사원형

---

tip

01 **have a sweet tooth**
단것을 좋아하다

영어에서 자주 사용하는 관용표현으로 초콜릿, 케이크, 아이스크림 등을 자주 섭취하고 단것을 좋아하는 기호를 뜻함

예 I don't have much of a sweet tooth.
나는 그렇게 단 걸 좋아하지 않아.

03 **Only + 일자 + to go before + 이벤트** ~가 남았다

몇일이 지나면 특정 이벤트의 날이라고 이해하고 사용하면 좋은 표현

예 Only five days to go before my wedding.
결혼식까지 딱 5일 남았어!

03 HAVE | (어떤 것을)받다 / 무언가를 하게 하다 / 초대하다

 **감각 기르기**

01 have + 정보, 서비스 등 ~을 받다

- Can I **have** your business card?
  명함 한 장 주시겠어요?

- I will **have** a steak.
  스테이크로 할게요.

02 have + 수술/시술/마사지 ~을 받다

- You must fast for 8 hours before you **have** surgery.
  수술받기 전에 8시간 동안 금식을 해야 합니다.

- Where is a good place to **have** a massage?
  마사지 받을 만한 좋은 곳이 어디 있을까요?

03 have + 사람 + 동사원형 ~에게 ~을 (부탁하여) 하게하다

- I **had** my mom make me lunch.
  엄마한테 점심 만들어 달라 했어.

- Let's **have** him pay for it this time.
  이번에는 그에게 돈 내라고 하자.

04 have + 사물 + p.p. ~이 ~되게 하다

일정의 비용을 지불하고 타인에게 제화 서비스를 받을 때 주로 사용하며, 〈get + 목적어 + p.p.〉와 비슷하게 사용

- I think I should **have** my car washed.
  나는 세차를 하는 게 좋을 것 같아.

- He **has** his hair cut once a month.
  그는 한 달에 한번 머리를 자른다.

05 have + 사람 + over ~을 (집에) 놀러 오게 하다/초대하다

"초대하다"라는 의미로 〈invite + 사람 + (over)〉와 함께 자주 사용

- I'm **having** my friend **over**.
  집에 친구 놀러 오라고 할거야.

- Thank you for **having** me **over**.
  초대해줘서 고마워.

기본적으로 무언가를 받고자 할 때 Can you give me ~?라는 질문으로 사용하여 타인이 제공 해 줄 수 있는 지로 묻곤 합니다. 무언가는 제공 받고자 할 때 내가 그것을 받을 수 있을 지 Can I have ~라는 질문을 통해서 정보나 서비스를 받을 수 있으며 주문을 할 때도 유용하게 사용됩니다. 더불어 누군가에게 무언가를 부탁해서 하게 할 때도 have로 문장을 만들어 쓸 수 있습니다.

감각 활용하기

01 **A** May I take your order?
주문을 받아 드릴까요?

B **06** *Can I have* a tall cafe latte and a tall iced Americano, please?
카페라테랑 아이스 아메리카노 주문할 수 있을까요?

02 **A** I think you don't need to **have** plastic surgery.
I love you just the way you are.
내 생각에는 너는 성형수술 할 필요 없어. 나는 있는 그대로 너를 사랑해.

B I'm so moved **beyond words**.
말로 다 할 수 없을 정도로 정말 감동이야.

03 **A** Have you seen Ria today? I have been trying to **reach** her.
오늘 리아 봤니? 계속 연락을 했는데 연락이 안되네.

B I haven't. If I see her, I will **have** her call you right away.
나도 못 봤어. 그녀를 보면 바로 전화하라고 할게.

04 **A** I can barely see that sign from here.
여기서 저 표지판이 거의 보이지 않아.

B It's dangerous. You drive to work every day.
You should **have** your eyes checked.
위험하다. 너 매일 운전해서 출근하잖아. 바로 시력검사 해보는 게 좋겠어.

05 **A** Do you have any plans for this weekend?
I want to **have** you and your wife **over** for dinner.
이번 주말에 약속 있어? 너랑 너의 아내를 저녁 식사에 초대하고 싶어.

B Oh, I would love that. Then, I will see what's going on this weekend and let you know.
와, 완전 좋다. 그러면 이번 주말 상황이 어떹지 보고 알려 줄게.

자세한 설명은
감각 더하기 에서! **06** Can I have ~?

---

tip

02 **beyond words**
진짜 말도 못하게

놀라거나 감격해서 말이 나오지 않을 때, 어안이 벙벙해서 무슨 말을 해야 할지 모를 때 사용하는 표현

예 I was happy beyond words.
나 정말 말도 다 할 수 없을 정도로 행복 했어.

03 **reach** (특히 전화로) 연락하다

물리적인 곳이나 어떤 순간까지 "닿다, 도달하다"라는 의미도 있지만, 통화가 되는 상황에서도 사용 가능

예 How can I reach you?
어떻게 연락 드리면 될까요?

04 HAVE | 동사를 활용한 이디엄

 감각 기르기

01 have mixed feelings 시원섭섭하다, 만감이 교차하다

- I **have mixed feelings** about leaving home.
  집을 떠나니 복잡한 심정이 들어.

- I **had mixed feelings** when I visited there.
  그곳에 방문했을 때 만감이 교차했어.

02 have feelings for + 사람 ~를 좋아하다

- You don't know that he **has feelings for** you?
  그가 너를 좋아하는 거 몰랐어?

- I don't **have feelings for** him anymore.
  나는 그에게 더 이상 마음이 없어.

03 have a lot(too much) on one's plate
(일/업무) 할 일이 많다

- I can't take care of it. Because I already **have a lot on my plate**.
  내가 그걸 처리할 수 없어 왜냐하면 이미 할 일이 많아.

- She just started two new projects. She **has too much on her plate**.
  그녀가 막 2개의 새로운 프로젝트를 시작했어요. 그녀는 할 일이 정말 많아요.

04 have something(nothing) to do with + 사람/사물
~와 연관, 관련이 있다(없다)

- To tell the truth, I **have something to do with** the company.
  실은, 내가 그 회사와 관련이 있어.

- She **has nothing to do with** the rumor.
  그녀는 그 소문과 무관해.

05 have the same/good taste 취향이 같다/안목이 좋다

- You and I **have the same taste** in men.
  너랑 나랑은 남자 (보는) 취향이 같다.

- We **have the same taste** in movies.
  우리는 영화(보는) 취향이 같다

tip

04 To tell the truth
솔직히 말하자면

있는 그대로의 사실을 전할 때 쓰는 표현

+ 유의어 : To be honest, Frankly
예 To be honest, I fell asleep in the middle of the movie.
사실 나 영화 보는 중에 잠들었어.

기본동사 have를 사용한 다양한 이디엄이 있는데 그 중 회화에서 자주 활용되는 표현 5개를 엄선하여 정리 해두었습니다. 예문과 함께 여러가지 표현을 익혀 보시고 상황에 맞게 사용 해보시길 권장합니다.

감각 활용하기

01 **A** I can't believe it is time to go back to Korea.
I had a great time here.
벌써 한국으로 돌아갈 때가 되었다니 믿어지지 않아. 여기서 좋은 시간 보냈어.

B I **have mixed feelings**. I will miss you so much.
만감이 교차한다. 네가 정말 그리울 거야.

02 **A** Did you meet her again? Do you like her **by any chance**?
그녀를 또 만났어? 혹시 그녀를 좋아하고 있는 거니?

B I think I **have feelings for** her.
그녀를 좋아하는 것 같아.

03 **A** Can you drive me to work?
오늘 회사까지 태워다 줄 수 있어?

B I'm sorry. I **have a lot on my plate** today. I'm working from home, just so you know.
미안해. 내가 오늘 할 일이 많이 있어. 나 재택근무 중이야. 그냥 알고 있으라고.

04 **A** Your boss would like you to stop by his office at the end of today.
상사가 오늘 퇴근하기 전에 그의 사무실로 들렸으면 하셔.

B If this is about the project, I **have nothing to do with** it.
그 프로젝트에 관련된 거라면 나는 아무런 상관이 없는데.

05 **A** Wow, I love your dress. You **have** really **good taste** in clothes.
와우. 원피스 마음에 든다. 너는 옷에 대한 감각이 정말 뛰어나.

B It's very sweet of you to say that.
그렇게 말해 주다니 정말 고마워.

tip

02 **by any chance** 혹시

"혹시 ~이니?"라는 의미로, 직접적으로 물어볼 수 있지만 조금 조심스럽게 질문을 하고자 할 때 사용

▣ Is there a restroom here by any chance?
혹시 여기에 화장실이 있나요?

03 **work from home**
재택근무를 하다

사무실이 따로 있고 집에서 업무를 보는 재택근무를 할 때 사용

▣ I worked from home last week because of COVID.
나는 코로나 때문에 지난주에 재택근무 했어.

+ work at home
일하는 주 근거지가 집일 때 사용하거나 개인적인 일을 할 때 사용. 반드시 구분할 것!

03 **just so you know**
혹시 몰라서 말하는 건데

원어민들이 즐겨 사용하는 표현으로 누군가 알아줬으면 좋을 것 같은 내용을 전할 때, 참고로 무언가를 말하고 싶을 때 사용

▣ Just so you know, I'm very jealous.
참고로 나 질투 많아.

01 Why didn't you + 동사원형 ? 왜 ~하지 않았니?

기대와는 반대로 상대방이 하기로 했던 행동을 하지 않았을 때 왜 하지 않았는지
이유를 물어보는 질문으로 사용합니다.

시제를 과거로 활용해야 하며 *Why don't you + 동사원형?* 권유/제안의 문장과는
의미가 다르기 때문에 문장구조를 정확하게 연습해 두는 것이 좋습니다.

- **Why didn't you** meet the deadline in the first place?
  애초에 왜 마감일을 안 지킨 거야?

- **Why didn't you** tell her you are allergic to peanuts?
  땅콩 알레르기가 있다고 그녀에게 왜 말하지 않았니?

- **Why didn't you** do the laundry?
  왜 빨래 안 했어?

- **Why didn't you** wake me up?
  왜 나를 깨우지 않았니?

- **Why didn't you** call me last night?
  어젯밤에 왜 전화 안 했어?

02 have trouble + Ving ~하는데 어려움을 겪고있다

삶을 살아가다 보면 어떤 상황이나 사람간의 관계로 인해 어려움을 겪거나 곤란하
고 힘든 상황이 생길 수 있습니다. 그럴 때 유용하게 사용할 수 있는 표현입니다.

- I'm **having trouble** working with my boss.
  나는 나의 상사와 일하는 것에 어려움을 겪고 있어.

- I **have trouble** getting up early in the morning.
  나는 아침에 일찍 일어나는 게 힘들어.

- I don't **have** much **trouble** adapting to a new system.
  새로운 시스템에 적응하는 데는 별 문제없어.

- I'm **having trouble** deciding what to buy for my mother's birthday
  present.
  엄마 생일 선물로 무엇을 사야 할지 결정을 내리는 게 힘들어.

- I'm still **having trouble** looking for a new job.
  새로운 일자리를 구하는데 여전히 어려움이 있어.

tip

02 have trouble + Ving

무언가를 하는데 애를 먹거나 힘든 상
황에서 사용 할 수 있는 패턴

+ 유사 표현
  have difficulty (in) + Ving
  have a hard time + Ving
  have a problem + Ving
  🖪 I'm having difficulty getting
  used to the new schedule.
  새로운 일정에 익숙해지는데 어려
  움을 겪고 있어.

03 I'm here to + 동사원형 ~하러 왔어요

be동사의 가장 기본적인 의미는 "~한 상태이다"입니다. 더불어 "어떤 장소에 있다"라는 뜻으로 사용이 된다는 점도 꼭 기억해야 합니다.

나는 어떤 동작을 하기 위해 여기에 있다는 의미는 "무언가 하러 왔다"라고 표현할 수 있습니다.

이런 뉘앙스를 표현할 때 대부분은 come이라는 동사를 제일 먼저 떠올릴 수 있는데 come보다는 *I'm here to* + 동사원형 문장을 활용하여 의미를 전달해보세요.

- **I'm here to** fix the drain in the sink.
  싱크대에 배수관을 고치러 왔습니다.

- **I'm here to** apologize to you.
  너에게 사과를 하러 왔어.

- **I'm here to** sign up for a yoga class.
  요가 수업을 등록하러 왔습니다.

- **I'm here to** help you with the project.
  그 프로젝트를 프로젝트 도와주러 왔어.

- **I'm here to** pick up my laptop.
  노트북 가지러 왔습니다.

04 I can't wait to + 동사원형 빨리 ~하고 싶어
I can't wait for + 명사 ~하는 게 정말 기대된다

무언가 기대된다고 표현할 때 제일 많이 사용하는 단어가 expect입니다. 이 단어는 무언가를 예상하거나 기다린다고 표현할 때 사용합니다.

우리는 무언가 하고 싶을 때 기다릴 수 없을 정도로 빨리 하고 싶은 마음이 있습니다. 한국어와 비슷하게 사용하는 표현이라 생각합니다. *I can't wait.* 이 표현을 단독으로 사용하면 "기대된다"라는 의미를 전달할 수 있습니다.

- **I can't wait to** see you.
  빨리 보고싶어.

- **I can't wait to** talk to you about my honeymoon.
  너에게 신혼여행에 대한 이야기를 빨리 해주고 싶어.

- **I can't wait to** go to Disneyland this summer.
  이번 여름에 디즈니랜드에 빨리 가고 싶어.

- **I can't wait for** your birthday party.
  너의 생일 파티가 너무 기다려진다.

- **I can't wait for** you to meet my parents.
  네가 우리 부모님을 빨리 만났으면 좋겠어.

---

tip

04 I can't wait.
기다릴 수 없다, 기대하다

무언가를 하고싶어 손을 꼽아 기다린다거나 고대한다는 표현으로 사용 할 수 있음

+ 유사 표현

I'm looking forward to + 명사/Ving이 있으며, 이 표현에서 중요하게 알아 두어야 할 점은 〈to + 명사/Ving〉 형태로 사용해야 함

예 I'm really looking forward to the party.
파티가 정말 기대된다.

예 I'm looking forward to seeing you soon.
곧 뵙게 되기를 고대하고 있습니다.

05 **have no choice but to** + 동사원형   ~할 수 밖에 없어

무언가는 하는 것 외에 선택의 여지가 없을 때 사용할 수 있는 표현입니다. 이 문장의 핵심은 but을 "하지만"이라고 해석을 하게 되면 문장의 전체적 의미가 파악이 어려울 수 있으므로 "~외에"라는 뜻으로 문장을 해석하면 이해하는데 어려움이 없을 것입니다.

비슷한 표현으로는 *I can't help + Ving*라는 패턴도 있습니다.

- I **have no choice but to** tell her the truth.
  나는 그녀에게 사실대로 말할 수 밖에 없어.

- I **have no choice but to** go on a diet for my health.
  건강을 위해서 다이어트를 하는 것 외에는 선택의 여지가 없어.

- I missed the last bus. I **had no choice but to** catch a taxi.
  막차를 놓쳤어. 택시를 탈 수 밖에 없어.

- He **had no choice but to** blame himself.
  그는 자기 자신을 탓할 수밖에 없었다.

- At that time, I **had no choice but to** lose touch with him.
  그때에는 그와 연락을 끊을 수 밖에 없었어.

06 **Can I have ~?**   ~를 받을 수 있을까요?/ ~를 살 수 있을까요?

내가 무언가를 가질 수 있는지 타인에게 물어본다는 것은 물건을 구매하거나 무언가를 나에게 줄 수 있는지 물어볼 때 사용합니다.

카페에서 음료를 주문할 때 *Can I have/get ~?* have뿐만 아니라 get을 이용할 수 있습니다.

- **Can I have** the check when you get a chance, please?
  시간 되실 때 계산서 좀 부탁드려도 될까요?

- **Can I have** some room for milk?
  (카페에서 커피 주문 시) 우유를 넣을 수 있는 공간 좀 남겨 주실 수 있을까요?

- **Can I have** one iced latte to go please?
  차가운 라떼 한잔 포장해서 갈게요.

- **Can I have** a doggy bag, please?
  남은 음식을 싸갈 수 있는 것을 줄 수 있으세요?

- **Can I have** some wet tissues?
  물티슈를 좀 주실 수 있으세요?

tip

06 doggy bag
　(남은 음식을 담는) 포장 용기

음식점에서 먹다 남은 음식을 반려 동물을 위해 싸가지고 가는 풍습에서 시작된 이 표현은 반려동물을 위해 음식을 싸가지고 갈 때 사용하기도 하지만 실질적으로 남은 음식을 포장해가는 민망함을 덜기 위해서 사용하기도 함

예 Can you give me a doggy bag?
　남은 음식을 싸갈 수 있을까요?

예 Can I get a to-go box please?
　(남은 음식을 위해) 포장 박스 좀 받을 수 있을까요?

PART
7

MAKE

01 MAKE : 무언가를 만들다

make [현재형] – made [과거형] – made [과거분사형]

 감각 기르기

01 **make** + 명사 ~을 만들다

- Who is going to **make** this table.
  이 탁자는 누가 만들 거예요?

- I **made** a dress for my doll.
  인형을 위해서 드레스를 만들었어.

02 **make** + 식사/먹을거리 ~을 만들다
make + 음료/차/커피 ~을 타다, 내리다

- I didn't use to have much time for my family,
  but these days I **make** dinner for them every day.
  가족들이랑 함께 할 시간이 없었는데, 요즘은 우리 가족들을 위해서 매일 저녁을 만들어요.

- Julia **makes** delicious cocoa.
  줄리아는 맛있는 코코아를 탄다.

03 **make** + 예약/스케줄 ~을 예약하다, 잡다

- I **made** a reservation online under the name of Stella.
  스텔라 이름으로 방 예약했습니다.

- I **made** an appointment with the doctor for my regular check-up.
  정기 검진을 위해서 의사선생님과 약속을 잡았어.

04 **make** + 목적어 + 형용사 ~가 ~하게 하다

- You're driving me nuts. Don't **make** me crazy.
  너 때문에 미치겠어. 날 미치게 하지 마.

- This present will **make** him happy.
  이 선물이 그를 행복하게 해줄 거야.

05 **make** + 목적어 + 동사원형 ~가 ~하다

- You always **make** me feel special.
  너는 항상 나를 특별하게 느끼게 해줘.

- What **makes** you think I'm not interested in fashion?
  왜 내가 패션에 관심이 없다고 생각하는 거예요?

tip

03 **under the name of**
  ~라는 이름으로, 명으로

여행 시 알아두면 좋은 필수 표현으로 호텔이나 식당에서 예약자의 이름을 공유하는 상황에서 사용할 수 있음

누군가의 이름으로 부동산을 구매하거나 물건 구매자의 이름을 확인하는 상황에서도 쓰임

예 We have a reservation under the name of Alex.
  우리는 알렉스라는 이름으로 예약했어요.

make의 가장 기본적으로 사용되는 의미는 눈에 보이는 사물을 "만들다"라는 의미를 가지고 있습니다. 주체자가 노력을 하거나 어떤 행위를 통해서 새로운 결과를 만들어 내는 것을 나타내지요. 물건을 만들고 음식이나 음료를 만드는 것을 표현 할 수 있는 뿐만 아니라 어떤 움직임이나 결과까지 만들어 내는 것을 표현 할 수 있습니다.

 감각 활용하기

01 Ⓐ I don't know how to **make** this.
나는 이거 어떻게 만드는 지 몰라요.

Ⓑ Don't worry. Let me help you.
걱정하지 마. 내가 도와줄 게.

02 Ⓐ I can **make** sparkling water at home. Would you like some?
나 집에서 탄산수 만들 수 있어. 좀 마실래?

Ⓑ It is not my cup of tea.
탄산수는 내 스타일이 아니야.

03 Ⓐ Do I have to **make** a reservation in advance?
제가 미리 예약을 해야하나요?

Ⓑ You don't have to. You can **walk in** without a reservation.
그럴 필요 없어요. 예약없이 오실 수 있습니다.

04 Ⓐ The interview **makes** me nervous.
면접 때문에 긴장돼.

Ⓑ You can do it. It's a good chance to try something new.
넌 할 수 있어. 새로운 것을 시도할 수 있는 좋은 기회야.

05 Ⓐ How do I look today?
나 오늘 어때 보여?

Ⓑ Those pants **make** you look young.
Your shirt goes well with them.
그 바지 입으니까 어려 보인다. 셔츠가 바지랑도 잘 어울린다.

tip

02 **sparkling water** 탄산수

탄산수를 의미하는 영어 표현
carbonated water
fizzy water
soda water

병에 담겨서 판매되는 물을 bottled water (still water)라고 표현

미국 식당에서 물을 달라고 하면 판매하는 bottled water를 원하는지 아니면 무료로 제공되는 음용 가능한 수돗물(tap water)을 원하는지 물어보는 경우가 있음

예 Would you like tap or bottled water?
수돗물로 드릴까요? 생수로 드릴까요?

03 **walk in** (예약 없이) 방문하다

미국은 식당을 가거나 병원에 가게되면 예약하고 방문하는 문화가 일반적인데, 간혹 예약 없이 방문할 때 사용할 수 있는 유용한 표현이 바로 walk-in. 보통 형용사 형태로 많이 사용

예 Can I see a walk-in doctor?
예약 없이 바로 진료 볼 수 있는 의사 선생님이 계신가요?

02 **MAKE** | 무언가를 꼭 하다 / 결심하다 / 차이를 만들다 / 유난을 떨다

 **감각 기르기**

01 **make sure** 확실하게 하다, 꼭 ~하다(당부)

* **Make sure** you lock the door and windows before you go out.
  나가기 전에 확실하게 문이랑 창문 잠그세요.

* **Make sure** you bring my sunglasses.
  꼭 내 선글라스 챙겨와.

02 **make sense** 말이 되다, 이해되다

* It doesn't **make sense** at all.
  그건 전혀 말이 안 된다.

* This is starting to **make sense**.
  슬슬 이해되기 시작하고 있어.

03 **make a decision** 결정을 하다, 결심을 하다

* We have to **make a** quick **decision**. We shouldn't put it off anymore.
  우리 빨리 결정해야 해. 더이상은 미룰 수가 없어.

* I didn't make any decisions.
  아무런 결정을 내리지 못했어.

04 **make a difference** 차별을 두다, 변화를 가져오다

* A minute can **make a world of difference**.
  일분이 엄청난 차이를 만들어 낼 수 있다.

* The new design **made a** big **difference**.
  새로운 디자인이 큰 차이를 만들었다.

05 **make a big deal** 유난을 떨다

* Am I **making a big deal** of it?
  내가 유난을 떨고 있는 거야?

* Let's not **make a big deal** out of nothing.
  우리 아무것도 아닌 일로 유난 떨지 말자.

tip

04 **a world of** 아주 많이

일반적인 "많은"이라는 표현 : many, much, a lot of. plenty of 등

때때로 문장에 따라 a world of도 "아주 많은, 다수, 다량" 등의 의미로 해석

📖 I bet this will do you a world of good.
내가 장담하는데 이게 너에게 큰 도움이 될 거야.

〈make + 명사〉 형태의 문형으로 일상 회화에서 관용적으로 사용하는 다양한 표현들이 있습니다. 여기서 make은 "만들다"라는 일차원적인 의미로 해석되지 않고 뒤에 붙은 명사에 따라 의미가 다양하게 달라진다는 점을 꼭 기억해주시고 하나의 덩어리 표현으로 외워서 사용하시기를 권장합니다.

감각 활용하기

01　**A** Let me hear her voice.
Please, I just want to **make sure** that she is safe.
아이 목소리 좀 들려주세요. 부탁드려요. 아이가 무사한 지 확인하고 싶어요.

　B She is safe. I will call you again.
그녀는 안전합니다. 다시 전화할게요.

02　**A** I **01** *ended up* marrying Paul.
나 결국 폴과 결혼하게 되었어.

　B What? You don't love him. That **makes no sense**.
뭐? 너는 그를 사랑하지도 않잖아. 그건 말도 안 돼.

03　**A** What are you planning to do for this vacation?
이번 휴가 때에는 무엇을 할 계획이니?

　B I'm tied up with work. So I haven't **made a decision** yet.
일 때문에 정말 바빠서 아직 결정을 내리지 못했어.

04　**A** **02** *What's worse is* we can't **make a difference**.
더 안 좋은 건 우리는 변화를 만들 수 없다는 거야.

　B What makes you think that? Don't say that. Look on the bright side. A little change can make a big difference.
왜 그렇게 생각해? 그런 말 하지 마. 긍정적으로 생각해. 작은 변화가 큰 차이를 만들 수 있어.

05　**A** Are you okay? Shouldn't you go to see a doctor?
괜찮아? 병원에 가봐야 하는 거 아니야?

　B Why are you **making a big deal** of such a little thing?
I just got a paper cut on my finger.
뭐 이렇게 사소한 거 가지고 유난을 떨고 그래? 그냥 종이에 손이 베였을 뿐이야.

자세한 설명은
감각 더하기 에서!　**01** end up
02 What's worse is (that) + 주어 + 동사

tip

03 **be tied up** 바쁘다

바쁘다고 하면 be busy라는 표현이 제일 먼저 떠오르는데, 우리 말에도 "일에 꼼짝 없이 매여 있다"는 말처럼 영어에서도 비슷하게 be tied up (with something)은 무언가에 묶여 있다, 즉, 매우 바쁘다는 뜻으로 사용

▸ She is tied up with her new project.
그녀는 새로운 프로젝트 때문에 바쁘다.

04 **Look on the bright side.** 긍정적으로 생각하다.

가장 기본적으로 떠오르는 표현은 think positive이며, 유의어로 stay positive와 look on the bright side가 있음. 밝은 면을 보라는 의미로 사용해 보기!

▸ You need to look on the bright side.
긍정적인 면을 보도록 해야지.

05 **got a cut** 손을 베다

일상생활에서 손이 베이는 경우가 있는데 두가지로 표현 가능

＋ I got a cut
I cut my finger with ~
▸ I cut my finger with a knife.
칼에 손을 베였어.

03 MAKE : 해내다 / 성공하다 / 시간 맞춰 가다 / 참석하다/ 살아남다, 이겨내다

 감각 기르기

01 make it 해내다

- I **made it**.
  내가 해냈어.

- We can **make it**.
  우리는 해낼 수 있어.

02 make it (자기 분야에서) 성공하다

- He **made it** as a singer.
  그는 가수로 성공했다.

- BTS **made it** as an international boy band.
  BTS는 국제적인 아이돌 그룹으로 성공했다.

03 make it (간신히) 도착하다, 시간 맞춰 가다

- You can **make it** there if you rush.
  서두르면 거기 시간 맞춰서 도착할 수 있어.

- We won't **make it** in time.
  우리는 시간 내에 도착하지 못할 거야.

04 make it (모임 등에) 참석하다, 가다

- It's such a shame I couldn't **make it** to your wedding.
  너의 결혼식에 참석할 수 없을 것 같아서 정말 아쉬워.

- I'm really pleased you all were able to **make it**.
  모두 참석할 수 있어서 정말 기쁘네요.

05 make it (심각한 질병, 사고, 힘든 경험 후) 살아남다, 이겨내다

- He was taken to the hospital, but he didn't **make it**.
  그는 병원으로 옮겨졌지만 살지 못했어.

- I don't think we can **make it** much longer.
  우리는 더 오래는 버티지 못할 것 같아.

---

tip

03 in time 제때에

정해진 시간보다 빨리, 이전에 이루어지는 것을 의미하며, 늦지 않게 어딘가에 도착하거나 기한 전에 완료하는 상황을 표현할 때 사용

예 I got to the station in time to catch my train.
기차를 타기 위해서 역에 제시간에 도착했어.

+ on time 정시에

빠르지도 늦지도 않게 약속된 시간에 딱 맞춰서 일을 마무리하거나, 어딘가에 정해진 시간에 도착했을 때 사용. 주로 계획된 시간에 정확히 맞춰 행동한 것을 강조

예 The train left on time.
기차는 정시에 출발 했어.

make it은 상황에 따라 다르게 해석되는 5가지 주요 의미를 숙지해야 자연스럽게 대화를 이어갈 수 있습니다. 기본적으로 자주 쓰이는 "해내다" 외에도, "자기 분야에서 성공하다", "어딘가에 간신히 도착하다", "모임이나 회의에 참석하다", "질병이나 사고를 이겨내다" 등 다양한 의미가 있습니다. 대화 주제에 따라 적절한 뜻을 파악할 수 있도록 예문과 함께 익혀두는 것이 좋습니다.

감각 활용하기

01 **A** Why don't you give it a shot? You've got nothing to lose.
한번 도전해보는 게 어때? 밑져야 본전이지.

B Yeah, you're right. I can **make it**.
그래 맞네. 나는 해낼 수 있어.

02 **A** Did you hear that Lucas **made it** as an actor?
루카스가 배우로 성공했다는 거 들었어?

B Yeah, who knew he would become this famous?
응. 그가 이렇게 유명해질 줄 누가 알았겠어?

03 **A** I have plans with my friend in Gangnam at 2.
Do you have the time?
나 2시에 친구랑 강남에서 약속 있는 데 지금 몇 시이지?

B It's 1:45. I'm afraid that you can't **make it** there on time.
1시 45분. 유감스럽지만 거기에 제시간에 도착할 수 없어.

04 **A** Happy birthday!
But I don't think I can **make it** to your birthday party.
생일 축하해! 근데 난 네 생일 파티에 못 갈 것 같아.

B I know it's late notice, but I do hope you will be able to **make it**.
너무 갑작스러운 건 아는데 네가 참석할 수 있기를 바라.

05 **A** I got a medical check-up last month and I am diagnosed with cancer. At first, I thought my doctor was joking but I realized she was not.
저번달에 건강검진했는데 암 진단받았어. 처음에는 의사가 농담하는 거라 생각했는데 그게 아니라는 걸 알게 되었어.

B I'm sorry to hear that. You must have been shocked when you first found out. But you'll **make it**, don't worry. **03** *I bet* you have the strength to overcome.
마음이 너무 안 좋다. 처음 발견됐을 때 정말 충격 받았겠다. 하지만 너는 이겨낼 거야. 걱정하지 말아. 나는 네가 극복할 힘이 있다고 장담해.

tip

03 **Do you have the time?**
지금 몇 시야?

+ 유사 표현
What time is it now?
What's the time?

05 **be diagnosed with**
진단을 받다

diagnose는 "진단하다"라는 의미로, 병원에서 질병 등을 진단받았다고 말할 때 be diagnosed with형태로 사용

예 My dad was diagnosed with cancer a few months ago and he's having chemotherapy.
아빠는 몇달 전에 암 진단을 받으셨고 항암치료 중이야.

자세한 설명은
감각 더하기 에서! **03** I bet that + 주어 + 동사

04 MAKE | 구동사 활용

 감각 기르기

01 **make up** (이야기 등을) 만들어 내다, 지어내다 /
(일, 수업, 등을) 보충하다

- I just **made up** something about you being busy.
  너가 바쁘다고 둘러댔어.
- You skipped the class yesterday. You need to **make** it **up**.
  어제 수업 빼먹었잖아. 그거 보충해야 해.

02 **make up with** ~와 화해하다

- **04** *It's no use* crying. I'm not going to **make up with** you.
  울어봐야 소용없어. 너랑 화해 안 할 거야.
- Why do I have to **make up with** him?
  내가 그와 왜 화해를 해야 하는데?

03 **make up for** + **something** (손실 따위 등) 보상하다
make up to + **somebody** (잘못 등을) 만회하다

  make up 뒤에 사용되는 전치사에 따라 for something 어떤 것을 보상할 건지, to somebody
  누구에게 보상할 건지 나뉠 수 있습니다.

- **05** *The bottom line is* we have to work overtime to **make up for**
  the lost time.
  핵심은 우리가 잃어버린 시간을 만회하기 위해서 야근을 해야 한다는 거야.
- I really appreciate it. I will **make** it **up to** you.
  진짜 고마워. 내가 보답할게.

04 **make out** (형체나, 의미 등을) 분간하다, 알아보다(듣다)

- It's getting dark I can't **make out** anything.
  어두워지고 있어서 아무것도 보이지 않아.
- I couldn't **make out** what you said.
  나는 네가 뭐라고 말했는지 알아듣지 못했어.

05 **make of** ~에 대해 어떤 의견을 갖다, ~라고 생각하다

- What do you **make of** it?
  그거 어떻게 생각해?
- I can't **make** anything **of** what you're talking about.
  나는 네가 무슨 말을 하고 있는지 전혀 모르겠어.

자세한 설명은
감각 더하기 에서!
04 It's no use + Ving
05 The bottom line is (that) + 주어 + 동사

---

tip

01 **make up** 화장을 하다

"화장하다"라는 의미로 make up을
제일 먼저 떠올리는데, 이 표현은 다른
여러가지 의미로 사용되기 때문에 문
맥에 알맞게 사용하기!

+ 화장을 하는 동작 강조 (put
  make-up on)
  예 I'm putting make-up on.
  지금 화장하고 있어.

+ 화장을 한 상태 강조 (wear
  make-up)
  예 Why are you wearing
  make-up today?
  오늘 왜 화장했니?

make은 구동사 활용에 있어 의미 파악이 좀 까다롭습니다. 하나의 전치사가 붙어서 새로운 의미를 이루는 동사구도 있지만 make 뒤에 각기 다른 전치사가 연달아 붙어서 새로운 표현으로 사용이 되기 때문에 의미가 헷갈릴 수 있으니 정확한 동사구 덩어리를 익히고 말로 연습해 보아야합니다.

감각 활용하기

01 A **06** *Didn't you say* you were going to meet Jane?
제인 만나러 나간다고 하지 않았어?

B Yeah, I was supposed to, but I **made up** excuses to cancel plans. So now I can just stay home all day and do nothing.
응. 원래 만나기로 했는데, 변명을 만들어서 약속을 취소했어. 그래서 아무것도 안하고 하루 종일 집에 있을 수 있어.

02 A Did you **make up with** your mom?
엄마랑 화해했어?

B Absolutely. We **worked it out**. I'm going to live with her **for the time being**.
당연하지. 우리 해결했어. 당분간은 엄마랑 같이 지낼 거야.

03 A I made a huge mistake. I don't know how I can **make up for** it.
진짜 큰 실수를 했어. 어떻게 내 실수를 만회해야 할지 모르겠어.

B Sit and chill out. I'm not in a position to help you this time. **It doesn't hurt to** ask the boss.
진정하고 앉아봐. 이번에는 내가 너를 도와줄 수 있는 입장이 아니야. 상사에게 물어본다고 해서 해가 되진 않을 것 같아.

04 A Are you still at work?
아직 회사에 있어?

B No, I'm **on my way home**. It's pouring a lot outside and I can't **make out** the traffic signs.
아니. 집에 가는 중이야. 비가 퍼붓고 있어서 교통 표지판도 알아볼 수가 없어.

05 A What did you **make of** the service at the hotel?
호텔 서비스는 어땠어?

B I was really satisfied. It was the best hotel I've ever stayed in.
정말 만족스러웠어. 내가 묵었던 호텔 중에서 최고였어.

자세한 설명은
감각 더하기 에서!
06 Didn't you say (that) + 주어 + 동사?

---

tip

02 **work out** 해결하다

work out의 가장 기본적으로는 "운동하다"인데, 두 번째로 많이 사용되는 의미는 "(일이) 잘 풀리다, 좋게 진행되다"로 표현

예 Things will **work out** this time.
이번에는 일들이 잘 풀릴 거야.

02 **for the time being** 당분간/ 한동안

앞으로 어떻게 될지 모르지만 "일단은, 지금으로서는"이란 의미로 사용

예 I will drive to work **for the time being**.
한동안은 운전해서 출근할 거야.

+ 유의어 : for a while.
       for some time

03 **It doesn't(can't) hurt to +** **동사** ~해도 나쁜 건 없다, ~을 해도 해가 되거나 다치지 않는다

밑져야 본전이라는 말을 영어로 표현하기 좋은 문장

예 It can't hurt to try.
시도해도 나쁠 건 없잖아.

04 **on one's (the) way to +** **장소** ~에 가는 중인

어떤 장소를 향해서 가는 도중인 것을 표현할 때 쓸 수 있으며, 주의 사항은 home/there/here은 to 없이 사용

예 Are you on your way to work?
출근하는 중이야?

01 end up 결국 ~하게 되다

일상생활 속 의도치 못한 상황이나 장소에 놓이게 되는 경우나 예상했던 것 보다 결과가 안좋을 때, 어떤 과정을 거쳤는데 원하지 않는 결론이 일어났을 때 사용할 수 있습니다.

end up + Ving "결국 ~하게 되다" 형태로 가장 많이 사용하지만 여러 형태도 함께 알아 두시면 유용합니다.

end up + 형용사/명사 "결국 ~가 되다" / *end up in + 장소/상태* "결국 ~에 있게 되다" / *end up with + 명사* "결국 ~를 가지게 되다", "~와 함께하다"

- I **ended up** working with him.
  결국 나는 그와 일하게 됐어.

- I decided to eat nothing after 6 p.m. I **ended up** having late night snacks.
  6시 이후에 안 먹기로 결심했는데 결국 어제 야식을 먹었어.

- I **ended up** sick after my business trip.
  출장 갔다 와서 결국 몸살 났어.

- If he doesn't **end up in** jail, he will do that again.
  그가 감옥에 가지 않으면 또 그 일을 할 거야.

- I didn't expect to **end up with** a huge debt.
  이런 큰 빚을 지게 될 거라고 예상 못 했어.

02 What's worse is (that) + 주어 + 동사
더 나쁜 건 ~라는 거야

안좋은 상황이 더 악화되는 것을 전달하는 표현으로 bad의 비교급 worse를 사용해서 더 안 좋아지는 것이 무엇인지 절을 사용하여 추가적인 설명을 연결해서 말할 수 있습니다.

- **What's worse is** the program can damage your computer.
  더 안 좋은 건 그 프로그램이 너의 컴퓨터를 손상시킬 수 있다는 거야.

- We got lost. **What's worse is** we're running out of gas.
  우리 길을 잃었어. 엎친데 덮친 건 기름이 바닥나고 있다는 거야.

- **What's worse is** he always slacks off a lot at work.
  더 안 좋은 건 그가 항상 일을 제대로 안하고 항상 게으름 피운다는 거야.

- **What's worse is** I got a parking ticket.
  더 안 좋은 건 주차위반 딱지를 떼였다는 거야.

- I'm late for work. **What's worse is** there is a lot of traffic on the road.
  나 회사에 늦었어. 더 안 좋은 건 차가 막힌다는 거야.

---

tip

02 slack off
빈둥거리다, 게으름을 피우다

게으름을 피운다는 표현을 떠올리면 형용사 lazy가 떠오르는 데 slack off 동사 표현도 함께 익히기!

예 I can't afford to slack off.
게으름을 피울 여력이 없어.

+ 사람 주어 + slack off : 게으름 피우다
  업무/사업 + slack off : 부진하다

03 **I bet (that)** + 주어 + 동사 ~라는 걸 장담해

bet은 "(경매나 도박 또는 내기에) 돈을 걸다"라는 뜻으로 많이 알고 있지만, 일상 회화에서 사용되는 표현으로는 어떤 상황에 대해서 확신을 갖고 "~가 틀림없다, 분명하다"라는 뜻으로 사용됩니다.

유의어로는 *I guarantee you.*라는 표현이 있으며 함께 알아 두시면 좋습니다.

- **I bet** you can make it.
  네가 해낼 수 있다고 장담해.

- **I bet** your parents will be proud of you.
  틀림없이 너의 부모님이 너를 자랑스러워하실 거야.

- **I bet** you will pass the exam.
  장담하는데 너는 시험에 합격할 거야.

- **I bet** she will be glad to see you.
  틀림없이 그녀는 너를 보면 좋아할 거야.

- **I bet** you didn't know this.
  분명히 너 이거는 몰랐을 거야.

04 **It's no use** + Ving ~해봐야 소용이 없어

어떤 동작을 해도 사용되지 않는다는 말은 "그래봐야 소용이 없다/의미가 없다"라는 뜻으로 쓰이며 *It's no use + Ving* 형태로 쓰이는 것을 잘 기억해주세요.

유의어로는 *There is no point ~*라는 표현도 있습니다.

- **It's no use** crying over spilt milk.
  이미 엎질러진 물이야. (지나간 일을 후회해봐야 소용없어.)

- **It's no use** worrying about it.
  그것에 대해서 걱정해 봤자 소용이 없어.

- **It's no use** regretting what you did.
  네가 한 일을 후회해 봤자 소용없어.

- **It's no use** lying to me.
  거짓말을 해봤자 소용없어.

- **It's no use** having an argument with them.
  그들이랑 싸워봤자 소용없어.

tip

04 **There is no point** 소용없다

무언가를 해봐야 소용없거나 의미가 없을 때 사용 할 수 있는 표현으로 잘못 해석하면 요점이 없다고 이해할 수 있기 때문에 제대로 된 의미 익혀두기!

+ There's no point + Ving 어떤 것이 의미가 없는 지 뒤에 Ving 형태로 설명을 더할 수 있음

  예 There's no point talking to him.
  그에게 이야기 해봐야 소용없어.

05 **The bottom line is (that)** + 주어 + 동사   ~가 핵심이야

- tip

the bottom line는 "핵심, 요점"이라는 뜻입니다. 말을 하다 보면 핵심이나 결론을 전달해야 하는 경우가 있습니다.
가장 중요한 요인을 꼭 집어서 전달할 때 "결론이 ~이다"라는 의미로 사용할 수 있습니다.

- **The bottom line is** you have to get your work done by today.
  핵심은 오늘까지 일을 마무리 져야 한다는 거야.

- **The bottom line is** I want to quit my job.
  결론은 나 일을 그만두고 싶다는 거야.

- **The bottom line is** you need to spend more time with your family.
  핵심은 더 많은 시간을 가족과 보내야 한다는 거야.

- **The bottom line is** she is my type. I'm going to ask her out.
  중요한 건 그녀는 내가 내 타입이라는 거야. 그녀에게 데이트 신청할 거야.

- **The bottom line is** we are on your side.
  중요한 건 우리는 네 편이라는 거야.

06 **Didn't you say (that)** + 주어 + 동사 ?   ~한다고 하지 않았어?

과거에 이야기 나눴던 내용을 상기하면 쓰는 패턴입니다.
Didn't you say (that) + 주어 + 과거동사/
Didn't you say + 주어 + were/was going to + 동사원형 두가지 형태로 사용
가능합니다.

- **Didn't you say** you were going to go shopping with your boyfriend?
  남자 친구랑 쇼핑 갈 거라고 하지 않았어?

- **Didn't you say** you were going to go out with him?
  그와 사귈 거라고 말하지 않았어?

- **Didn't you say** you were going to lose weight?
  살을 뺄 거라고 말하지 않았어?

- **Didn't you say** you got a new smart phone?
  새로운 핸드폰 샀다고 하지 않았어?

- **Didn't you say** she was at home?
  그녀가 집에 있다고 하지 않았어?

05 be on your side
          너의 편이야

누군가의 편이라고 말을 할 때
〈주어 + be on one's side〉를 사용

예 I'm always on your side.
   나는 항상 너의 편이야.

+ 유의어 : I have your back.

PART
8

KEEP

01 KEEP : 상태를 유지하다

keep [현재형] – kept [과거형] – kept [과거분사형]

 감각 기르기

01 keep + 사물/관계 ~을 보관하다, 가지고 있다

- Please **keep** this for me.
  이거 보관해 줘.

- Could you **keep** this seat for me?
  자리를 맡아 주실 수 있으세요?

02 keep + 약속/비밀/법규 ~을 지키다

- You told Tony my secret. You didn't **keep** your word.
  너는 토니에게 나의 비밀을 말했어. 넌 약속을 지키지 않았어.

- Can you **keep** a secret?
  너 비밀 지킬 수 있어?

03 keep + 목적어 + 형용사 ~을 ~한 상태로 있게 하다, 유지하다

- My parents' work **keeps** them busy all the time.
  우리 부모님은 일 때문에 항상 바쁘셔.

- We need to **keep** our skin moist during the change of seasons.
  환절기에는 피부를 촉촉하게 유지해야 해.

04 keep + 목적어 + p.p. ~을 ~한 상태로 두다

- **01** *Do you know how to* **keep** customers satisfied?
  어떻게 고객을 계속 만족시킬 수 있을 지 알고 있나요?

- **Keep** your eyes closed.
  눈 감고 있어.

05 keep + Ving 계속 ~하다

- Why do you **keep** looking at me?
  왜 계속 나를 뚫어지게 보는 거야?

- I'm sorry to **keep** you waiting. I got a call from my boss just when I was leaving the office.
  계속 기다리게 해서 미안해. 사무실에서 나오려고 할 때 상사한테 연락을 받았어.

자세한 설명은 **감각 더하기** 에서! **01** Do you know how to + 동사원형?

---

tip

02 keep one's word
약속을 지키다

말을 유지하다는 의미로, "약속을 지키다"라는 의미로 사용

promise는 언약, 신의 등을 지키기 위해 "약속하다"라는 동사로 사용하기도 하며, "약속"이라는 명사로도 사용

01 I hope you'll keep your promise.
약속 꼭 지켜줬으면 좋겠어.

우리가 keep을 떠올리면 "보관하다/가지고 있다"라는 단편적인 의미만 떠올리지만 무언가를 어떠한 상태로 유지할 때 keep을 사용하여 표현할 수 있으며 어떤 동작을 계속 유지해서 행동할 때도 keep을 쓸 수 있습니다.

감각 활용하기

01 **A** Thank you, here's your correction tape.
고마워. 여기 수정 테이프.

B You can **keep** it if you want.
원한다면 가져도 돼.

02 **A** Did I tell you I got a speeding ticket yesterday?
어제 속도위반 딱지 떼였다고 내가 말했나?

B Oh no! I'm sorry to hear that. **02** *You don't have to* hurry. Slow down and **keep** the traffic rules.
오, 아니! 유감이야. 서두를 필요 없잖아. 천천히 다니고 교통법규는 지켜.

03 **A** I'm going to pig out when we go to the buffet.
우리 뷔페 가면 다 먹어 치울 거야.

B Right, **03** *I'm bound to* overeat at buffet. **04** *I've managed to* lose weight so I should **keep** my body slim. Let's grab a salad for dinner.
맞아. 뷔페에서 분명히 과식할 거야. 나 겨우 살 빼서 날씬하게 유지해야 해. 우리 저녁으로 간단하게 샐러드 먹자.

04 **A** Can you do me a favor? Please **keep** me posted on anything that happens while I'm away.
부탁을 해도 될까요? 제가 없는 동안 일어나는 모든 일을 계속 알려줄 수 있어요?

B I will keep you updated on the progress.
걱정하지 마세요. 진행 상황을 계속 업데이트해 드릴게요.

05 **A** I tried to **keep** doing my best, but my best wasn't **05** *good enough*. I'm so screwed.
나는 모든 것에 계속 최선을 다하려고 했는데 나의 최선이 충분하지 않았나 봐. 망했어.

B Don't beat yourself up too much. You are new here. Just **keep** doing your thing.
너무 자책하지 마. 너는 신입이잖아. 그냥 계속해봐.

자세한 설명은
감각 더하기 에서!

02 don't have to + 동사원형
03 be bound to + 동사원형
04 manage to + 동사원형
05 형용사/부사 + enough to + 동사원형

---

tip

01 **correction tape**
수정액(화이트), 수정테이프

우리말에서는 보통 "화이트"라고 말하는 수정액은 white-out이라 함

예 Do you have White-Out?
너 화이트 있어?

+ 수정액 : correction fluid
수정테이프 : White-out, (correction) tape

04 **keep 목적어 updated**
계속 (소식/진행상황) 알려주다

일상생활과 비즈니스 회화에서도 자주 등장하는 표현으로, 진행되는 일을 공유해달라고 할 때 사용

+ 유사 표현
= keep + 목적어 + posted
= keep + 목적어 + informed
예 I will keep him posted on that.
그것에 대해서 그에게 보고할게요.

05 **beat + oneself + up**
자책하다

자신이 잘못한 일을 스스로 책망할 때 스스로를 마구 친다는 표현으로 사용

예 You don't have to beat yourself up.
자책할 필요 없어.

02 KEEP | 하지 못하게 유지하다 / 어떤 상황을 유지하다

 **감각 기르기**

01 **keep** + 목적어 + **from** + Ving　~을 하지 못하게 하다

keep을 대신해서 <stop/prevent/prohibit + 목적어 + from + Ving>는 "~가 ~하려는 것으로 부터 막고 방해하다"는 의미로 사용 가능

- We have to **keep** the fire **from** spreading to another house.
  우리는 불이 다른 곳으로 번지는 것을 막아야 해요.

- My mom **kept** me **from** playing the game last night.
  어젯밤에 엄마 때문에 게임 못했어.

02 **keep up** (하던 것을 그대로) 계속 유지하다,
　　　　　　　(사기 등이) 떨어지지 않게 유지하다

- You'd better **keep** it **up** to achieve your goal this year.
  올해 원하는 목표를 이루기 위해서 계속 열심히 하는 게 좋을 거야.

- You did a good job. Just **keep up** the good work.
  정말 잘 했어. 계속 그렇게 하도록 하렴.

03 **keep up with** 뒤쳐지지 않게 유지하다,
　　　　　　　　　(최신 경향이나 유행 등에) 시류를 따르다

- I'm studying very hard to **keep up with** Stella.
  나는 스텔라한테 뒤쳐지지 않기 위해서 정말 열심히 공부하고 있어.

- You really don't **keep up with** current events.
  너는 시사에 대해 정말 잘 모르는구나.

04 **keep down** (소리나 소음 등을) 낮추다,
　　　　　　　토하지 않게 음식물을 소화시키다

- **Keep** your voice **down**. The baby is sleeping.
  목소리 줄여요. 아기가 자고 있어요.

- I can't **keep** anything **down**.
  소화가 안돼서 먹으면 넘어와.

05 **keep off** 무언가로부터 떨어져 있다, 접근을 하지 않다

- Please **keep off** the grass.
  잔디를 밟지 마세요.

- Please **keep** your hands **off** the windows.
  창문에 손을 대지 마시오.

---

tip

01 **keep from** + Ving
　　　　무언가를 하지 않다

어떤 동작으로부터 떨어져 유지한다는 것은 "~를 하지 않다"로 해석 가능 (목적어 없음)

예 She couldn't keep from laughing when she saw it.
그것을 보았을 때 그녀는 웃지 않을 수가 없었다.

＋ keep + 목적어 + from + Ving
　 ~을 하지 못하게 하다

04 **keep something down**
　　　~를 억제하다, 소화불량

음식물이 위장에 머물며 소화가 되거나, 토하지 않는 것을 의미하므로, 부정문으로 사용하게 되면 반대로 소화불량이나 음식물이 위로 올라오는 의미가 됨

＋ 추가 표현
have indigestion은 "소화가 안된다"라는 의미의 간단한 표현으로 알아두면 유용

예 I should've eaten a lot.
I have terrible indigestion.
어제 많이 먹지 말았어야 했어.
소화가 너무 안된다.

〈keep + 목적어 from + Ving〉는 우리가 알고 있는 keep의 기본 의미와는 다르게, "~하지 못하게 막다"라는 뜻으로 사용됩니다. keep은 어떤 상태를 유지하려는 성향이 강하기 때문에, 목적어가 특정한 행동을 하지 못하게 붙잡아 두는 것으로 해석됩니다. 이 표현은 기본 개념을 이해해야 정확히 쓸 수 있으며, 아래 예문과 함께 익히며 연습해 보시기 바랍니다.

감각 활용하기

01
A I snore and **talk in my sleep** from time to time.
나는 가끔 코 골고 잠꼬대해.

B You must be kidding me. Your snoring **keeps** me **from** falling asleep every night.
장난해? 너가 코고는 거 때문에 매일 잠에 못 들어.

02
A Everything is under control.
모든 게 순조롭게 진행 중입니다.

B It's good to hear that. **Keep up** the good work.
잘 됐다. 계속 수고해.

03
A You're **a sharp dresser**. You've got **good taste in** clothes.
너는 옷을 잘입어. 너는 패션 감각이 있어.

B I like to **keep up with** the new fashion trends.
나는 최신 패션 트렌드를 따라가는 걸 좋아해.

04
A Are you okay?
괜찮아?

B I have a terrible sore throat.
Water is the only thing I can **keep down**.
목이 너무 아파. 물만 겨우 마시고 있어.

05
A **Keep** your hands **off** my stuff. Did you read my journal?
내 물건에서 손 때! 너가 내 일기장 읽었지?

B No, **06** *why would* I want to read your journal?
아니야. 내가 왜 너의 일기를 읽고 싶어 하겠어?

tip

01 **talk in one's sleep**
잠꼬대를 하다

자는 중에 말한다는 의미는 "잠꼬대를 한다"라는 뜻

ex My brother always talks in his sleep.
내 동생은 항상 잠꼬대를 한다.

03 **a sharp dresser**
옷을 세련되게 입는 사람

sharp는 의미가 많은 형용사이며, 그 중 "최신 유행을 잘 따르는, 멋진"이란 의미로 사용되어 옷을 잘 입는 사람을 표현할 때 사용 가능

ex I think you should learn how to be a sharp dresser.
옷을 잘 입는 방법을 배우는 게 좋을 것 같아.

03 **have good taste in**
안목이 있다

우리 말에서는 무언가 잘 고르면 "센스 있다"라는 말을 하는데, 영어에서는 좋은 안목이나 취향을 가지고 있다고 할 때 taste를 사용

ex A: ABBA is my all-time favorite band.
아바는 내가 가장 좋아하는 그룹이야.
B: You have good taste in music.
넌 음악을 고르는 센스가 있어.

자세한 설명은
감각 더하기 에서!

06 Why would I + 동사원형?

01 Do you know how to + 동사원형 ?

어떻게 ~하는지 알고 있니?

어떤 것을 어떻게 해야 하는지 방법이 궁금하거나, 누군가에게 그것을 할 수 있는 지 물어볼 때도 사용 가능합니다.

- **Do you know how to** use this air purifier?
  이 공기청정기 어떻게 사용하는지 알아?

- **Do you know how to** get to the shopping mall?
  쇼핑몰까지 어떻게 가는지 알아?

- **Do you know how to** turn on the TV?
  TV 어떻게 켜는지 알아?

- **Do you know how to** check in online for a flight?
  비행기 온라인 체크인 어떻게 하는지 아니?

- **Do you know how to** drive?
  운전 할 줄 알아?

02 don't have to + 동사원형   ~할 필요 없어/ 안해도 돼

have to + 동사원형은 "(반드시)~를 해야 한다"라는 의미를 가지고 있어서, 부정문 인 *You don't have to* + 동사원형을 해석할 때, "~ 해서는 안 된다"라고 해석하는 경우가 종종 있는데 앞으로는 "~할 필요 없어, 혹은 안 해도 된다"라는 의미로 사 용하면 좋습니다.

"~ 할 필요 없어"라는 표현을 *You don't need to* + 동사원형도 함께 사용할 수 있 습니다.

- You **don't have to** feel bad.
  너는 미안해할 필요 없어

- You **don't have to** worry about the location. It's within walking distance.
  위치 걱정은 할 필요 없어. 그곳은 걸어갈 만한 거리에 있어.

- You **don't have to** work overtime tonight.
  오늘은 야근 안 해도 돼.

- You **don't have to** make an excuse for me.
  나한테 변명할 필요 없어.

- I **don't have to** get up early tomorrow.
  나는 내일 일찍 일어날 필요 없어.

tip

02 feel bad 미안함을 느끼다

"미안해 하다"를 떠올리면 feel sorry 제일먼저 생각나는 데 이 표현은 미안 함보다는 누군가를 불쌍하게 느끼거나 안쓰러워 할 때 쓸 수 있음

📕 I feel sorry for that poor girl.
저 불쌍한 소녀가 측은해.

+ 미안한 마음이 들거나 죄송스러워 서 마음이 좋지 않을 때 feel bad 를 사용해서 표현

03 **be bound to** + 동사원형 분명 ~하게 돼있어

bind "묶다"라는 동사의 p.p.형이 bound인데, 어떤 상황이나 동작에 "묶이다"라는 뜻은 틀림없이 그 행동을 하게 될 것이라고 이해하고 사용하면 좋습니다.

앞으로 일어날 일을 피할 수 없이 분명 하게 될 것이라고 해석이 되기 때문에 미래형의 시제를 붙이지 않아도 됩니다.

- I **am bound to** buy something I don't need.
  나는 분명 필요하지 않을 것을 살 거야.

- He **is bound to** find it out sooner or later.
  그는 머지않아 분명 그것을 알게 될 것이다.

- It has been cloudy for days. It **is bound to** rain tomorrow.
  며칠째 날씨가 흐려 분명 내일 비가 올 거야.

- You **are bound to** regret your decision later on.
  너는 분명히 나중에 너의 결정을 후회할 거야.

- You **are bound to** be nervous about your first interview.
  너는 첫번째 면접 때 분명 떨릴 거야.

04 **manage to** + 동사원형 겨우/간신히 ~하다

manage라는 동사는 대체적으로 "경영하다" 라는 의미로만 알고 있지만, 힘들고 어려운 일을 "간신히(가까스로) 해내다, 성공하다"라는 의미도 있다는 걸 기억하면 좋습니다.

단순히 무언가를 할 수 있었다고 표현하고 싶을 때 *was/were able to* + *동사원형*도 형태로도 말을 할 수 있으니 함께 익혀두면 좋겠습니다.

- I **managed to** lose some weight.
  나는 겨우 살 좀 뺐어.

- I've **managed to** quit smoking.
  나는 가까스로 담배를 끊은 상태야.

- He **managed to** be on time.
  그는 가까스로 제시간에 도착했어.

- We've **managed to** figure out how to solve the problem.
  우리는 간신히 문제를 해결할 수 있는 방법을 알아낸 상태야.

- They **managed to** persuade their parents.
  그들은 어렵게 부모님을 설득했다.

---

tip

03 **find out** 알아내다

우연히 정보를 알게 되거나 인터넷이나 책 등에서 정보를 얻었을 때 사용할 수 있으며 다른 사람으로부터 정보를 듣게 되었을 때도 씀

예 I will find out if the store is open at 10 o'clock.
10시에 그 상점이 문을 여는지 알아볼게.

+ 정보를 수집하거나 듣는 상황에 더 적합

04 **figure out** 알아내다

시간과 노력을 들여서 자신 스스로 사고 과정을 거쳐 논리적으로 문제나 난관을 해결하거나 이해했을 때 사용

예 I can't figure him out.
나는 그를 도저히 이해 할 수 없어.

+ 복잡한 문제를 스스로 해결하는 상황에 더 적합

05 형용사 / 부사 + enough to + 동사원형

~하기에 충분히 형용사/부사 한

enough는 형용사로 명사를 꾸밀 때 *enough + 명사*로 말할 수 있으나, 형용사나 부사와 함께 사용될 때는 enough의 위치가 뒤에 자리합니다.

*형용사/부사 + enough*로 사용되니 위치를 잘 파악하고 유의해서 사용해야 합니다.

enough + 명사

예 I have *enough time* to talk with you. 나는 너를 이야기할 충분한 시간이 있어.

- I am smart **enough to** understand it.
  나는 그것을 이해하기에는 충분히 똑똑해.

- He is strong **enough to** move this box.
  그는 이 박스를 옮기기에 충분히 힘이 강하다.

- She is tall **enough to** ride a rollercoaster.
  롤러코스터 타기에 충분히 키가 크다.

- They are rich **enough to** buy an apartment in Seoul.
  그들은 서울에 아파트를 사기에 충분히 부자이다.

- The weather is good **enough to** go on a trip.
  여행 가기에 충분히 좋은 날씨이다.

06 Why would I + 동사원형 ? 내가 왜 ~하겠어?

이 패턴은 내가 어떠한 행동을 할 이유가 없는데 왜 그렇게 하겠냐고 반문할 때 많이 사용됩니다.

이 표현에서 would는 보통 발생하지 않은 일을 가정하거나, 하고 싶은 것을 나타낼 때도 사용하는데, 여기서는 그런 행동을 하고 싶을 이유가 없다는 것을 강조하거나 그 행동 자체를 인정하지 않기 위해서 사용한다고 이해하면 좋습니다.

- **Why would I** be upset?
  내가 이유도 없이 왜 화가 나겠어?

- **Why would I** do that?
  내가 왜 그걸 하겠어?

- **Why would I** lie to you?
  내가 거짓말을 왜 하겠어?

- **Why would I** waste my breath?
  내가 왜 쓸데없는 소리를 하겠어?

- **Why would I** care about her?
  내가 그녀를 왜 신경 쓰겠어?

tip

06 **waste one's breath**
말해봐야 입만 아프다

말을 하게 되면 숨이 차는데 쓸데없는 말을 하며 내 에너지를 낭비한다라는 의미

즉, "그 말을 하면 입만 아프다/쓸데없는 소리를 한다"라는 우리나라 말과 비슷하게 알아두기!

예 Don't waste your breath.
쓸데없는 소리 하지마.

PART
9

TURN

01 TURN | 무언가 돌리고 바꾸다

turn [현재형] – turned [과거형] – turned [과거분사형]

 감각 기르기

01 turn + 명사 (어떤 방향으로 향하게) 돌리다/몸을 돌리다/돌아서다

"몸을 돌리다"라는 의미로는 turn만 사용해서 표현 가능하다.

- You need to **turn** the mattress once every six months.
  매트리스를 6개월에 한 번씩 돌려주는 게 좋아요.

- Please push down and **turn** the cap to open the bottle.
  이 병을 열려면 밑으로 눌러서 돌리면 돼요.

02 turn + 방향 ~쪽으로 방향을 바꾸다

- **Turn** left at the intersection.
  교차로에서 왼쪽으로 도세요.

- Keep going and **turn** right at the traffic lights.
  계속 쭉 가다가 신호등에서 오른쪽으로 가세요.

03 turn 책장을 넘기다, 뒤집다

- Where were we yesterday? Please **turn** to page 16.
  어제 우리 어디까지 했죠? 16 페이지 펴주세요.

- Please **turn** the shirt inside out before you do the laundry.
  세탁하기 전에 셔츠를 뒤집어줘.

04 turn + 형용사/나이 ~ 상태로 변하다, (나이)가 되다

<turn + 형용사>는 무언가 격동적으로 변하는 상황을 설명

- She is a lightweight. She **turns** red when she drinks alcohol.
  그녀는 술이 약해. 술을 마시면 얼굴이 빨개져.

- I'm **turning** 30 this year.
  나 올해 30살 된다.

05 turn a profit 수익/이익을 내다

- **01** *Speaking of* my business, it finally **turned a profit** last year.
  내 사업에 얘기가 나와서 말인데, 작년에 드디어 수익을 냈어.

- **02** *When are you expecting* your business to **turn a profit**?
  사업에서 언제 수익이 발생할 것이라고 예상하나요?

자세한 설명은 **감각 더하기** 에서!
- **01** Speaking of which,
- **02** When are you expecting + 명사
  When are you expecting + to + 동사원형

---

tip

04 lightweight 술이 약한

이 단어는 원래 권투에서 라이트급 선수를 뜻하는 단어인데, 술을 잘 못 마시는 사람이라는 표현으로도 사용 가능

+ 유사 표현
  나는 술을 잘 못해.
  I'm not much of a drinker.
  = I'm a light drinker.
  = I'm such a lightweight.

기본동사 turn은 "돌다"라는 뜻 외에도 "고개나 몸을 다른 방향으로 돌리다"는 의미를 함께 알아두면 좋습니다. 보통은 길 찾기에 쓰이는 "방향을 바꾸다"로 잘 알려져 있지만, 〈turn + 형용사/나이〉형태로는 어떤 상태로 변하거나 특정 나이가 되다는 뜻도 있습니다. 방향 전환이라는 기본 이미지를 바탕으로, 다양한 상황에서 쓸 수 있는 좋은 예문들을 함께 살펴보세요.

감각 활용하기

01 A I can't figure out how to open this door.
이 문을 어떻게 열어야 하는지 모르겠어.

B Oh, let me show you. It's piece of cake.
Tap your keycard here and **turn** the handle this way.
오, 내가 보여 줄게. 정말 쉬어. 열쇠카드를 여기에 찍고 손잡이를 이쪽으로 돌리면 돼.

02 A How do I get to the subway station?
지하철역까지 어떻게 가나요?

B Go straight and **turn** right at the corner. You can't miss it.
쭉 가서 모퉁이에서 오른쪽으로 도세요. 쉽게 찾을 수 있을 거예요.

03 A Are you Okay? I think you have terrible morning sickness.
괜찮아? 너 입덧이 심한 것 같아.

B I feel queasy. The smell has **turned** my stomach.
속이 안 좋아. 냄새가 비위를 상하게 했어.

04 A Wow, is this your daughter? How old is she?
(사진을 보며) 와우, 너의 딸이니? 몇 살이야?

B She just **turned** three.
막 3살 됐어요.

A She is so adorable. She takes after you.
정말 사랑스럽다. 딸이 너를 닮았다.

05 A How is your business going?
요즘 사업 어떻게 되고 있어?

B It's going well. We broke even last year, and we expect to **turn a profit** at the end of this month.
잘 되고 있어. 작년에 손익 분기점을 넘었고 이번 달 말에는 수익이 발생 할 거라고 예상해.

---

tip

01 **It's piece of cake.**
정말 쉽다.

우리나라 말에 "식은 죽 먹기"라는 표현이 있듯 영어에서는 It's a piece of cake.이라고 함

예 My final exam was a piece of cake.
기말고사 정말 쉬웠어.

+ 유사 표현
easy–peasy (lemon squeezy)
아주 쉬운

02 **You can't miss it.**
길을 잘 찾을 거예요.

miss라는 동사는 "그립다, 놓치다"라는 의미를 가지고 있는데, 이 표현에서는 You can't miss it. 당신이 찾고 있는 그것을 놓칠 수 없을 정도로 쉽게 찾을 수 있다라는 뜻으로 사용

05 **break even** (사업 등에서)
본전 치기를 하다

수익과 손실이 균등하게 나눠진다는 의미로 비즈니스 회화에서는 자주 사용함

예 We're barely breaking even.
우리 간신히 손익분기점을 넘기고 있어요.

+ 추가 표현
We're even. 서로 균등하게 가졌다고 해서 서로에게 빚진 것이 없고 "퉁친다"라는 말도 알아두면 유용

 **감각 기르기**

01 **turn on/ turn off** (전자기기나 불/물 등을) 켜다, 끄다

- Should we **turn on** the TV to break the ice?
  분위기 전환할 겸 TV 켤까?

- Don't forget to **turn** the lights **off** before you go out.
  외출하기 전에 불 끄는 거 잊지마.

02 **turn up** (소리 등을) 높이다, (잃어버린 물건 등이) 나타나다, 찾게 되다

무언가 잃어버린 것을 찾아서 들어 올리는 이미지를 상상하면서 익히기

- It is too cold in here. Do you mind if I **turn up** the heat?
  여기 너무 추운데 온도를 높여도 될까요?

- The evidence I was looking for has **turned up**.
  내가 찾고 있었던 증거가 나타났다.

03 **turn down** (소리 등을) 낮추다, (제안 등을) 거절하다

보고 있던 서류를 뒤집어서 내려 놓는 이미지를 떠올리면 "거절하다" 의미까지 파생해서 외우기 쉬움

- I want you to **turn down** the TV. I think it is too loud.
  TV소리 좀 줄여줬으면 좋겠어. 소리가 너무 큰 것 같아.

- All I know is that he **turned down** the offer.
  나는 그가 그 제안을 거절했다는 것만 알고 있어.

04 **turn in** 제출하다

받는 사람 방향으로 무언가를 돌려서 건네 주는 이미지를 그려보기. 유의어 : submit, hand in

- You have to **turn in** your paper by next Monday at the latest.
  아무리 늦어도 다음주 월요일까지 논문 제출해야 해.

- I told you to **turn in** your assignment on time.
  내가 과제를 제시간에 제출하라고 말했잖아.

05 **turn out** 알고 보니 ~이다, 밝혀지다

- The shocking news **turned out** to be true.
  그 충격적인 소식이 사실로 밝혀졌다.

- It **turned out** he had a girlfriend.
  알고 보니 그는 여자 친구가 있었어.

tip

01 **break the ice**
서먹한 분위기를 깨다

서로 모르는 사람이 많은 모임이나 파티 등에서 서먹한 분위기를 자연스럽게 만들어 줄 때 사용하는 표현이며 그런 사람을 icebreaker이라고 표현

예 I tried to break the ice with the new employees during the training.
교육 중에 새로운 직원들의 서먹함을 없애려고 노력했어.

04 **at the latest** (아무리)늦어도

약속시간이나 기한을 정할 때 사용할 수 있으며 무언가 재촉해야 하는 상황에서 완곡한 표현

예 Please let me know by tomorrow at the latest.
늦어도 내일까지는 알려줘.

turn의 구동사 중 turn on, turn off는 쉽게 활용 하지만 그 외 다양한 turn의 구동사는 제한적으로 사용하는 경우가 많습니다. 특히나 turn의 구동사는 일차원적으로 해석되는 표현 뿐만 아니라 이중적인 표현들이 숨어 있는 경우가 있기 때문에 영어회화에서 자주 사용되는 의미를 예문과 함께 꼭 익히시길 바랍니다.

감각 활용하기

01

A Sweetie, **03** *it's about time* you went to bed. **Turn off** your computer.

얘야, 이제 자야 할 시간이잖니. 컴퓨터 꺼라.

B I've **lost track of time**. Sure, I'll **turn** it **off**.

시간 가는 줄 몰랐네요. 네, 컴퓨터 끌게요.

02

A I've lost 50,000 won at home. I don't know where it is.

집에서 오만원을 잃어버렸어. 어디에 있는 지 모르겠네.

B Don't worry. I bet it will **turn up** somewhere.

걱정 마. 틀림없이 나타날 거야.

03

A I asked her out on a date, but she **turned** me **down**.

내가 그녀에게 데이트 신청을 했는데 거절했어.

B I'm sorry to hear that. I don't think she's ready to see someone else yet. Don't let it get you down.

유감이다. 그녀가 아직 누군가를 만날 준비가 안 됐나 봐. 너무 우울하지마.

04

A Jane has **turned in** her resignation and she will no longer be working with us.

제인이 사직서를 제출해서 더 이상 우리와 함께 일하지 않을 거예요.

B Oh, when did that happen? I have mixed feelings about it. She was a valuable member of the team.

오, 언제 그런 일이 있었어요? 마음이 복잡하네요. 우리 팀에서 소중한 팀원이었는데.

05

A What took you so long? Did you go to see a doctor?

왜 이렇게 늦었어? 병원에 갔어?

B Yeah, I did. I got there at half past one, but it **turned out** their lunch break was until 2 O'clock.

응, 갔어. 1시반에 도착했는데 알고 보니 2시까지가 점심시간이었어.

01 **lose track of time**

시간 가는 줄 모르다

일상에서 자주 쓸 수 있는 표현으로 무언가 집중해서 하거나 좋아하는 것을 몰두해서 하다가 시간 가는 줄 몰랐다고 표현할 때 사용

예 I completely lost track of time while playing a computer game.

나는 컴퓨터 게임을 하느라 완전 시간 가는 줄 몰랐어.

03 **Don't let it get you down.**

우울해 하지 마

일상생활을 특정 상황으로 인해 주눅이 들거나 낙담하는 일이 생길 수 있는데 그럴 때 상대방이 부정적인 감정에 빠지지 않도록 격려할 사용할 수 있음

예 I know you failed the test. but don't let it get you down.

시험을 망친 건 알지만 그래도 그것 때문에 우울해하지 마.

자세한 설명은
감각 더하기 에서! **03** It's about time (that) + 주어 + 과거동사

105

03 TURN | 동사를 활용한 이디엄

 감각 기르기

01 turn one's back on + 사람
외면하다, ~등을 돌리다, 배신하다

주어와 one's를 일치시키고 on 사람에 외면하는 대상을 넣어서 사용해야 함

- I can't **turn** my **back on** her. She dedicated her life to me.
  나는 그녀를 배신할 수 없어. 그녀의 인생을 나에게 바쳤어.
- Don't **turn** your **back on** me.
  나를 배신하지 마.

02 toss and turn (밤새 잠들지 못하고) 뒤척이다
- I didn't get a wink of sleep since I **tossed and turned** last night.
  지난 밤에 뒤척이느라 잠을 한잠도 못 잤어.
- I had a lot of coffee last night and ended up **tossing and turning**.
  지난 밤에 커피를 많이 마셔서 결국 뒤척였어.

03 turn over a new leaf 새 사람이 되다, 새 출발하다
- He has really **turned over a new leaf** since he got married.
  그는 결혼한 이후로 정말 새 사람이 되었어.
- I promised to **turn over a new leaf** and do better.
  나는 새 출발하고 더 나은 사람이 되기로 약속했어.

04 turn a blind eye on/to + 명사 모른 척하다, 못 본 척하다
- It's good not to **turn a blind eye to** corruption.
  부패는 그냥 넘기지 않는 것이 좋습니다.
- I can't **turn a blind eye on** school bullying.
  나는 학교폭력을 못 본 척할 수 없어.

05 turn the corner 고비를 넘기다, 위기를 벗어나다
- I feel like I'm finally starting to **turn the corner**.
  드디어 고비를 넘기기 시작하고 있는 느낌이 들어.
- 04 *The thing is,* our company hasn't **turned the corner** yet.
  문제는 우리 회사가 아직 위기를 넘기지 못했다는 거야.

자세한 설명은
감각 더하기 에서!   04 The thing is, + 주어 + 동사

---

tip

02 get a wink of sleep
잠깐 눈을 붙이다, 쪽잠 자다

I didn't get a wink of sleep.

잠이 몰려오면 눈을 뜨고 싶어도 심한 깜빡임이 몰아치고 잠에 들게 되는데, 그런 과정을 겪지 못했다는 것은 잠을 이루지 못했다고 할 수 있음

+ 유의어
  I didn't sleep a wink.
  I didn't sleep well.

03 turn over a new leaf
새 사람이 되다

아주 오래전 종이가 없던 시절 나뭇잎을 엮어 책을 만들었는데 그 때 새로운 장을 넘겨 새로운 이야기를 기록했던 것에서 이 이디엄이 생겨났다고 함

04 turn a blind eye
못 본 척하다

이 표현은 유명한 해군의 일화로 아군의 승리가 머지않았는데 상사가 깃발로 후퇴 명령을 내린 것에 대해 못 본 척하고 전쟁을 강행하여 코펜하겐 해전에서 승리를 이뤄 낸 것에서 유례

이때 장군의 눈이 다쳐서 한 쪽 눈이 보이지 않는데 보이지 않는 눈으로 망원경을 보았으니 상사의 후퇴 명령을 못 본 척한 셈이었고 이후 무언가 못 본 척하다는 말로 전해지며 사용

turn의 기본 의미인 "돌다"가 이디엄으로 사용되면 생각지 못한 여러가지 표현으로 응용이 됩니다. 일상적인 대화를 나눌 때 자주 사용되는 관용적인 표현들을 익혀서 대화의 흐름을 이해 할 수 있도록 감각을 길러보아요.

감각 활용하기

01 Ⓐ Why didn't you help her?
왜 그녀를 도와주지 않았니?

Ⓑ She **turned** her **back on** me when I was in trouble.
그녀는 내가 곤란에 처했을 때 나를 배신했어.

02 Ⓐ **05** *What's the best way to* sleep tight **06** *without* **tossing and turning**?
밤새 뒤척이지 않고 잠을 잘 수 있는 가장 좋은 방법이 뭐지?

Ⓑ You drink too much coffee, so it is good for you to cut down on caffeine and exercise regularly.
너는 커피를 너무 많이 마시니까, 카페인을 줄이고 규칙적인 운동을 하면 좋아.

03 Ⓐ I decided to get rid of my bad habits and **turn over a new leaf**.
나는 나쁜 습관을 버리고 새로운 사람이 되기로 결심했어.

Ⓑ That's music to my ears. But why all of a sudden?
듣던 중 반가운 소리네. 근데 갑자기 왜?

Ⓐ I just realized that my bad habits were holding me back from achieving my goals.
나쁜 습관이 나의 목표를 달성하는 걸 망설이게 하는 걸 깨달았을 뿐이야.

04 Ⓐ I don't understand how people could **turn a blind eye** on a young girl being abused publicly.
어린 여자 아이가 공공연하게 학대를 당하는 데도 어떻게 사람들이 모른 척을 할 수 있는지가 이해가 안 된다.

Ⓑ I'm definitely **on the same page** with you.
나도 너랑 완전 같은 생각이야.

05 Ⓐ We have good news regarding the COVID-19 outbreak. The infection rate in Korea is gradually decreasing.
코로나 19 발병과 관련해서 좋은 소식이 있어요. 한국의 감염률이 점점 더 줄고 있어요.

Ⓑ We've managed to **turn the corner**, but there are concerns about overseas inflows.
우리는 간신히 고비를 넘겼는데 해외 유입에 대한 염려가 있어요.

자세한 설명은
감각 더하기 에서!
05 What's the best way to + 동사원형?
06 without + Ving

---

tip

02 sleep tight 잠을 잘 자다

이 표현은 일상에서 good night을 대신해서 "잘 자" 혹은 "푹 자"라고 표현 할 때 사용 가능하며 친구나 가족, 연인들 사이에서 편안하고 깊은 잠을 자라는 따뜻한 인사로 사용 됨

+ 유사 표현
sweet dreams

+ Did you sleep well? 잠을 잘 잤는지에 대한 대답
예 I slept well.
I had a good night's sleep.

+ 정말 한 번도 깨지 않고 잘 잤다고 표현 하고 싶을 때
예 sleep like a baby
sleep like a log

03 That's music to my ears.
듣던 중 반가운 소리다.

"내 귀에 음악이다"라는 말은 듣기 좋은 듣기 좋은 소리라는 의미로 일상에서 자주 사용함

+ 유사 표현
That's what I want to hear.
I'm glad to hear that.

04 on the same page
동의한다, 같은 생각이다

동의한다는 표현은 떠올리면 I agree with you. 한가지만 사용하는데 비슷한 표현도 익혀두기!

예 We are absolutely on the same page.
우리는 완전히 같은 생각입니다.

+ 유사 표현
I couldn't agree more.
You can say that again.

01 Speaking of which, ~에 대해서 말이 나온 김에

보통 대화를 나누다 보면 갑자기 떠오르는 생각이 있어 물어볼 때 *by the way*를 사용해서 대화의 흐름을 전환하기도 합니다. 이 표현은 어떤 대화 중에 나온 이야기에 대해서 궁금한 점을 꼭 집어서 물어보고자 할 때 사용하는 표현입니다.

*Speaking of which*에서 which를 빼고 원하는 명사를 넣어서 더 자세하게 말을 만들어 사용할 수 있습니다.

- There is a new restaurant that just opened near my neighborhood. **Speaking of which,** why don't we go there for dinner tonight?
  동네에 새롭게 연 식당이 있어. 그래서 말인데 우리 오늘 저녁에 거기 가서 저녁 먹는 건 어때?

- **Speaking of which,** how was your first date?
  그래서 말인데 첫 데이트는 어땠어?

- **Speaking of summer,** what are you planning to do for this summer?
  여름 얘기가 나와서 말인데 이번 휴가 때 뭐 할 계획이야?

- **Speaking of the amusement park,** when was the last time you went there?
  놀이동산 이야기가 나와서 말인데 언제 마지막으로 갔었어?

- **Speaking of the housewarming party,** I'm having a few friends over this weekend. Can you come?
  집들이에 대해서 말이 나와서 그런데 이번 주말에 친구 몇몇 초대하려고 하는데 올 수 있어?

02 When are you expecting + 명사　언제 ~할 거라고 생각해?
When are you expecting + to + 동사원형

expect는 앞으로 일어날 일에 대해서 합리적 근거를 가지고 "예상하다"라는 의미로 쓰입니다. 화자가 상대방에게 어떤 일이 언제 일어날 것인지 물어볼 때 사용 할 수 있는 표현입니다.

비슷한 패턴으로 *When do you expect ~?*를 함께 알아두면 좋습니다.

- **When are you expecting** her call?
  언제 그녀에게 전화가 올 거라고 생각하니?

- **When are you expecting** your baby?
  아기 출산은 언제 해요?

- **When are you expecting** your boss back from his business trip?
  상사가 언제 출장에서 돌아올 예정이지?

- **When are you expecting** the repairman to come fix the air conditioner?
  에어컨 고치는 기사님은 언제 올 예정이지?

- **When are you expecting** to finish your project?
  프로젝트가 언제 끝날 것으로 예상하니?

tip

01 the housewarming party
집들이

오래 전 난방시설이 잘 되어 있지 않았을 때 이사 한 집에 지인들이 장작이나 선물 등을 가지고 와서 집을 따뜻하게 만들어 주었던 문화에서 비롯된 표현

예 If you come to my housewarming party, it would mean a lot to me.
네가 집들이에 와준다면 나에게 정말 큰 힘이 될 것 같아.

03 It's about time (that) + 주어 + 과거동사

~할 때가 됐어/벌써 ~할 때야

무언가를 할 때이거나, 무언가를 할 시간이라고 말할 때 It's time to 동사원형을 사용합니다. 추가적으로 바랬던 일이 미뤄지다가 이루어질 때, 해야 할 시간이 지났음에도, 하지 않아 조바심을 낼 때 *It's about time*을 써서 표현을 만들 수 있습니다. 즉, 진작했어야 했는데 이제서야 한다고 하거나, 벌써 했어야 했다는 의미로 말할 때도 사용할 수 있습니다.

*It's about time that + 주어 + 과거동사*의 가장 중요한 점은 that이하 문장의 동사가 반드시 과거형이 되어야 한다는 것입니다.

- **It's about time that** I got my hair dyed.
  염색할 때가 됐어.

- **It's about time that** you got married.
  네가 결혼할 때가 되긴 됐지.

- **It's about time that** you tidied up your room.
  방을 정리할 때가 됐지.

- **It's about time that** you paid the money back you borrowed last year.
  작년에 빌린 돈 이제는 갚을 때가 됐어.

- Don't you think **it's about time that** you made up your mind?
  마음을 정하고도 남았을 때라고 생각하지 않니?

04 The thing is, + 주어 + 동사   문제는 말이야, ~라는 거야

thing은 다양한 의미를 가지는데, 여기서는 중요한[필요한] 것, 당면한 문제를 의미하며, 대화 중 어떤 핵심을 말하거나 중요한 내용을 언급할 때 사용합니다.

이야기를 하다가 설명을 추가할 때도 쓰이며, "중요한 건, 사실은, 핵심은" 등 여러 가지로 해석이 됩니다.

- **The thing is,** I don't know how to turn on this coffee maker.
  문제는 내가 이 커피 머신 어떻게 켜는 지 모른다는 거야.

- **The thing is,** it doesn't make sense at all.
  중요한 건 그게 전혀 말이 안 된다는 거지.

- **The thing is,** I don't want to forgive him.
  핵심은 내가 그를 용서하고 싶지 않다는 거야.

- I would like to go to your party. But **the thing is,** I'm tied up with my work.
  정말 파티에 가고 싶지만 문제는 일 때문에 너무 바쁘다는 거야.

- **The thing is,** everything's all up in the air.
  문제는 모든 게 다 미정이라는 거야.

tip

04 **up in the air** 아직 미정인

열기구가 공중에 떠 있을때 어디로 방향을 정할지 모르는 상황에서 사용하게 된 표현으로 무언가가 미정인 상태일 때 자주 사용

예 Our vacation plans are still up in the air.
휴가 계획이 아직 미정이야.

 **감각 더하기**

05 What's the best way to + 동사원형 ?
~을 하는 가장 좋은 방법이 뭐야?

무언가 잘하고 싶을 때가 있는데, 방법이 생각나지 않아 최선의 방법을 찾고자 질문할 때 사용해보면 좋은 패턴입니다.

- **What's the best way to** lose weight in a short period of time?
  단기간에 살을 빼는 가장 좋은 방법이 뭘까?

- **What's the best way to** get along with my parents?
  부모님이랑 잘 지내는 가장 좋은 방법이 뭘까?

- **What is the best way to** save money?
  돈을 모으는 가장 좋은 방법이 뭘까?

- **What's the best way to** get rid of my stress?
  스트레스를 날려버릴 수 있는 가장 좋은 방법이 뭘까?

- **What's the best way to** get to Busan?
  부산에 가는 가장 좋은 방법은 뭐야?

06 without + Ving   ~하지 않은 채

어떠한 동작을 하지 않고 어떠한 일을 하거나 발생했다고 표현하고 싶을 때 사용해 볼 수 있다.

- I'm really sorry. I said it **without** think**ing**.
  진짜 미안해. 내가 생각하지도 않고 말 했어.

- Stella helped me **without** complain**ing**.
  스텔라는 불평하지 않고 나를 도와줬어.

- Are you using my laptop **without** ask**ing** me?
  나한테 물어보지도 않고 내 노트북 쓰고 있는 거야?

- You can't pass the exam **without** study**ing** hard.
  너는 공부를 열심히 하지 않고는 시험에 통과할 수 없어.

- I answered the question **without** miss**ing** a beat.
  한순간의 망설임도 없이 나는 질문에 대답을 했어.

tip

05 The best way to + 동사원형
+ is (to) + 동사원형
가장 좋은 방법은 ~이다

목적에 달성하기 위해 좋은 방법을 알려줘야 할 때 사용

예 The best way to be good at English is (to) practice a lot.
영어를 잘하는 가장 좋은 방법은 연습을 많이 하는 것이다.

PART
10

RUN

01 **RUN** | 달리다 / 운영하다 / 흐르다

run [현재형] – ran [과거형] – run [과거분사형]

 **감각 기르기**

01 **run** 달리다, 빨리 가다

run + 목적어 + to + 장소 : 누군가를 그 장소로 "빨리 데려다 주다"라는 의미로 사용 가능

- **01** *It's better to* **run** than to be late.
  늦는 것보다는 뛰는 게 더 나아.

- I've got to **run** my children to school.
  아이들을 학교에 빨리 데려다 줘야해.

02 **run** (사업, 식당 등을) 운영하다

- My mom has been **running** her restaurant for about 20 years.
  우리 엄마는 20년째 식당을 운영하고 계셔.

- Actually, I have no idea how to **run** a successful business.
  실은 어떻게 성공적으로 경영을 해야 하는지 잘 모르겠어.

03 **run** (기계, 버스 등을) 작동하다, 운행하다

- Don't turn off the drying machine while it's **running**.
  건조기가 작동 중일 때는 전원을 끄지 마세요.

- This bus **runs** only twice an hour.
  이 버스는 한 시간에 두 번 밖에 안 다녀.

04 **run** (액체 등이) 흐르다, 유전이다(집안 내력이다)

- Don't let the water **run**. We're trying to conserve water.
  물을 틀어 놓지 마. 우리는 물을 아끼려고 노력해야 해.

- I'm a heavy drinker. It **runs** in my family.
  저는 술을 잘 마셔요. 내력이에요.

05 **run** 프로그램 등을 실행하다/검사, 캠페인 등을 실시하다

- You need to **run** a search using your account name.
  너의 계정 이름을 사용해서 검색해야 해.

- **02** *We can't afford to* **run** a special marketing campaign on social media.
  우리는 소셜 미디어에 특별한 마케팅을 진행할 수 있는 여력이 없어요.

자세한 설명은
감각 더하기 에서!

01 It's better to + 동사원형
02 I can(not) afford + 명사/ I can(not) afford + to + 동사원형

- tip

04 **run in one's(the) family**
유전이다, 집안 내력이다

가족들 간에 흐른다는 것은 유전적으로 전해져 내려오는 내력을 이야기 할 수 있음. 주어에 내력인 내용을 넣어서 표현함.

예 Big eyes run in my family.
큰 눈은 우리 집안 내력이야.

일상회화에서 유용하게 사용되는 run의 다양한 의미를 살펴보겠습니다. 기본적으로 "달리다"라는 뜻처럼 run은 사람을 움직이게 할 수 있고, 액체에는 "흐르다", 사업이나 가게에는 "운영하다", 물건에는 "작동하다"라는 의미로 확장됩니다. 이처럼 run은 무언가가 힘에 의해 움직이는 이미지를 바탕으로 다양한 상황에 쓰이며, 단순히 암기하기보다 예문과 함께 익히는 것이 이해에 도움이 됩니다.

감각 활용하기

01

A Dude, you are sweating a lot. Are you okay?
땀을 비 오듯이 흘리고 있네. 너 괜찮아?

B I'm fine. I overslept this morning and almost missed the shuttle bus. I had no choice but to **run**.
응. 괜찮아. 오늘 늦게 일어나서 셔틀버스 놓칠 뻔했어. 뛸 수 밖에 없었어.

02

A Don't even think about changing my mind.
02 *I've always wanted to* start my own business.
내 마음을 바꿀 생각하지 마. 나는 항상 내 사업을 시작하고 싶었어.

B But **running** your own business is really stressful and risky. Are you willing to take a risk?
하지만 사업을 운영하는 건 정말 스트레스 받고 위험해. 기꺼이 위험을 감수할 의지가 있어?

03

A I have a question. Do you have laundry service?
질문이 있는데요. 세탁 서비스도 되나요?

B Yes, we run the washing machine twice a day and **run** your clothes back to your room.
네, 저희 하루에 두 번씩 세탁기를 돌리고 있고요. 방까지 옷을 배달해 드리고 있습니다.

04

A I'm not feeling well. I have a sore throat and my nose is **running**.
컨디션이 안 좋아. 목도 아프고 콧물도 흘러.

B You seem to have a fever. Why don't you call in sick and rest at home?
너 열도 나는 것 같아. 전화로 병가를 내고 집에서 쉬는 게 어때?

05

A How did your medical check-up go?
건강검진 받은 거 어떻게 됐어?

B The doctor **ran** some more tests on my blood, so I'm waiting for the results.
의사가 혈액검사를 몇 가지 더 해서 결과를 기다리는 중이야.

자세한 설명은 **감각 더하기** 에서! **03** I've always wanted to + 동사원형

tip

05 **medical check-up**
건강검진

"건강검진을 받다"라고 표현할 때 get a medical check-up이라고 하며 medical 대신 health check-up도 가능

예 Maybe you should get a medical check-up.
아무래도 건강검진을 받아 보는 게 좋을 것 같아.

+ 더불어 regular check-up 정기 검진이라는 함께 알아두면 유용

02 RUN | 구동사 활용

 **감각 기르기**

01 **run out of** + 명사 ~이 바닥나다, 다 떨어지다

- My phone is **running out of** battery.
  내 핸드폰 배터리가 얼마 남지 않았어.

- He is really sick and **running out of** time.
  그는 정말 아파요. 시간이 얼마 안 남았어요.

02 **run into**
  (예상하지 못했다가) 우연히 만나다(마주치다), (어려움 등에) 처하다

- I **ran into** James on my way to work yesterday.
  어제 출근 중에 제임스를 우연히 만났어.

- I'm going to help you if you **run into** difficulties.
  네가 어려움에 처하면 내가 너를 도와 줄게.

03 **run** + **something** + **by** + 사람 ~에게 ~를 알리다/상의하다

- Let's **run** this project **by** our boss.
  우리 이 프로젝트를 상사에게 상의해보자.

- I've come up with a brilliant idea. I want to **run** something **by** you.
  멋진 아이디어를 생각해 냈어. 너에게 상의를 하고 싶어.

04 **run away** 도망가다

- I **ran away** from home in my teens, and it was a terrible thing to do.
  10대 때 가출했었는데 그건 형편없는 짓이었어.

- **04** *Even though* the thief tried to **run away**, he was arrested right away.
  그 도둑은 도망치려고 했지만 바로 잡혔어.

05 **run around** 여기저기 뛰어다니다, 정신없이 바쁘다

- My kids **ran around** in the playground.
  아이들은 놀이터에서 여기저기 뛰어다녔다.

- Take it easy. Please stop **running around**. You're driving me crazy.
  진정해. 정신없이 다니지 좀 마. 너 때문에 미쳐버릴 지경이야.

자세한 설명은 **감각 더하기** 에서! **04** Even though + 주어 + 동사, 주어 + 동사

---

tip

02 **run into** 우연히 만나다

"우연히 만나다"라고 하면 meet ~ by chance라는 표현을 사용

+ 유의어 : encounter bump into
  (차량이나 누군가와 부딪힐 때도 사용)

예 I was surprised to bump into my teacher.
놀이동산에서 선생님을 우연히 만나서 놀랐어.

원어민이 자주 쓰는 run 구동사 5가지를 선별해 예문과 함께 구성해 보았습니다. 일상에서 무언가 다 떨어지는 상황은 run out, 오래된 친구를 우연히 만나는 건 run into, 단순히 "논의하다"는 discuss 대신 run by를 쓰면 자연스럽습니다. run away는 어디론가 도망치거나 탈출하는 것, run around는 바쁘게 이리저리 뛰어다니는 것을 의미합니다.

감각 활용하기

01 **A** I'm going to the grocery store. Do you need anything?
슈퍼에 갈 건데, 뭐 필요한 거 있어?

B We **ran out of** tissues and milk.
Can you pick them up while you're at it?
휴지하고 우유가 다 떨어졌어. 가는 김에 사다 줄 수 있어?

02 **A** Look, who's here. I didn't even imagine **running into** you here.
이게 누구야. 여기서 너를 우연히 만날 거라고 상상도 못 했어.

B Oh, Henney, What a surprise! How have you been?
어, 헤니, 정말 놀랍다. 어떻게 지냈어?

03 **A** You should have told me before you got a home appliance.
It was way more expensive than I thought.
가전제품 사기 전에 미리 말했어야지. 생각했던 것보다 훨씬 더 비싸네.

B I'm so sorry that I didn't **run** it **by** you first.
먼저 의논하지 못했던 것은 미안해.

04 **A** Did you hear that John and Ava broke up?
존이랑 에바 끝났다는 거 들었어?

B Yes, I did. Apparently, Ava **ran away** with another guy from the wedding.
응, 들었어. 듣자 하니 에바가 결혼식장에서 다른 남자랑 도망 갔다더라.

A That's terrible. John must **be devastated**.
정말 끔찍하다. 존이 분명 엄청나게 충격을 받았을 거야.

05 **A** It's the first week on my job. I'm still learning the ropes.
So I've been **running around** all day.
입사한 지 첫 주야. 아직 기본적인 것을 배우는 중이라서 하루 종일 정신없이 뛰어다녔어.

B I understand. **05** *It's overwhelming to* start a new job.
But don't worry, you'll get the hang of it soon.
이해해. 새로운 일을 시작하면 감당하기 힘들지만 걱정지 마. 곧 요령을 터득할 거야.

자세한 설명은
감각 더하기 에서!
05 It's overwhelming to + 동사원형/ that + 주어 + 동사

tip

01 **while you're at it** 하는 김에

누군가 어떤 일을 하고 있을 때 가능하면 그 상황에서 나에게 도움이 되는 일을 같이 해줄 것을 부탁하는 상황에 많이 사용

예 Can you get some coffee while you're at it?
가는 김에 커피 좀 사다 줄 수 있어?

04 **be devastated** 충격을 받다

엄청난 충격을 받았을 때 사용할 수 있는 감정표현으로 알아두면 유용

예 I was devastated when my boyfriend dumped me.
남자친구가 나를 찼을 때 난 엄청 충격을 받았어.

05 **learn the ropes** 기본적인 것을 배우다, 요령을 터득하다

뱃사람이 가장 먼저 배우는 일이 밧줄 다루는 법

예 I could use your help with learning the ropes around here.
여기서 기본적인 것을 배우려면 너의 도움이 필요해.

+ ropes : 요령, 기본적인 방법

03 RUN | 동사를 활용한 이디엄

 **감각 기르기**

01 run an errand 심부름을 하다, 볼일을 보다

- I ran out of flour. Can you **run an errand** for me?
  밀가루가 다 떨어졌어. 심부름 좀 해 줄 수 있어?

- I have to **run some errands** this afternoon.
  오후에는 볼일들 좀 봐야 해.

02 run a tight ship (기관이나 팀을) 엄격하고 능숙하게 운영하다

- She really **runs a tight ship** `06` *when it comes to* the rules.
  규칙에 관해서라면 그녀가 정말 엄격하게 관리해.

- Andrew **runs a tight ship** and wants everyone to work hard.
  앤드루는 회사를 엄격하게 운영하는 데다가 모든 사람이 열심히 일하기를 원해.

03 run like clockwork (규칙적이고 완벽하게) 진행되다

- Stella's morning routine **runs like clockwork**.
  She wakes up, does Yoga, takes a shower and has breakfast.
  스텔라의 아침 일정은 규칙적이야. 일어나서 요가하고 샤워를 하고 아침을 먹어.

- The train schedule in Korea **runs like clockwork**. It's always on time.
  한국의 기차 시간표는 아주 정확하게 운행됩니다. 항상 제시간에 도착해요.

04 run the gamut 폭넓게 다루다, 포함하다

- My emotions **ran the gamut** from joy to sadness during the ceremony. It was a bittersweet moment
  졸업식에서 기쁨과 슬픔의 감정을 모두 느꼈어. 시원섭섭한 순간이었어.

- I have **run the gamut** of part-time jobs jobs.
  여러 종류의 아르바이트를 해봤어.

05 run circles around (남을 훨씬) 능가하다

- His speech definitely **ran circles around** all the other presidents.
  그의 연설은 다른 대통령들 보다 월등히 좋았어.

- She is **running circles around** her competitors.
  그녀는 경쟁자들 보다 훨씬 잘 하고 있어.

자세한 설명은 **감각 더하기** 에서! `06` When it comes to + 명사/Ving

---

tip

01 run an errand 심부름을 하다

"심부름을 하다"라는 의미로 사용할 수도 있지만 귀찮지만 반드시 처리해야 하는 볼일을 볼 때도 쓰이는 유용한 표현으로 errands 복수 형태로 사용

+ 유의어 : do an errand,
  go on an errand,
  have an errand to run

📝 I had a lot of errands to run
this morning.
오늘 아침에 볼일 볼게 많았어.

02 run a tight ship
능숙하게 운영하다

배에서 유래된 말로 밧줄이 빈틈없이 단단히 묶여졌다는 말은 아주 작은 것부터 세심하게 정리되고 관리 되고 있다는 의미로 사용되기 시작

05 ran circles around
능가하다

달리기를 할 때 같이 시작했지만 한바퀴 이상을 추월해서 앞질러가는 상황을 떠올리기!

📝 My presentation can run
circles around theirs.
나의 발표는 그들의 발표를 능가할 수 있어.

run을 사용한 이디엄은 다른 동사에 비해 알려지지 않은 표현들이 꽤 있지만 원어민들 사이에서는 자주 활용되어지는 표현들입니다. 다소 생소 할 수 있는 내용일지라도 예문을 잘 참고해서 대화 속에서 문맥을 이해 할 수 있도록 run을 사용한 이디엄을 익혀보시길 바랍니다.

 **감각 활용하기**

01 **A** Do you want to grab a beer after work?
퇴근하고 간단하게 맥주 한잔할래?

B I would love to, but I have some **errands** to **run** by today. Can I take a raincheck?
너무 좋은데 오늘까지 처리해야 하는 볼일들이 있어. 다음에 할 수 있을까?

02 **A** How's your new boss? Is she easygoing?
새로운 상사 어때? 친근하게 대해주나?

B Not really. She has a nice personality but **runs a tight ship**. Especially, she is really strict about deadlines.
그렇지는 않아. 그녀는 성격이 좋은 편이지만 (팀은) 아주 엄격하게 관리하셔. 특히 마감일에 대해서 매우 엄격해.

03 **A** How is the event planning going?
이벤트 기획은 어떻게 진행되고 있어?

B It's been **running like clockwork**. You have nothing to worry about.
완벽하게 진행되고 있어. 걱정할 거 없어.

A That's great to hear. Please make sure we stay on schedule.
좋은 소식이다. 우리가 계획했던 대로 잘 진행될 수 있도록 해줘.

04 **A** I'm really glad to bring you to my favorite restaurant. Its menu **runs the gamut** from sushi to steak.
너를 내가 좋아하는 음식점에 데려올 수 있어서 정말 기뻐. 여기 메뉴가 스시부터 스테이크까지 다양하게 있어.

B It's amazing. I've been craving both of them lately.
완전 훌륭해. 나 요즘 둘 다 당겼는데.

05 **A** I don't want to compare myself to others. But it's frustrating that my co-workers can **run circles around** me no matter how hard I try.
다른 사람이랑 비교하고 싶지 않은데 아무리 노력해도 내 동료들이 나보다 월등히 뛰어나서 짜증이나.

B I totally understand. I've been there before.
완전 이해해. 나도 그런 경험이 있거든.

tip

01 **take a raincheck**
　　　　　　다음을 기약하다

누군가의 제안에 대해 응할 수 없을 때 사용하는 표현으로 과거 우천 시 경기가 취소되면 다음 경기를 기약하는 티켓을 나눠주었던 것에서 유래

예 Would you give me a rain check?
다음기회에 할까?

01 **It's better to** + 동사원형   ~하는 것이 더 낫다

어떤 상황에서 무언가를 하는 편이 좋거나 낫다는 의견을 제시할 때 사용할 수 있는 표현 *It's better to + 동사원형 + than to + 동사원형* 'than to + 동사원형'을 붙여서 비교 대상을 설명할 수 있습니다.

조금 더 부드럽게 말을 하고 싶다면 *It would(might) be better to + V*

- **It's better to** stay home on a rainy day.
  비 오는 날에는 집에 있는 게 더 좋아.

- **It's better to** place an order for pick-up.
  전화로 주문하고 (주문한 음식) 가지러 가는 편이 더 나아.

- **It's better to** take the subway than to drive in rush hour.
  혼잡한 시간대에는 운전을 하는 것보다는 지하철을 타는 게 더 나아.

- **It's better to** learn from your mistakes than to repeat them.
  실수를 반복하는 것보다는 실수로부터 배우는 것이 더 좋아.

- **It's better to** be safe than sorry.
  유비무환; 나중에 후회하는 것보다는 조심하는 게 낫다.

02 **I can(not) afford** + 명사
I can(not) afford + to + 동사원형   ~할 여력이 있다(없다)

afford는 "물건 등을 살 수 있는 금전적 여유나 형편 또는 어떤 것을 할 수 있는 시간적 여유나 형편이 된다"는 사전적 의미를 가지고 있습니다. 이 단어는 주로 조동사 can과 함께 사용하여 "~ 할 수 있는 여유/여력이 된다"라는 뜻으로 쓰입니다.

부정문으로 사용할 때는 *주어 can't afford ~*, 의문문은 *Can 주어 afford ~?* 형태로 사용됩니다.

- **I can't afford to** talk to you at the moment.
  지금은 너와 이야기할 여유가 없어.

- **I can't afford to** travel aboard this summer vacation.
  나는 이번 여름휴가로 해외여행을 갈 형편이 안 돼.

- **You can't afford to** waste your time.
  너는 시간을 낭비할 여유가 없어.

- **We can't afford to** pay the rent this month.
  So we have to come up with some money.
  이번 달 월세를 내기가 어려우니까 우리 돈을 좀 마련해야 해.

- **Can we afford to** buy a new car this year?
  올해는 새 차를 살 수 있는 여유가 될까?

tip

01 **It's better to be safe than sorry.** 유비무환

구어체로 이 표현을 쓸 때는 문장 전체를 사용하지 않고 better safe than sorry와 같이 축약해서 사용

+ 유사 표현
(It's) better than nothing.
없는 것 보다는 낫지.

03 I've always wanted to + 동사원형 항상 ~해보고 싶었다

과거에서부터 현재까지 줄곧 무언가 하고 싶었던 것을 말할 때 쓸 수 있는 표현입니다. have p.p. 시제로 사용이 된다는 점 꼭 참고하세요.

항상 무언가에 흥미를 가지고 있어왔다는 표현도 알아 두면 좋아요. *I have always been interested in + 명사/Ving*

- **I've always wanted to** study abroad.
  나는 항상 해외에서 공부해보고 싶었어.

- **I've always wanted to** learn Yoga in Bali
  나는 늘 발리에서 요가를 배워보고 싶었어.

- **I've always wanted to** to help people in need.
  도움이 필요한 사람들을 돕고 싶다는 마음을 늘 가져왔어.

- The restaurant is supposed to be good.
  I've always wanted to go there.
  그 식당 좋다고 들어서 계속 거기 가보고 싶었어.

- If there is something **you've always wanted to** try, why don't you give it a shot?
  항상 도전하고 싶었던 것이 있다면 한번 시도해보는 게 어때?

04 **recognize**
          (사람 등을)알아보다

어떤 사람이나 사물의 외적인 것을 보고 익숙함을 바탕으로 그 대상을 알아볼 때 사용

예 Do you recognize me?
    저 알아 보시겠어요?

04 Even though + 주어 + 동사 , 주어 + 동사

비록 ~이지만 ~이다

Even though 문장과 문장을 연결하며 앞뒤 상황의 반전 내용을 표현합니다. 사실을 바탕으로 사용하는 표현이며, 유의해야 할 점은 even though 자체에 "~임에도 불구하고, 비록 ~이지만"이라는 반전을 품고 있기 때문에 but을 사용해서 반전 내용을 전달할 필요가 없습니다. 조금 부드럽게 표현하고 싶다면 *Although + S + V* 사용할 수 있습니다.

더불어 모양이 비슷하지만 의미를 전혀 다른 *Even if + S + V* "만약에 ~라 할지라도, ~한다고 해도" 가능성을 나타내며 일어날 수 있는 상황을 가정하는 표현입니다.

- **Even though** it rained a lot, we had a good time.
  비가 많이 왔지만, 우리는 즐거운 시간을 보냈어.

- **Even though** there was a lot of traffic, I got there on time.
  차가 많이 막혔지만, 나는 그 곳에 제시간이 도착했다.

- **Even though** I had met him several times before, I didn't recognize him.
  나는 그를 전에 몇 번 만났었는데도 그를 알아보지 못했다.

- **Even though** he was under the weather, he went to work.
  그는 컨디션이 안 좋았지만, 일을 하러 갔어.

- **Even though** she studied very hard, she didn't pass the exam.
  그녀는 열심히 공부했음에도 불구하고 시험에 통과하지 못했다.

05 It's overwhelming to + 동사원형 / that + 주어 + 동사

~하는 것은 감당하기 힘들다, 엄청나게 기쁘다

overwhelm의 첫번째 의미는 "(격한 감정에) 휩싸이다"이며, 두번째 의미는 "(너무 많은 일등으로) 벅차게 하다"라는 뜻이 있습니다. 즉, *It's overwhelming.*이라는 표현은 단순히 "압도적이다"라는 뜻으로 외우기보다는 상황이 극도로 기쁘거나 감정이 벅차 오를 때, 할 일이 많아 상황이 버거울 때 사용 할 수 있습니다.

내 감정이 벅차 오른다고 하거나 감당하기 힘들다고 할 때는 *I'm overwhelmed.* 으로 표현합니다.

- **It's overwhelming to** be able to see Mona Lisa right in front of me.
  모나리자를 내 눈앞에서 바로 볼 수 있다니 감격스러워.

- **It's overwhelming to** bring up my children alone.
  혼자서 아이들을 키워야 한다는 것은 감당하기 힘들어.

- **It's overwhelming to** get credit for my effort.
  나의 노력을 인정받는 다는 것은 가슴 벅찬 일이야.

- **It is overwhelming that** I have a ton of work to do.
  엄청 많은 일을 해야 해서 중압감이 든다.

- **It was overwhelming that** the meeting lasted so long.
  회의가 오랫동안 지속 되어서 너무 힘들었어.

06 When it comes to + 명사 /Ving   ~에 관해서라면/~에 있어서

대화 중 특정 주제에 관하여 추가적인 설명을 하거나 다른 의견을 말하고자 할 때 사용할 수 있습니다. 더불어 새로운 주제를 이끌어 낼 때로 쓰입니다.

영어 학습자들 대부분은 이 표현을 알고 있지만 막상 사용해야 하는 상황에서는 잘 쓰지 못하는 표현 중 하나 입니다. 예문을 통해 입에 잘 부착시켜서 써보시길 바랍니다.

주의 사항은 to 다음에는 반드시 명사 혹은 동명사를 연결해야 한다는 점을 기억하세요. *when it comes to 명사/Ving*

- **When it comes to** work**ing** out, I enjoy doing CrossFit the most.
  운동에 관해서라면 나는 크로스핏 하는 걸 제일 즐겨.

- **When it comes to** cook**ing**, my mom is **top-notch**.
  요리에 있어서는 우리 엄마가 최고야.

- **When it comes to** master**ing** a new language, practice is key.
  새로운 언어를 섭렵하려면 연습이 핵심이다.

- Stacy's very knowledgeable **when it comes to** market**ing** strategy.
  마케팅 전략에 있어서는 스테이시가 아는 게 많아.

- We are on the same page **when it comes to** money.
  돈에 관에서는 우리는 같은 생각을 가지고 있어.

tip

06 top-notch
최고의, 아주 뛰어난

최고라는 단어를 떠올리면 best가 가장 먼저 생각나는데 원어민이 즐겨 사용하는 단어인 top-notch와 함께 외우기!

예 Her presentation was really top-notch.
그녀의 발표는 정말 최고였어.

+ 점수표에서 가장 높은 점수에 V자 표시를 하는 것에서 유례

PART
11

BREAK

01 BREAK | 사물을 깨거나 고장내다

break [현재형] – broke [과거형] – broken [과거분사형]

 **감각 기르기**

01 **break** + 물건 ~를 깨다, 고장내다

break 한 단어에 두가지 의미가 있으므로 표현상, 물건이 깨진건지 또는 고장난 것인지 구분이 필요

- I'm sorry, I **broke** the cup while I was washing it.
  미안해. 내가 설거지하다가 컵을 깼어.
- You **broke** my car. It was a real clunker though.
  너 때문에 내 차 고장 났어. 고물차이기는 했지만.

02 **break** + 신체부위 ~가 부러지다

- She **broke** her right arm in a hit-and-run car accident.
  뺑소니 차 사고로 그녀의 오른쪽 팔이 부러졌어.
- I jammed my finger on a door and **broke** my nail.
  손가락이 문에 끼어서 손톱이 깨졌어.

03 **break** + 약속, 규칙, 법 등 ~을 어기다, 위반하다
break + 습관 ~을 고치다

- Never again will I **break** promises.
  다시는 약속을 어기지 않을게.
- I have bad posture, but it is hard to **break** that habit.
  나는 자세가 안 좋은데 그 습관을 고치기가 힘들어.

04 **break** + 기록 등 ~을 깨다
break + 암호 등 ~을 풀다

- I want to **break** the world record in the marathon.
  나는 마라톤에서 세계기록을 깨고 싶어.
- Her new novel **broke** sales records.
  그녀의 새로운 소설이 판매 기록을 깨뜨렸어.

05 **break** + 돈 ~짜리를 바꿔주다, 잔돈으로 거슬러 주다

break을 대신해서 change를 사용해서도 말을 할 수 있음

- I need to **break** a hundred for a tip.
  팁을 줘야 해서 백 달러를 바꿔야 해.
- I only got large bills when I exchanged currency.
  Can you **break** a larger bill?
  환전할 때 고액권만 받았어요. 큰 지폐 좀 바꿔줄 수 있을까요?

---

tip

01 clunker 고물차, 고물기계

자동차나 기계가 오래되었거나 상태가
나쁜 것을 나타내는 단어

예 This copier is such a clunker.
이 복사기 정말 고물이야.

02 hit-and-run 뺑소니

치고 도망가는 뺑소니 사고를 표현

**예 It was a hit-and-run
accident.**
그건 뺑소니 사고였어.

break은 자동사로 쓰일 때는 "깨지다, 고장 나다"는 의미이며, 감각 기르기 예문에서는 "~를 깨뜨리다, 고장을 내다"라는 타동사 의미로 사용되었습니다. break은 물건을 깨는 기본 의미 외에도, 약속이나 규칙을 어기거나 기록을 깰 때, 큰 돈을 깨서 잔돈으로 바꿀 때처럼 추상적인 개념을 깨다는 의미로도 쓰입니다.

감각 활용하기

01 **Ⓐ** Did you hear that loud crash in the kitchen earlier?
주방에서 '쾅'하는 소리 들었어?

Ⓑ Yeah, I think the cat knocked over the vase and **broke** it. I'd better go check.
고양이가 꽃병을 넘어트려서 깨진 것 같아. 가서 확인해 봐야겠어.

02 **Ⓐ** Why are you wearing a cast on your leg?
왜 다리에 깁스를 하고 있는 거야?

Ⓑ I **broke** my leg.
01 *That's because* I fell off my bicycle a few days ago.
며칠 전에 자전거에서 떨어져서 다리가 부러졌어.

03 **Ⓐ** I was trying to hurry here and got a ticket for **breaking** the speed limit.
서둘러서 오려다가 속도위반해서 딱지 떼였어.

Ⓑ Oops, It's not like you.
You're not usually in a rush when you're driving.
어머, 너답지 않다. 너 운전할 때 보통은 서두르지 않잖아.

04 **Ⓐ** I'm going to watch the new Super Mario Bros. movie tomorrow. Do you want to join me? **02** *As far as I know,* you're a big fan of Super Mario.
내일 '슈퍼마리오와 형제들' 영화 보러 갈 건데. 같이 갈래? 너 슈퍼마리오 팬이라고 알고 있는데.

Ⓑ Absolutely! I've been wanting to watch it too.
당연하지. 나도 그 영화 계속 보고 싶었어.

Ⓐ Great! I've heard it's already **breaking** box office records. I can't wait to see it.
좋아. 이미 영화 흥행 기록도 깼다고 들었어. 빨리 보고싶다.

05 **Ⓐ** Can you **break** this 50,000 won?
이거 오만원짜리 바꿔 줄 수 있어?

Ⓑ I'm sorry but I don't have any cash at the moment.
미안한데 나도 지금은 현금이 없어.

자세한 설명은
감각 더하기 에서!
01 That's because + 주어 + 동사
02 As far as I know,

---

tip

03 **be in a rush/hurry** 서두르다
시간이 빠듯해서 서둘러야 하는 급한 상황에서 사용하는 표현
일이 많아서 바쁜 busy와는 다름
예 I can't talk right now.
I'm in a hurry.
지금 얘기 못해. 나 서둘러야 해.

05 **at the moment** 지금
현재 일어나고 있는 일이나 현재의 감정, 생각 등을 설명할 때 쓸 수 있음
예 I'm busy at the moment.
나 지금은 바빠.

 **감각 기르기**

01 **break up** + (**with** + 사람) ~와 헤어지다
break up + 행사, 싸움 등 ~을 중단시키다

- I've decided not to **break up with** him **03** *for the time being*.
  당분간은 그와 헤어지지 않기로 했어.

- **04** *I didn't mean to* **break up** your party. I just tried to break the ice.
  파티(의) 분위기를 깨려고 했던 건 아니었고 그냥 어색한 분위기를 깨려고 했던 거뿐이야.

02 **break down** 고장나다/ 울음을 터트리다
  (협상, 토론, 관계 등이) 결렬되다

- The washing machine **broke down**. So we have to replace it.
  세탁기가 고장이 나서 새로운 걸로 바꿔야 해.

- The contract **broke down** because of a disagreement.
  의견 불일치로 계약이 결렬됐어.

03 **break out** + 전쟁 등 ~이 발생하다

- The Korean War **broke out** in 1950.
  한국전쟁은 1950년에 발발했다.

- Two hours ago, a huge fire **broke out** at the factory.
  두 시간 전에 공장에서 큰불이 발생했어.

04 **break in** (신발 등을) 길 들이다/ 침범하다

- I **05** *made a point of* **breaking in** my new car.
  내 새로운 차를 잘 길들이기 위해서 신경 썼어.

- Someone tried to **break in** last night, but nothing was stolen.
  어젯밤에 침입하려는 사람이 있었는데 훔쳐간 건 아무것도 없어.

05 **break off** (관계 등을) 중단하다, 끊다/ 분리하다

- I **broke off** the engagement with him.
  나는 그와의 약혼을 깼어.

- Sean, please **break off** a piece of chocolate and give it to your sister.
  션, 초콜릿 좀 떼서 동생 좀 주렴.

자세한 설명은
감각 더하기 에서!
03 for the time being
04 I didn't mean to + 동사원형
05 make a point of

---

tip

03 **break out** 피부가 뒤집어지다

피부에 break out을 사용하면 피부가 뒤집어지거나 얼굴에 여드름 등이 나는 것을 표현

- My face started breaking out after using a new cream.
  새로운 크림을 사용한 후 얼굴이 뒤집어지기 시작했어.

break up은 남녀 사이에서는 "헤어지다"를, 행사나 싸움에서는 "말리다, 중단하다"는 의미로 쓰입니다. break down은 "부서지다"는 이미지로, "고장나다"로 외워두면 좋습니다. break out은 무언가 뚫고 나오는 느낌으로 전쟁이나 사건 발생을 나타냅니다. break in은 안으로 침입하는 이미지로, "침입하다"는 뜻이며, break off는 무언가를 떼어내는 의미로 "부러뜨리다" 또는 "관계를 끊다"라는 뜻을 가집니다.

감각 활용하기

01 **A** I heard that you and Joe **broke up**. Is that true?
너랑 조가 헤어졌다고 들었어. 그게 사실이야?

B He was transferred to an overseas branch in New York and we were apart for a long time.
We lost touch and **06** *one thing led to another*, we **split up**.
그가 뉴욕 지사로 발령을 받았고 우리는 오래 떨어져 있었어. 연락이 뜸해지고 어쩌다 보니 헤어졌어.

02 **A** What happened to your car?
차가 어떻게 된 거야?

B It **broke down** and I had to get it towed.
I think there might be a problem with the engine.
차가 고장이 나서 견인시켜야 했어. 아마도 엔진에 문제가 생긴 것 같아.

03 **A** I'm **breaking out** with pimples all over my face.
온 얼굴에 뾰루지가 났어.

B I think you should go to a dermatologist right away.
내 생각에는 바로 피부과에 가보는 게 좋을 것 같아.

04 **A** I can't put my finger on it. But there's something different about you today. Are you okay?
뭔가 콕 찍어 말할 수는 없는데 오늘 좀 달라 보인다. 너 괜찮은 거야?

B Ughh, my feet are killing me in these shoes that I bought yesterday.
윽, 어제 산 신발을 신고 있자니 발이 아파 죽겠어.

A You need to **break in** your new shoes.
새 신발은 길들여 신어야 해.

05 **A** I don't understand why people **broke off** their conversations when I came into the room.
내가 방으로 들어왔을 때 사람들이 대화를 왜 멈췄는지 이해가 안가.

B Don't worry too much about it. Maybe they were talking about something private and not about you.
너무 걱정하지 마. 아마도 너의 관한 게 아니라 뭔가 개인적인 걸 이야기하고 있었을 거야.

자세한 설명은 **06** one thing led to another,
감각 더하기 에서!

tip

01 **split up** 헤어지다

남/녀 사이에서 헤어짐을 표현할 때 가장 기본적으로 break up을 사용

+ 유사 표현
We split up last year.
We're not together anymore.

04 **I can't put my finger on it.**
딱 꼬집어서 말할 수 없다

내 손가락을 무언가에 올려 놓을 수 없다는 것은 명확하게 어떤 것에 대해서 파악하지 못했다는 의미로 사용

예 I've met him before, but I can't put my finger on where.
그를 만난 적이 있는 것 같은데 어디서인지 확실치 않네.

03 BREAK : 동사를 활용한 이디엄

 **감각 기르기**

01 **be broken** ~이 망가지다, 고장 나다

> break down은 자동차나 큰 기계 등이 고장 났을 때 주로 쓰이며 be broken 일상생활에 사용되는 전자기기나 물건이 고장 났다고 표현할 때 사용

- The laptop **is** now **broken** after I dropped it a few days ago.
  몇일 전에 내가 노트북을 떨어트렸더니 고장이 났어.

- There's a problem. My phone **is** suddenly **broken**.
  문제가 있어. 내 핸드폰이 갑자기 고장 났어.

02 **break one's heart** 마음을 아프게 하다

- Don't **break** my **heart**.
  내 마음을 아프게 하지 마.

- He always **breaks** my **heart** and it's taking a toll on me.
  그는 항상 내 마음을 아프게 하고 그게 나에게 큰 타격이 되고 있어.

03 **break out in a cold sweat** 식은 땀을 흘리다

- I **broke out in a cold sweat** during my presentation.
  발표하는 중에 식은 땀을 흘렸어.

- At the thought of the upcoming test, I **break out in a cold sweat**.
  다가올 시험 생각만 해도 진땀 나.

04 **break a leg** 행운을 빈다

- Please tell Stella to **break a leg**.
  스텔라에게 행운을 빈다고 전해주세요.

- I heard you have a big interview tomorrow. **Break a leg**.
  내일 중요한 면접이 있다고 들었어. 행운을 빌어.

05 **break the news** 소식을 전하다

- We're going to have to **break the news** to Mark about his cancer.
  우리는 마크의 암에 관해서 그에게 소식을 알려야 할 것 같아.

- I don't want to be the one to **break the news** to you, but I was told that they won't invest in your business.
  너에게 이런 소식을 전하는 사람이 되고 싶지는 않은데 그들이 너의 사업에 투자를 하지 않을 거라는 걸 알게 되었어.

---
tip

04 **break a leg** 행운을 빌다

"행운을 빌어!"는 말을 전할 때 Good luck!만 사용하는데 break a leg도 알아두자!

+ 공연할 때 무대에서 다치는 것을 액땜하기 위해서 쓰기 시작

break을 활용해서 사용되는 5가지 이디엄을 정리 보았습니다. 예문과 함께 상황에 알맞게 사용할 수 있도록 표현을 연습해 보시길 바라겠습니다.

 감각 활용하기

01 Ⓐ The microwave **is broken**. It's not working.
전자레인지 고장 났어. 작동이 안되고 있어.

Ⓑ We have been using it for a while.
How about buying a new one?
우리 그거 오래 썼으니까 새로운 거 사는 게 어때?

02 Ⓐ How dare you do that? You **broke my heart**.
I feel completely blindsided.
어떻게 그럴 수 있어? 나 상처받았어. 완전 뒤통수 맞은 기분이야.

Ⓑ I owe you an apology.
진심으로 미안해.

Ⓐ You don't have to make it up to me. We're done.
만회하려고 할 필요 없어. 우리는 끝이야.

03 Ⓐ We should stop watching this movie. I'm scared to death.
우리 이 영화 그만 보는 게 좋겠어. 나 무서워 죽겠어.

Ⓑ Yeah. Look at me, I'm **breaking out in a cold sweat**.
응. 나 식은 땀 흘리는 것 좀 봐.

04 Ⓐ I don't know if I can make it.
내가 해낼 수 있을지 모르겠어.

Ⓑ You can do anything you put your mind to. **Break a leg**!
너는 마음먹은 대로 뭐든지 할 수 있어. 행운을 빌어.

05 Ⓐ I don't know how to **break the news** to you, but I don't think I'm ready to get married.
어떻게 너에게 이야기해야 할지 모르겠는데. 나 결혼할 준비가 안된 것 같아.

Ⓑ You must be kidding me, right?
Our wedding is just around the corner.
농담이지? 이제 곧 우리 결혼식이잖아.

---
tip
---

02 blindside 뒤통수를 맞다

기습하거나 상대가 안보이는 쪽에서 공격하는 것을 의미

be/get blindsided라고 하면 뒤통수를 맞았다는 뜻으로 사용할 수 있음

예 I think she is going to be blindsided.
내 생각에 쟤 뒤통수 맞을 것 같아.

02 주어 + owe + 사람 + an apology 사과하다

사과를 빚졌다는 것은 "사과를 해야 한다"는 뜻으로 누군가에게 사과할 일이 있을 때 주로 쓰이는 I'm sorry.와 함께 apologize 동사를 활용한 표현도 사용해보자!

예 I think I owe him an apology.
그에게 사과를 해야 할 것 같아.

05 be (just) around the corner ~가 임박했다

이 표현은 길찾기에서 "모퉁이를 돌면 있다"는 의미도 있지만 비유적으로는 가까운 미래에 기대되거나 준비해야하는 이벤트가 "곧 일어날 것이다. 임박했다. 가까워졌다" 라는 뜻으로 아주 자주 쓰여요.

예 Summer vacation is just around the corner.
곧 있으면 여름 방학이야.

01 **That's because** + 주어 + 동사 　왜냐하면 ～이기 때문이야

말을 할 때 인과관계(원인과 결과)를 설명해야 하는 상황이 있습니다. 결과에 대한 이유를 설명할 때 *That's because + S + V*를 사용할 수 있습니다. 누군가 왜 그런지에 대한 이유를 물어볼 때 그에 대한 답으로 쓰기 좋습니다. 앞에서 언급한 내용에 대한 이유를 설명할 때 쓰이는 표현이라는 것을 꼭 기억해주세요.

원인에 대한 결과는 *That's why + S + V* '그래서 ～야'를 사용해야 합니다.

- I don't want to go out for dinner tonight.
  That's because it's pouring outside.
  오늘은 밖에 나가서 외식하기 싫어. 밖에 비가 엄청 내리고 있어서.

- I can't take off my eyes of her. **That's because** she is so beautiful.
  나는 그녀에게서 눈을 뗄 수가 없어. 왜냐하면 그녀는 정말 아름답기 때문에.

- I need to control my diet. **That's because** I have diabetes.
  식단 조절을 하는 것이 필요해요. 제가 당뇨가 있기 때문이에요.

- I made a lot of mistakes today.
  That's because I couldn't focus on my work.
  오늘 실수를 많이 했어. 일에 집중을 할 수 없었거든.

- Can you put me in touch with Stella?
  That's because I'm thinking of studying English.
  스텔라랑 연결을 시켜 줄 수 있어? 왜냐하면 나 영어공부 할까 생각 중이야.

02 **As far as I know,** 내가 아는 한/내가 알기로는

나의 판단, 생각, 관점에서 내가 알고 있는 근거를 표현할 때 "내가 알기로는"이라는 의미로 쓰입니다. 이 표현을 떠올리면 대부분 *As I know*를 사용하는 경우가 많이 있습니다.

하지만 원어민들은 사이에서는 *as far as I know / as far as I understand*로 표현한다는 것을 꼭 기억해 주세요.

- **As far as I know,** Steve is on sick leave now.
  내가 알기로는 스티브는 현재 병가 중이야.

- **As far as I know,** Emilia used to work in Marketing.
  내가 알기로는 에밀리아는 예전에 마케팅 쪽에서 일을 했었어.

- **As far as I know,** this is the best hotel in this town.
  내가 알기로는 이 호텔이 가장 좋은 곳이야.

- **As far as I know,** the concert was canceled because of the heavy rain.
  그 콘서트 폭우 때문에 취소된 걸로 알고 있는데.

- **As far as I know,** the restaurant is closed on Sundays.
  내가 알기로는 그 식당 매주 일요일마다 문을 닫아.

---

tip

01 **That's why** + 주어 + 동사
　　　그래서 그런거야

원인이 있고 어떤 결과가 발생 했을 때 문장으로 이유를 설명할 수 있으며 더불어 "그래서 그런거야"라는 표현으로 앞에 원인에 대한 결과를 한번 더 강조할 때 사용 가능

예 I forgot to set the alarm.
That's why I oversleep this morning.
알람 맞춰 놓는 거 까먹어서 오늘 아침에 늦잠 잤어.

03 **for the time being** 당분간은, 일단은

앞으로 어떻게 될지는 모르겠지만 현재시점에서 어떤 상황이 지속되는 동안 일시적으로 좀 더 좋은 대안이나 선택을 나타내는 데에 사용되며 구체적인 것이 정해질 때까지 "당분간, 일단은"이라는 의미로 쓰입니다.

- I'm going to live with my sister **for the time being**.
  일단은 내 동생이랑 지낼 거야.

- This will do **for the time being**.
  당분간은 이걸로 충분해.

- I won't tell anyone about it **for the time being**.
  당분간은 그것에 관해서 아무에게도 말하지 않을게.

- Let's concentrate on a new project **for the time being**.
  우리 일단은 새로운 프로젝트에 집중합시다.

- I've decided to put off the trip **for the time being** until I get better.
  내가 몸이 괜찮아질 때까지 당분간 여행을 미루기로 했어.

04 **I didn't mean to + 동사원형** 일부러 ~했던 것은 아니었어

상대가 싫어하거나 원하지 않은 행동을 하고 난 후, 그럴 의도가 아니었다고 말할 때 사용합니다. 더불어 무언가 실례되는 행동을 하기 전에 양해를 구할 때는 다음과 같은 문장 구조를 사용하면 좋습니다.

I don't mean to + 동사원형, but + S + V.

- **I didn't mean to** do that from the get-go.
  처음부터 그러려고 한 건 아니었어.

- **I didn't mean to** ghost you. I really didn't know that.
  일부러 연락을 씹은 거 아니었어. 정말 몰랐어.

- **I didn't mean to** be late, but there was something urgent to take care of.
  일부러 늦으려고 했던 건 아니었어. 급하게 처리해야 할 게 있었어.

- **I didn't mean to** put you out.
  너를 곤란하게 하려고 했던 건 아니었어.

- **I don't mean to** interrupt you, but we have a big problem.
  방해하려고 하는 건 아닌데. 우리 큰 문제가 있어.

tip

04 **from the get-go** 처음부터

처음부터라는 다른 표현으로 from the beginning을 제일 많이 알고 있는데 함께 알아두고 사용하면 좋음

- I really loved it from the get-go.
  나는 이거 정말 처음부터 마음에 들었어.

04 **ghost** 잠수타다

누군가 연락을 했음에도 불구하고 연락을 두절하고 잠수를 탈 때 쓸 수 있는 표현

- He ghosted me after we last met.
  마지막으로 만난 후에 그랑 연락이 두절됐어.

+ leave + 사람 + on read
  문자 등을 읽고 답을 안하는 경우에 사용

  - Don't leave me on read.
    문자 씹지 마.

05 **make a point of** ~하려고 애를 쓰다/~하는 것을 규칙으로 삼다

이 표현을 있는 그대로 직역하면 뜻을 파악하기 쉽지 않으므로 의도하는 뜻을 정확하게 알아두는 것이 좋습니다.

사전적인 해석으로 "으레 ~을 하다"인데 "으레"라는 것은 "두말할 것 없이, 틀림없이 언제나"라는 뜻을 가지고 있습니다. 무언가가 중요하고 필요하기 때문에 일부러라도 무언가를 하려고 한다라는 의미로 이해하고 표현을 연습해 보면 좋겠습니다.

- I always **make a point of** getting up early in the morning.
  나는 항상 아침에 일찍 일어나는 것을 규칙으로 삼고 있어.

- Actually, I always **make a point of** keeping up with new trends.
  실은 나는 항상 새로운 트렌드를 따라가려고 애를 써.

- He **makes a point of** working out after work.
  그는 퇴근하고 꼭 운동을 하려고 애를 쓴다.

- My wife and I **make a point of** having dinner together day in, day out.
  아내와 나는 항상 함께 저녁을 먹으려고 노력하고 있어.

- My family **makes a point of** reading a book before going to bed every night.
  우리 가족들은 자러 가기 전에 꼭 책을 읽는 것을 규칙으로 삼고 있어.

tip

05 **day in and day out** 날마다

비슷한 행동이나 상황이 계속해서 반복적으로 일어나는 것을 표현 할 때 쓸 수 있으며 중간에 and를 빼고 사용 가능

예 Day in and day out, I practice speaking English to improve my skills.
영어 실력을 향상시키기 위해 매일같이 영어 말하기 연습을 해.

06 **one thing led to another,** 어쩌다 보니까 그렇게 됐어

하나의 일이 다른 하나로 이끈다는 의미는 어쩌다 보니 그런 일이 발생했다는 뜻으로 사용됩니다. 여러 가지 일들이 일어났지만, 그것을 짧게 이야기할 때도 쓰입니다.

비슷한 표현으로 *before I knew it*도 함께 알아두면 유용하게 쓸 수 있습니다. 이 표현은 내가 알기도 전에 그런 일이 빠르게 일어났다는 뜻이 됩니다.

- **One thing led to another,** and I stayed up all night.
  어쩌다 보니 밤을 샜어.

- **One thing led to another,** and we started going out with each other.
  어쩌다 보니 자연스럽게 우리는 사귀기 시작했어.

- I really wanted to leave the company, but **one thing led to another,** and I will work here for one more year.
  나는 회사를 정말 그만 두고 싶었는데 어쩌다가 1년 더 일 하게 됐어.

- I was just going to check my email, but **one thing led to another,** and I ended up watching YouTube all day.
  그냥 이메일 확인을 하려고 했는데 어쩌다 보니 하루 종일 유튜브를 보게 됐어.

- I was trying to leave the office on time, but **one thing led to another,** and now I'm working overtime
  정시에 퇴근하려고 했었는데 어쩌다 보니까 지금 야근하고 있네.

PART
12

PUT

 **PUT** | 놓다 / 보내다 / 표현하다 / 처하게 하다

put [현재형] – put [과거형] – put [과거분사형]

 감각 기르기

01 put + **명사** (특정 장소/위치에 물건 등) ~에 놓다

- Please **put** the empty dishes in the sink
  빈 그릇은 싱크대에 놓아줘.

- Do you remember where you **put** your phone last?
  너의 핸드폰을 마지막으로 어디에 두었는지 기억나?

02 put + **사람/사물** (특정한 곳에) ~을 들어가게 하다/보내다

- The judge will **put** him behind bars for at least five years.
  판사는 그를 적어도 5년 간은 징역살이를 시킬 것이다.

- Can I call you back later? I need to **put** my baby to bed.
  내가 나중에 다시 전화해도 될까? 아기를 재워야 해서.

03 put + **상태/조건** 어떤 상태·조건에 처하게 하다
put + **감정 등** ~을 겪게 하다, ~한 입장이다

- He **put** me in a managerial position.
  그는 나를 관리직에 임명했다.

- My mom is the only one who can **put** me in my place.
  내 처지가 어떤지 알려주는 유일한 사람을 우리 엄마뿐이야.

04 put 특정한 방식으로 말하다, 표현하다

  To put it simply를 간단하게 Simply put으로 표현할 수 있음

- To **put** it simply, you had to accept his offer.
  간단히 말해서, 너는 그의 제안을 받아들였어야 했어.

- Let me **put** it this way.
  그럼 이렇게 한 번 얘기해 볼게.

05 put + **글자/생각 등** ~을 쓰다, 표시하다

- You need to **put** your signature here.
  여기에 서명을 하셔야 합니다.

- Why don't you **put** your thoughts on paper?
  너의 생각을 종이에 적어보는 게 어떠니?

---- tip ----

02 behind bars 감옥에 수감 된

교도소나 구치소는 창살로 막혀 있는데 창살 뒤에 있다는 것은 교도소나 구치소를 연상할 수 있음

예 They are behind bars.
그들은 감옥에 있어.

+ prison
구형을 받은 후 수감되는 교도소

+ jail
재판 중 이거나 단기로 수감되는 구치소

put은 일반적으로 물건을 어디에 "놓다"는 의미로, 그릇에 음식을 담거나 설탕을 넣는 경우에도 사용됩니다. 파생 의미로는 사람을 어떤 장소에 "놓는다", 즉 보내거나 감정적 상황에 처하게 한다는 뜻도 있습니다. 또한 글과 관련해 생각을 적다, 말과 관련해 말로 표현하다는 의미로도 쓰이며, 입 밖으로 꺼내는 이미지로 이해하면 도움이 됩니다.

감각 활용하기

01

A Don't forget to **put** the milk in the fridge.
우유를 냉장고에 넣는 거 잊지 마.

B Got it. It won't **slip my mind**.
오, 알겠어. 이번에는 까먹지 않을게.

02

A Is this book interesting?
01 *I'm trying to decide whether* I should buy it or not.
이 책 재미있어? 나도 그 책 살까 말까 고민중인데.

B The book was so boring that it **put** me to sleep. If you want, you can keep it.
책이 지루해서 보다가 잠이 들었어. 원하면 너 가져.

03

A You look so beautiful today. Why are you so dressed up?
너 오늘 정말 예뻐 보인다. 왜 이렇게 차려 입었어?

B I can't thank you enough for it.
You always **put** me in a good mood.
뭐라고 감사를 해야 할지 모르겠네. 너는 항상 나를 기분 좋게 해.

04

A I'm thinking of starting my own business, but I'm not sure if I can do it.
나 창업할까 생각 중인데. 내가 할 수 있을 지 잘 모르겠어.

B Simply **put**, you can make it. Just follow your heart. **02** *Once* you start doing something, you'll realize it's not that hard.
간단히 말해서, 너는 해낼 수 있어. 마음이 시키는 대로 해. 한번 시작하면 그게 힘들지 않다는 걸 알게 될 거야.

05

A What are you doing? It's time to leave.
뭐하고 있어? 이제 출발할 시간이야.

B I am just **putting** a few things on my "To Do" list.
해야 할 거 몇 가지를 적고 있는 중이야.

tip

01 **slip one's mind**
무언가를 까먹다, 깜빡하다

slip은 "미끄러지다"라는 의미를 지니고 있는데 머릿속에서 그것이 미끄러져 나간 거니까 어떤 상황을 잊어버리거나 까먹는 것을 뜻함

예 It totally slipped my mind.
내가 완전 그걸 까먹었다.

자세한 설명은
감각 더하기 에서!

01 be trying to decide whether + 주어 + 동사 + (or not)
02 Once + 주어 + 동사,

02 PUT | 구동사 활용

 **감각 기르기**

01 put on 옷 등을 입다, 화장품 등을 바르다/ 살이 찌다

- Why are you **putting on** clothes at this hour?
  이 시간에 옷은 왜 입는 거야?

- I am **putting on** weight these days.
  나는 요즘에 체중이 늘고 있어.

02 put off 연기하다, 미루다

- I think we'd better **put off** the meeting for now.
  우선은 우리 회의를 미루는 게 좋을 것 같아요.

- We shouldn't **put off** telling her what is going on.
  무슨 일이 일어나고 있는지 그녀에게 말하는 것을 미루면 안 될 것 같아.

03 put up with ~(불만족스럽고 불쾌함 등)을 참다, 견디다

- I can't **put up with** you anymore.
  나는 더 이상은 너를 견딜 수가 없어.

- It's not like you to **put up with** it.
  그런 걸 참는 건 너 답지 않아.

04 put down ~를 내려놓다/ 적어두다/ (착수금,계약금) 등을 지불하다

- I've just **put down** my name on the waiting list.
  대기자 명단에 이름을 적어 뒀어.

- You need to **put down** a deposit to confirm your hotel reservation.
  호텔 예약을 확정하기 위해서는 계약금을 지불해야 합니다.

05 put away ~를 치우다(정리하다,제자리에 두다)/ 저축하다

- How many times do I have to tell you to **put away** your toys after playing with them?
  장난감 가지고 놀고 제자리에 치우라고 몇 번을 말을 해야 하니?

- **03** *The first thing* I have to do on my payday is **put away** some money.
  월급날 제일 먼저 해야 하는 일은 돈을 저축하는 것이다.

자세한 설명은
감각 더하기 에서!

03 The first thing I do is (to) + 동사원형

---

tip

02 put off 미루다

일정을 미루거나 연기할 때 delay, postpone를 사용할 수 있으며, put off도 함께 익히기!

+ put on의 반대 의미로 옷 등을 '벗다'라고 표현할 때는 take off 사용

04 put + 사람 + down
누군가를 깎아내리다

누군가를 무시하며 "깎아내리거나 비하하다"라는 의미로 사용할 수 있음

🗨 Don't let anyone put you down.
No matter what anyone says, always remember you're precious.
아무도 너를 무시하게 두지 마.
누가 뭐라고 하든, 네가 소중한 사람이라는 걸 항상 기억해.

put on은 옷을 입는 것뿐 아니라 화장을 하거나 크림을 바를 때, 살이 찐다는 의미로도 사용됩니다. put off는 미루다, 연기하다, put up with는 참고 견디다는 뜻입니다. put down은 무언가를 내려놓다는 의미 외에, 예약이나 계약을 위한 보증금이나 착수금을 걸다는 뜻도 있습니다. put away는 원래 자리에 치우거나 정리하다는 뜻이며, 물건을 따로 보관하거나 돈을 저축하다는 의미로도 확장됩니다.

감각 활용하기

01 A I'm getting ready to go out.
나가려고 외출 준비 중이에요.

B It's really sunny outside.
Oh, don't forget to **put** sunblock **on** your face before leaving.
밖에 날씨 엄청 좋아. 나가기 전에 선크림 바르는 거 잊지 마.

A You've got a point. Thanks for reminding me.
맞아요. 알려줘서 고마워요.

02 A We should probably **put off** the meeting until we have more information.
우리가 정보를 더 모을 때까지 아무래도 회의는 미루는 게 좋겠어.

B That sounds like a good idea. By the way, I need a replacement for tonight's night shift. Can you do it?
좋은 생각인 것 같아. 그건 그렇고, 오늘 야간근무 대신할 사람이 필요한데, 해 줄 수 있어?

03 A You look worried. Is anything the matter?
걱정 있는 얼굴이네. 무슨 문제라도 있는 거야?

B I can't **put up with** the apartment noise any longer.
But I don't know how to work it out.
층간 소음을 더 이상 견딜 수가 없는데 어떻게 해결을 해야 할지 모르겠어.

04 A I'm not cut out for the department I'm in. And I feel left out.
나는 이 부서에 잘 맞지 않는 사람이야. 소외감 느껴.

B What makes you think that? Please don't **put** yourself **down**.
왜 그렇게 생각해. 제발 네 자신을 깎아내리마.

05 A I haven't been sleeping well lately. I've never experienced anything like this.
최근 들어서 잠을 잘 못 자고 있어. 이런 적 한 번도 없는데.

B That's too bad. You need to **put away** your phone before you go to bed. It definitely will help you. Give it a try and let me know how it goes.
안타깝다. 자기 전에 핸드폰을 멀리 두는 게 좋을 것 같아. 이거 확실히 도움이 될 거야. 시도해보고 어떻게 되어가는지 알려줘.

tip

01 **You've got a point.**
일리가 있어.

point는 요점/중요한 말을 뜻하며, "네가 요점을 가지고 있다"는 말은 상대의 말에 맞장구를 칠 때 "일리가 있다", "그 말이 맞다"는 의미로 사용할 수 있음

예 I think you've got a good point there.
내 생각에는 네가 정말 맞는 말 했어.

04 **be cut out for** 소질이 있다

어떤 사람이 어떤 모양으로 재단되어 져서 나왔다는 것으로, 어떠한 장점이나 능력을 가지고 있다고 해석 (소질은 타고 나는 것을 의미)

예 I'm cut out for teaching.
나는 가르치는 것에 소질이 있어.

04 **feel left out**
소외감을 느끼다

어떤 무리에서 따로 떨어진 느낌이라는 것은 소외감을 느낀다고 표현할 수 있음

예 I don't want to feel left out.
나는 소외감을 느끼고 싶지 않아.

 **감각 기르기**

01 **put one's effort(s) into** + 명사 /Ving

~에 열과 성을 다하다, 심혈을 기울이다

- I will **put** my best **efforts into** this competition.
  나는 이 경쟁에 열정을 다할 거야.
- I **put** my best **efforts into** getting my report done by today.
  오늘까지 리포트 끝내려고 심혈을 기울였어.

02 **can't put one's finger on**

(어떤 변화나, 상황)에 대해 콕 집어서 말 할 수는 없다

- I **can't put** my **finger on** what went wrong.
  뭐가 잘 못 됐는지 콕 찍어서 말할 수가 없어.
- **04** *I was going to* tell you something, but I **can't put** my **finger on** what it was.
  너에게 뭔가 말을 하려고 했었는데 뭐였는지 기억이 안 나.

03 **put in a good word for** + 사람

~에 대해 좋게 말을 해주다, 추천이나 긍정적이게 말해 주다

- I will **put in a good word for** you with my boss.
  상사에게 너에 대한 말을 잘 해놓을게.
- I know the person who runs the PR team, so I will **put in a good word for** you.
  내가 홍보팀 운영하시는 분을 알고 있는데 너를 추천해 줄게.

04 **put the blame on** + 사람 ~를 탓하다, ~의 책임으로 돌리다

- He always **puts the blame on** others.
  그는 항상 다른 사람을 탓한다.
- It's not fair. You can't **put the blame on** your co-worker.
  그건 공정하지 않아. 너는 동료에게 책임을 돌릴 수 없어.

05 **put one's John Hancock on** ~에 서명하다

- She **put** her **John Hancock on** the contract yesterday.
  그녀는 어제 계약서에 서명했어.
- Did you **put** your **John Hancock on** the insurance form?
  그 보험 서류에 서명했어?

자세한 설명은
감각 더하기 에서!   **04** was/were going to + 동사원형

02 **put one's finger on**
꼬집어 내다

잘못된 부분이나 문제에 손가락을 딱 올려놓고 확실하게 지적할 때 사용하는 표현

예 I could put my finger on the problem and solve it.
나는 문제가 무엇인지 파악하고 해결할 수 있었다.

05 **put one's John Hancock on~** 서명하다

미국 독립선언서에 서명한 미국 애국자 중 한명인 존 핸콕은 모든 서명 중 자신의 이름이 독보이게 크게 서명을 하였는데, 자신을 드러냈던 것에서 유례된 것이 현재는 서명하다라는 의미로 주로 미국 영어에서만 사용

+ "서명하다"는 일반적으로 sign이라는 동사 사용

이디엄을 활용한 put 표현 중 회화에서 자주 쓰이는 필수 표현들을 선정해 예문과 함께 구성했습니다. 단순히 물건을 놓는 이미지를 넘어서, 어떤 상황에 놓이거나, 상황이나 내용을 전달하기 위해 말을 꺼내는 표현들로 확장된 의미를 반드시 이해하고 익히시길 바랍니다. 특히 이디엄은 표현과 의미를 정확히 익히지 않으면 대화를 이해하기 어려우므로, 각 표현의 뜻을 정확히 숙지해야 합니다.

감각 활용하기

01 **A** Your English has really **come a long way** since we last met. What's your secret?
우리 마지막에 만났던 이후로 너 영어 많이 늘었다. 비결이 뭐야?

B I **put my best efforts into** improving my English skills.
영어 실력을 향상시키는 데 심혈을 기울였어.

02 **A** There's something wrong with our team, but I **can't put my finger on** it.
뭐가 문제인지는 모르겠는데, 우리 팀이 뭔가 잘못되고 있는 것 같아.

B You've only been working as a manager for a month. **05** *It is just a matter of* time before you become a great team leader.
매니저로 일을 한 지 한 달 밖에 안 됐잖아. 훌륭한 팀 리더가 되는 건 시간에 달렸을 뿐이야.

03 **A** I'm looking for a part-time job, **06** *I was wondering if* you could **put in a good word for** me with your manager?
나 알바 구하고 있는데 너희 매니저님께 내 이야기 좀 잘 해줄 수 있을까?

B Sure thing. Let me talk to him first and I'll let you know if there's any job openings.
물론이지. 내가 그에게 먼저 말하고 일자리 공석이 있는지 알려줄게.

04 **A** I got into a car accident. I don't think it was my fault, but the driver's trying to **put the blame on** me.
차 사고가 났어. 내 잘못이 아니었는데 그 운전자가 나에게 책임을 돌리려고 하고 있어.

B I hope everything will be okay soon.
모든 게 괜찮아지길 바랄 뿐이야.

05 **A** This is the final contract. I think it's a great investment opportunity. **Put your John Hancock** right here.
이게 최종 계약서입니다. 제 생각에는 최고의 투자 기회라고 생각합니다. 여기에 서명하시면 됩니다.

B I'm not convinced yet. I need to go over the details of the final contract.
아직 확신이 서지 않아요. 최종 계약서를 자세하게 살펴봐야겠어요.

자세한 설명은 감각 더하기 에서!
05 It's a matter of + 명사
06 I'm wondering if + 주어 + 동사

tip

01 come a long way
크게 발전하다

"향상하다", improve라는 단어를 떠올리게 되는데, 먼 길을 걸어왔다는 것은 크게 발전하거나 우여곡절 끝에 회복하다는 뜻으로 사용

예 I've really come a long way since I started my new business.
새로운 사업을 시작한 이후로 많이 발전했어.

감각 더하기

01 be trying to decide whether + 주어 + 동사 + (or not)

~ 해야 하나 고민이야

무언가 해야 할지 말아야 할지 선택의 상황에서 고민을 할 때 사용할 수 있는 표현으로 일상회화에서 유용하게 쓸 수 있는 표현입니다.

I'm trying to decide whether + S + V. 여기서 whether 대신 if를 사용해서 *I'm trying to decide if + 주어 + 동사* 로도 표현 가능합니다.

- **I'm trying to decide whether** I should get my hair dyed **or not**.
  머리 염색을 해야 하나 말아야 하나 고민이야.

- **I'm trying to decide whether** I should stay longer here **or not**.
  여기서 더 오래 있어야 하나 말아야 하나 고민이야.

- **I'm trying to decide whether** I should take some medicine **or** go to see a doctor.
  약을 먹어야 하나 아니면 병원에 가야 하나 고민 중이야.

- **We're trying to decide whether** we should make dinner **or** eat out.
  저녁을 해먹을까 아니면 외식할까 고민 중이야.

- **He's trying to decide whether** he should quit his job.
  그는 일을 그만둘지 고민하고 있어.

02 Once + 주어 + 동사 , 일단 ~하면,

일상 속에 어떤 상황을 가정해서 이야기 할 때 사용할 수 있는 표현입니다.

- **Once** you watch that performance at the theater, your mind will be blown.
  한번 극장에서 그 공연을 보면, 너는 완전 반할 거야.

- **Once** you open up to me, you will feel more comfortable.
  일단 나한테 마음을 열고 털어 놓으면 마음이 더 편안해질 거야.

- **Once** you start something, you have to complete it.
  한번 무언가를 시작하면 그것을 (반드시) 끝내야 한다.

- **Once** you retire, you will have some time on your hands.
  일단 은퇴를 하면 너는 여가 시간이 남아돌 거야.

- **Once** you get the hang of using ChatGPT, it will come in handy.
  일단 챗GPT를 사용하는 요령을 터득하면 정말 유용할 거야.

---

tip

02 open up to + 사람
마음의 문을 열다

우리 나라 말에서도 누군가에게 마음의 문을 열다라는 말이 있듯이 "마음을 터놓다"라고 말 할 때 사용 가능

예 Are you ready to open up to me?
나에게 마음을 털어 놀 준비 됐어?

02 time on one's hands
여가시간

손 위에 시간이 올려졌다는 것은 시간이 많이 있는 것으로 이해하고 표현을 익히면 좋음

예 I have too much time on my hands.
시간이 너무 많이 남아 돌아.

+ 일반적으로 여가 시간은 free time. spare time을 사용

02 get the hang of 감을 잡다

hang은 사용법. 다루는 법. 요령이라는 명사로 어떤 것 에 대한 요령을 이해하거나 숙달 될 때 사용 할 수 있는 표현이며 우리말로 "감을 잡다"라는 말로도 사용 가능

예 It won't take a long time to get the hang of it.
감을 잡는데 시간이 많이 걸리지는 않을 거야.

03 The first thing I do is (to) + 동사원형

내가 제일 먼저 하는 것은 ~야

여러가지 할 일이 있을 때, 제일 먼저 해야 할 일이나, 우선으로 해야 하는 일을 표현할 때 유용하게 쓸 수 있습니다.

반드시 먼저 해야 할 일에 대해 말하고 싶을 때 *The first thing I have to do is ~.* "제일 먼저 해야 할 일은 ~이다."

- **The first thing I do** in the morning **is** turn off the alarm.
  아침에 내가 제일 먼저 하는 것은 알람을 끄는 거야.

- **The first thing I do** when I start work **is** go over the proposal.
  내가 회사에서 업무를 시작할 때 제일 먼저 하는 일은 제안서를 검토하는 거야.

- **The first thing I** have to **do** tomorrow morning **is** make a special cake for mom.
  내일 아침 제일 먼저 해야하는 일은 엄마를 위해서 특별한 케익을 만드는 거야.

- **The first thing you** have to **do is** check the weather forecast before you go out.
  외출하기 전에 제일 먼저 일기예보를 확인해야 해.

- **The first thing we** have to **do is** come up with a solution.
  우리가 제일 먼저 해야 하는 것은 최선의 해결책을 생각해 내는 것이다.

04 was/were going to + 동사원형 ~하려고 했는데

어떤 결심이나 의도를 가지고 무언가를 하려고 마음을 먹었으나, 실행에 옮기지 못했을 때 사용할 수 있는 표현입니다.

문장 구조를 보면 *be going to + 동사원형* "~할 예정이다"와 비슷하게 생겨서 헷갈릴 수 있다는 점 유의하세요.

- I **was going to** lose some weight before my wedding.
  결혼식 전에 살을 좀 빼려고 했는데.

- I **was going to** call you last night, but I couldn't.
  어제 너에게 전화하려고 했는데 못 했어.

- I **was going to** binge-watch Gossip Girl, but it is not available on Netflix.
  가십걸 몰아 보기 하려고 했는데, 이제 넷플릭스에서 이용할 수 없더라.

- We **were going to** grab some beer after work, but we didn't have time.
  퇴근하고 간단하게 맥주 하려고 했는데 시간이 없었어.

- We **were going to** go to the concert, but we couldn't. The tickets were sold out.
  우리는 그 콘서트에 가려고 했는데 갈 수 없었어. 티켓이 다 팔렸더라고.

tip

03 go over 검토하다

무언가를 자세히 살펴보거나 훑어 볼 때 쓸 수 있는 표현이며 어떤 내용을 확인하거나 절차를 설명할 때도 사용하며 업무나 절차 등을 숙지할 때도 쓰임

맥락에 따라 다양한 의미로 사용되기 때문에 맥락에 따라 어떤 의미로 사용되었는지 내용을 파악하는 게 필요

예 I would like you to go over the rules once more.
규칙을 한번 더 알려주셨으면 좋겠습니다.

05 It's a matter of + 명사   ~에 달린 문제다

언제 일어날 지는 확실히 모르지만, 언젠가 반드시 일어나게 될 일에 대해서 이야기할 때 "~ 달린 문제다"라는 말을 사용하곤 합니다. 보통 "시간에 달려있다"라는 표현을 제일 많이 사용하지만, 다양한 명사를 사용하여 여러가지 의미로 활용할 수 있으니 예문을 통해 확인해보고 훈련 해보세요.

*It's just/only a matter of + 명사 ~*를 사용해서 문장을 강조할 수 있다는 점도 참고하세요. 이 문장에서 matter이라는 단어를 '문제'로 해석해도 좋지만, '~에 달려있다'라고 외워두면, 일상생활에서 자연스럽게 사용할 수 있습니다.

- **It's a matter of** time before we figure out the solution to this problem.
  우리가 문제에 대한 해결책을 알아내는 건 시간 문제야.

- **It's just a matter of** time before she gets better.
  그녀가 좋아지는 건 시간 문제야.

- I did my best. **It's only a matter of** luck.
  나는 최선을 다했어. 이제 운에 달려있어.

- You don't have to get stressed out. **It's just a matter of** perspective.
  스트레스 받을 필요 없어. 그건 관점의 문제야.

- **It's not a matter of** if, but when.
  하는지 안 하는지 문제가 아니라, 언제인지가 문제야.

06 I'm wondering if + 주어 + 동사   ~인지 궁금해

"~해 줄 수 있어?"라는 표현을 떠올리면 Can you ~?를 사용하는데, 이 표현은 친한 사이나 가벼운 요청을 할 때 쓰입니다. 듣는 사람 입장에서 불편해지지 않게, 정중하게 질문을 할 때, 무엇을 할 수 있는지 가능여부를 물어보며 요청하거나 부탁할 때 사용합니다.

또한 *I was wondering if + 주어 + 동사* 는 상대가 하기로 했던 일을 했는지 물어볼 때도 사용할 수 있습니다.

- **I was wondering if** you were available this Wednesday.
  이번주 수요일에 시간이 괜찮으신 궁금합니다.

- **I was wondering if** you could give me a hand.
  나를 도와줄 수 있을 지 궁금해.

- **I was wondering if** you could lend me some money.
  혹시 니에게 돈을 좀 빌려줄 수 있는지 궁금해.

- **I was wondering if** we could put off the meeting for tomorrow.
  회의를 다음주로 연기할 수 있을까 궁금합니다.

- **I was wondering if** you'd like to go to the movies with me.
  혹시 나랑 영화 보러 가고 싶은지 해서.

tip

06 lend 빌려주다

이 단어는 "빌리다"로만 외우면 문장에서 활용할 때 헷갈릴 수 있기 때문에 표현을 정확하게 익혀두어야 함

+ lend 누군가에게 무언가를 빌려주다
  〈주어 + lend + 사람/사물〉

예 Can you lend me some money?
  돈 좀 빌려 줄 수 있어?

+ borrow 무언가를 빌려오다
  주어 + borrow + 물건 (from + 사람)

  예 Can I borrow your car?
    차를 빌릴 수 있을까?

PART
13

LEAVE

01 LEAVE | 출발하고 떠나다

leave [현재형] – left [과거형] – left [과거분사형]

 **감각 기르기**

01 **leave** + 장소   ~를 떠나다, 출발하다

- I need to **leave** the office early today.
  오늘 퇴근을 좀 일찍 해야 해.
- The train **left** the station at 5 o'clock sharp.
  기차는 5시 정각에 기차역을 출발했어.

02 **leave** + 회사/학교/기관   ~를 그만두다

- Do you expect him to **leave** the job?
  그가 일을 그만두는 걸 예상하는 거야?
- I'm going to **leave** school to pursue something more interesting than what I'm studying now.
  지금 하고 있는 공부보다 더 흥미로운 것을 하기 위해서 학교를 그만 둘 거야.

03 **leave** + 사람   ~와 결별, 이별하다

- **01** *I can't stand* the toxic relationship anymore, so I decided to **leave** him.
  더 이상 독이 되는 관계를 참을 수 없어서 그를 떠나기로 결심했어.
- You should not have **left** him in the first place.
  너는 애초에 그와 헤어지지 말았어야 했어.

04 **leave** + 물건   ~를 남기다, ~를 두고 오다, 맡기다

- He **left** a million dollars to his daughter.
  그는 딸에게 백만달러를 (유산으로) 남겼어.
- Please **leave** my package at the security office if I'm not home.
  제가 집에 없으면 소포를 경비실에 맡겨 주세요.

05 **leave** + 목적어 + 형용사   ~를 ~한 채로 (남겨)두다

- Can we **leave** the windows open for some fresh air?
  우리 환기를 위해 창문들을 좀 열어 둘까?
- When you fill out the form, please **leave** the optional fields blank if they do not apply to you.
  양식 작성을 할 때 해당되지 않은 선택항목들은 비워 두시기 바랍니다.

자세한 설명은
감각 더하기 에서!   **01** can't stand + 명사

---

tip

03 **in the first place** 애초에

'처음부터, 애당초'라는 의미로 해석되며 근본적인 계기나 이유 등을 설명하거나 잘 못된 결정을 지적하거나 언쟁이 있을 때 반박하는 표현으로 사용

예 Why did you buy that expensive bag in the first place if you couldn't afford it?
살 금전적인 여유도 없었으면서 애초에 왜 그렇게 비싼 가방을 샀어?

leave는 "떠나다" 외에도 다양한 표현으로 활용됩니다. 〈leave + 장소〉 형태는 전치사 없이도 "떠나다, 출발하다"는 의미로 쓰이며, 학교, 회사, 기관 등을 그만두는 뜻도 가집니다. 사람과 이별하거나, 물건을 두고 오거나 맡기는 상황에도 사용됩니다. 또한 목적어를 어떤 상태로 방치하거나 내버려두다는 의미도 있으니 함께 익혀두시길 바랍니다.

감각 활용하기

01 **A** When are you leaving?
언제 떠날 거야?

B I'm going to **leave** here the day after tomorrow. Can you take me to the airport?
여기서 모레 출발할 거야. 공항까지 데려다 줄 수 있어?

02 **A** Why did you want to **leave** your company?
회사를 왜 그만두고 싶었어?

B I **02** *had doubts about* my job, and I **03** *had an issue with* my co-worker.
나는 일에 대한 확신이 없었고 동료랑 문제가 있었어.

03 **A** I think it's better for us to break up. I **feel so drained**. You don't seem to care about me when you spend time with your friends.
내 생각에는 우리 헤어지는 게 좋겠어. 나 정말 지친다. 너는 친구들이랑 시간 보낼 때는 나는 안중에도 없잖아.

B Please don't **leave** me. I'll never do that again.
제발 나를 떠나지 마. 다시는 그러지 않을게.

04 **A** You don't look so good. What's the matter?
안 좋아 보이는데 무슨 일 있어?

B **04** *I was about to pay* the bill, but I couldn't find my wallet. I think I **left** it in the taxi.
내가 막 계산을 하려고 했는데 지갑을 찾을 수 없었어. 택시에 두고 내렸나 봐.

05 **A** My bother **left** the house messy. I can't believe how messy it is. It's **driving me crazy**.
남동생이 집을 엉망으로 만들어 놨어. 얼마나 지저분한지 몰라. 미치겠어.

B I understand how frustrating that can be. Maybe you can talk to your brother and ask him to clean up next time.
이 상황이 얼마나 답답한지 이해해. 동생한테 말해서 다음에는 청소하라고 부탁하면 될 것 같아.

자세한 설명은
감각 더하기 에서!
02 have doubts about
03 have an issue with
04 be about to + 동사원형

tip

03 **feel drained**
지치다, 기가 빨린다

drain "(힘, 돈) 빼내 가다(소모시키다)" 라는 의미가 있으므로 진이 빠진 상태를 표현할 때 사용

예 I totally feel drained today.
나 오늘 완전 진 빠진다.

+ 기진 맥진한 상태를 표현할 때 be exhausted "기진맥진하다"라는 것도 함께 알아두자!

05 **drive + 사람 + crazy**
미치게 하다

주어가 어떤 사람을 짜증나게 하거나 미치게 만들 때 사용하는 표현으로 여기서 drive는 어떤 사람을 극단적인 상태로 몰아가는 것을 뜻함

+ 유사 표현
drive + 사람 + insane/nuts/mad
예 You are literally driving me insane.
너 진짜 날 완전 미치게 한다.

+ 유의 표현
nuts mad

02 LEAVE | 구동사 활용

 감각 기르기

01 **leave for** + 장소 ～를 향해 가다

"～를 향하여 출발하다, 떠나다"를 떠올리면 <leave to+장소>로 사용하는 경우가 많은데 전치사 for을 사용해야 함

- We will **leave for** Japan in 2 hours.
  우리는 2시간 후쯤 일본으로 출발해.

- They already **left** here **for** Singapore.
  그들은 이미 여기를 떠나 싱가포르로 갔어요.

02 **leave out** 빠뜨리다, 제외하다

- Tell me the truth, don't **leave** anything **out**.
  아무것도 빠트리지 말고 나에게 사실대로 말해.

- I accidentally **left out** an important detail when making the slides for the presentation.
  발표를 위한 슬라이드를 만들 때 실수로 중요한 세부 사항을 빠뜨렸어요.

03 **leave** + 사람 + **alone** ～를 내버려두다

- For God's sake, please **leave** me **alone**.
  제발 좀 나를 내버려 둬.

- Don't bother your sister and **leave** her **alone**.
  언니 귀찮게 하지 말고 내버려 둬.

04 **leave** + 물건 + **behind** ～를 깜빡하거나 잊어버리고 오다

- I bought some items a few hours ago, but I think I **left** one of the items **behind**.
  몇 시간 전에 여기서 물건을 샀는데 그중 하나를 가지고 오지 않았네요.

- Please don't **leave** any of your belongings **behind**.
  남겨두는 소지품 없이 잘 챙겨 가시길 바랍니다.

05 **leave off** ～를 중단하다, 멈추다

- Where did I **leave off**?
  어디까지 말했지?

- Let's **leave off** discussing the topic for now.
  우선은 그 주제에 대한 논의를 여기까지 합시다.

tip

03 **For God's sake** 제발, 좀

"아, 쫌!!!" 뭔가 짜증이나 화가 나거나, "아무쪼록!" 부탁한다는 의미로 please나 come on보다 강하게 표현할 때 사용

종교인들의 입장에서는 신을 모독하는 표현으로 금기시하는 경우가 있으나 원어민이 자주 사용하는 표현

📧 For God's sake, stop bugging me.
아, 제발 좀!! 나 좀 그만 괴롭혀.

+ 유사 표현 : For Christ's sake

〈leave for + 장소〉는 "어떤 곳을 향해 떠나다"는 뜻입니다. leave out은 무언가를 빠뜨리거나 제외하다는 의미로, leave somebody/something alone은 방해하지 않고 혼자 내버려두다는 뜻입니다. leave ~ behind는 물건이나 소지품을 어딘가에 두고 오는 상황, 특히 안내방송 등에서 자주 들을 수 있습니다. leave off는 무언가를 중단하거나 멈추다는 표현으로 익혀두면 좋습니다.

감각 활용하기

01
A How about meeting up before you **leave for** New York?
네가 뉴욕으로 떠나기 전에 우리 만나는 거 어때?
B I'm sorry, but I don't have enough time to do that.
아쉽지만 충분한 시간이 없어서 그럴 수가 없어.

02
A Have I **left** anything **out**? I can't just wing it.
내가 뭐 언급하지 않은 거 있나? 이거 대충 할 수 없어.
B Nothing's left out.
빠트린 거 없어요.

03
A I asked Jessica what was going on yesterday, but she told me to **leave** her **alone**.
어제 제시카한테 무슨 일이 있는지 물어봤는데 혼자 내버려두라고 하더라고.
B Sometimes, people just need their own space. Maybe she was feeling that way. We should give her the benefit of the doubt to be more supportive.
가끔 사람들은 자신만의 공간이 필요해. 아마 그녀도 그런 마음이었을 거야. 우리 일단 그녀를 지원해 주기 위해서 믿어주는 게 좋겠어.

04
A Where did you leave your bag?
가방은 어디에 두고 왔어?
B I **left** it **behind** at the library because I was in a hurry. After lunch, I will go back there to study a bit more.
서둘러 나오느라 도서관에 두고 왔어. 점심 먹고 도서관에 다시 가서 공부 좀 더 할 거야.

05
A I watched the movie that was just released yesterday, and it was incredible.
어제 개봉한 영화 봤는데 정말 엄청났어.
B Oh, really? Is that the movie we were talking about a few days ago? Then, don't spoil it for me. I'll go watch it.
오, 정말? 며칠 전에 우리가 이야기했던 영화? 그럼 스포하지 마. 나 보러 갈 거야.
A Absolutely. I won't give anything away. I'll stop here. By the way, let's discuss our travel plans we **left off** yesterday.
당연하지. 아무것도 말 안 할 거야. 그만 말할게. 그건 그렇고 어제 말하다가 만 여행 계획에 대해 의논하자.

tip

02 **wing it**
준비없이 즉흥적으로 하다

wing은 부속 건물을 표현하기도 하지만, 무대 양 옆에 대기 장소를 의미하기도 함

그곳에서 짧게 연습하고 바로 무대에 오른다는 의미로, 무언가를 즉흥적으로 한다고 표현할 때 사용

예 I will just have to **wing it**.
그냥 즉흥적으로 해야 할 것 같아.

+ 유의어 : play it by ear

03 **give + 사람 + the benefit of the doubt**
속는 셈 치고 믿어 주다

"의심의 이점을 가져다준다"는 일말의 희망을 보는 것으로, 어떤 상황에 대한 정확한 증거나 물증이 없기 때문에 일단 신뢰를 가지고 "속는 셈 치고 믿어준다"는 의미로 사용

예 Please give me the benefit of the doubt.
속는 셈 치고 나를 믿어줘.

05 **Don't spoil it for me!**
미리 말하지 마!

spoil은 여러 의미 중 "흥미를 깨다"라는 뜻이 있으므로 드라마나 영화, 책 등의 결말을 말하려고 하는 사람에게 쓸 수 있음

+ 동의어 : No spoiler, please.
예 No spoiler please. I'm bingewatching it.
제발 스포하지 마. 나 그거 정주행 중이야.

03 LEAVE | 동사를 활용한 이디엄

 **감각 기르기**

• tip

01 **leave no stone unturned**

모든 수단을 동원해서 찾아보다, 백방으로 손을 쓰다

- I will **leave no stone unturned** until I find the phone.
  핸드폰을 찾을 때까지 모든 방법을 동원할 거야.

- Although the police **left no stone unturned**, he couldn't find them.
  경찰은 그들을 백방으로 찾으려고 했지만 찾을 수 없었다.

02 **leave well enough alone** 긁어 부스럼 만들지 마

- **05** *You're better off* **leaving well enough alone**.
  너는 개입하지 않는 게 나을 것 같아.

- My boss wants me to **leave well enough alone**.
  상사는 내가 긁어 부스럼 만들지 않기를 원해.

03 **take it or leave it** 받아들일지 말지 선택해

- I can only offer you this job on a part-time basis, **take it or leave it**.
  저는 파트타임으로만 제안을 드릴 수 있으니 그 제안에 대해 선택하시면 돼요.

- It's not a **take it or leave it** situation.
  이건 선택을 할지 말지에 대한 상황이 아니야.

04 **leave** + 사람 + **high and dry**

어려운 상황에 처하게 하다

- He **left** me **high and dry** on such an important project.
  중요한 프로젝트인데 그가 나를 난처하게 했어.

- I don't want to **leave** you **high and dry**.
  나는 너를 어려운 상황에 처하게 하고싶지 않아.

05 **leave** + 사람 + **to one's own devices**

~의 뜻(방식)대로 하게 내버려두다

- Let's **leave** him **to his own devices**.
  그가 마음 내키는 대로 하게 두자.

- I **leave** my kid **to his own devices** during the weekend.
  나는 주말 동안에는 아이 뜻대로 맡겨둬.

자세한 설명은 **05** be better off + Ving
감각 더하기 에서!

tip

01 **leave no stone unturned**
백방으로 손을 쓰다

보물찾기를 하거나 잃어버린 물건을 찾을 때 돌을 뒤집어서 샅샅이 찾아보는 이미지를 떠올려 볼 수 있는데 무언가를 찾기 위해 뒤집어 보지 않은 돌이 없도록 샅샅이 찾아본다는 의미로 사용

02 **leaving well enough alone**
긁어 부스럼 만들지 마

leave의 의미 중, "~한 채로 남겨두다"에서 파생되어, 그 상태로 남겨두어도 충분히 괜찮고 잘 되고 있다는 뜻으로, 더 이상 무언가 하려고 하지말고 현상태를 유지하라고 할 때 사용

+ 유의어 : let well enough alone

04 **leave** + 사람 + **high and dry**
~를 어려운 상황에 처하게 하다

썰물 때 배가 좌초되어 움직일 수 없는 상태를 묘사한 것으로 무력하고 먹고 살기 막막한 상황을 표현

"주어가 어려움에 처하다"라고 말을 하고싶을 때는 '주어 be left high and dry' 형태로 표현 가능

05 **leave** + 사람 + **to one's own devices**
뜻대로 하게 내버려 두다

device는 "장치"라는 의미도 있지만, devices "(특정한 결과나 효과를 낳는) 방식, 책략"이라는 뜻도 있으므로, "~의 방식대로 남겨 놓다"의 의미는 "~뜻에 맡기다"라는 뜻

leave가 사용된 이디엄은 겉으로 보면 직역이 어려운 표현이 많기 때문에, 예문 전에 제시된 설명을 바탕으로 이해한 후 익히는 것을 권장합니다. 대부분은 leave의 의미 중 "~한 채로 남겨두다"에 기반 하며, 그 뒤에 어떤 표현이 연결되느냐에 따라 다양한 뜻으로 확장되므로, 각 이디엄의 의미를 정확히 숙지해두는 것이 중요합니다.

감각 활용하기

01 **A** I'm determined to find a solution to this problem.
이 문제에 대한 해결책을 찾기로 결심했어.

B That's the spirit! Let's **leave no stone unturned**.
그렇지 바로 그거야! 우리 모든 수단과 방법을 동원하자.

02 **A** I've been thinking about redecorating the living room.
거실 장식을 다시 할까 생각 중에 있어.

B I understand where you're coming from, but it is best to **leave well enough alone**.
네가 왜 그렇게 생각하는지 이해하는데 그대로 두는 게 제일 좋을 때도 있어.

03 **A** I'm offering you $600 for that used camera.
That's my final offer. **Take it or leave it**.
그 중고 카메라는 600달러 제안합니다. 이제 최종 제안입니다. 거래할지 말지 선택하세요.

B Well, I am hoping to get a bit more for it.
좀 더 받고 싶은데요.

04 **A** My landlord decided to sell the apartment without giving me proper notice. I'm **left** completely **high and dry** with no place to live. What am I going to do?
집주인이 제대로 된 공지도 안 주고 집을 팔기로 했어. 나 오갈 곳 없는 신세가 됐어. 이제 어떻게 해야 해?

B Well, I am actually looking for someone to move in.
How about you move in?
음, 나도 이사 들어올 사람을 찾고 있는 중인데 우리 집으로 이사 들어오는 건 어때?

A Oh really? That's such a weight off my shoulders.
오, 정말? 정말 마음이 놓인다.

05 **A** I want to handle it on my own **06** *as long as* I have enough time to do it.
충분한 시간이 있기만 한다면 혼자서 처리하고 싶어.

B Alright, I'll **leave** you **to** your **own devices** then.
Let me know if you need any help.
알겠어. 원하는 방식대로 해보고 도움이 필요하면 알려줘.

자세한 설명은 **감각 더하기** 에서! **06** as long as + 주어 + 동사, 주어 + 동사

---

tip

01 **That's the spirit!**
그렇지 바로 그거야!

spirit은 "정신, 영혼, 기분" 등을 뜻함

정비된 마음으로 정신을 잘 가다듬고 임하는 자세를 응원해 줄 때 사용

예 That's the spirit! You can make it.
바로 그런 자세야. 넌 해낼 수 있어.

02 **I understand where you're coming from**
너의 생각을 알겠어.

where 주어 is/are coming from 는 상대의 의중이나 생각 그리고 느낌 이 무엇인지 알거나 이해할 때 사용

+ understand 대신 see/get 사용 가능
예 I see where you're coming from.
네가 왜 그러는 지 이해해.

04 **a weight off one's shoulders**
부담을 내려놓는

양쪽 어깨에 놓여있는 무게를 떼어 버린다는 것은 책임을 느끼고 있는 것에 대해 부담을 덜거나 걱정을 하지 않아 도 된다라는 뜻

예 It's a real weight off my shoulders.
진짜 부담을 덜었어.

01 can't stand + 명사   ~를 참을 수 없다, 견딜 수 없다

stand는 동사로 "서다"라는 의미가 기본적으로 알려져 있지만, '참고, 견디다'라는 의미도 영어회화에서는 자주 사용하므로 알아두면 유용합니다.
어떤 상황이나 타인의 행동 등이 견딜 수 없을 때 쓸 수 있습니다.

- I **can't stand** a traffic jam in rush hour.
  출퇴근 시간에 교통 체증이 있는 건 참을 수가 없어.

- I **can't stand** the people who are always late.
  항상 늦는 사람들을 견딜 수가 없어.

- Please hold the cilantro. I **can't stand** it. It tastes like soap.
  고수 좀 빼주세요. 저는 그거 못 먹어요. 비누향 같은 맛이 나요.

- I **can't stand** the scorching hot weather.
  타는 듯한 더위를 참을 수가 없어.

- I **can't stand** his behavior anymore.
  그의 행동을 더이상 참을 수가 없어.

02 have doubts about   ~에 대해 확신이 없다, 의심이 든다

doubt이라고 해서 사람에 대한 의심만 표현하는 것이 아니라, 어떤 상황에 대해서 확신이 서지 않거나 의심이 들 때 쓸 수 있는 표현입니다.

- I **have doubts about** whether I made the right decision.
  내가 제대로 된 결정을 내렸는지 확신이 들지 않아.

- I'm **having doubts about** my relationship with you.
  너와의 관계에 대해서 잘 모르겠어.

- He **has doubts about** her ability to complete the project on time.
  그는 그녀가 프로젝트를 제시간에 끝낼 수 있는 능력이 있는지 확신이 없다.

- We **have** a lot of **doubts about** her background.
  우리는 그녀의 배경에 대해 많은 의구심을 가지고 있어.

- I got a driver's license, but I still **have doubts about** my driving skills.
  운전면허증을 취득했지만, 여전히 내 운전 기술에 의심이 들어.

---

tip

01 scorching hot 폭염

모든 것을 태워 버릴 듯한 무더운 여름을 표현할 때 사용할 수 있는 표현

🔲 It's scorching hot today. The heat is getting to me.
오늘 정말 덥다. 나 더위 먹었어.

+ 유의어
sizzling hot 푹푹 찌는 더위
sweltering hot 숨막히는 더위

03 have an issue with ~와 문제가 있다, 불화가 있다

issue라는 단어는 여러가지 의미를 지니고 있는데, 이 표현에서는 어떤 상황에서 불만이나 문제가 있거나 사람과 함께 사용하면 불화가 있음을 의미합니다.

- I **have an issue with** my big presentation.
  It makes me extremely nervous.
  중요한 회의 때문에 문제가 있어. 그것 때문에 심하게 떨려.

- I **had an issue with** the unstable internet connection while I was working from home.
  집에서 재택근무 하는 동안 인터넷 연결이 불안정한 것 때문에 문제였어.

- I have been **having an issue with** my husband because he is not equally sharing the responsibility of taking care of our kids.
  아이들 돌보는 것에 대한 책임을 남편이 균등하게 나누지 않는 것 때문에 남편이랑 문제가 있어.

- Did you **have any issues with** your boss?
  너의 상사와 문제들이 있었니?

- Don't worry. I don't **have any issue with** my parents.
  걱정마. 나는 부모님이랑 아무런 문제가 없어.

04 be about to + 동사원형 막 ~하려고 하다

어떤 동작을 하기 바로 직전의 상황을 표현하는 것으로 "막 ~하려고 하다/~하려는 참이야"라고 해석하며, 어떤 물건의 상태가 무언가를 할듯 말듯한 것을 나타낼 수도 있습니다.

과거에 "~하려고 했다"라고 표현할 때는 be동사의 시제를 과거로 사용하면 됩니다. (*주어 + was/were about to + 동사원형*)

- I **am about to** make a decision. Don't rush me.
  막 결정을 하려던 참이야. 재촉하지 마.

- I have plans with my friend. So I **am about to** go out.
  친구랑 약속이 있어서 막 외출하려고 하는 참이야.

- My brother **is about to** start the new job next week.
  내 남동생은 다음주에 새로운 일을 시작하려고 해.

- We **are about to** order some food.
  우리가 막 주문을 하려던 참이예요.

- I **was** just **about to** call you.
  너에게 막 전화를 하려고 했어.

─ tip ─

04 **have plans** 약속이 있다

친구를 만나는 개인적인 약속이나 특별한 활동을 하기 위한 선약을 표현할 때는 have plans를 쓸 수 있음

꼭 plans −s를 붙여서 사용해야 하는 점 기억하기!

예 Do you have any plans for tonight?
오늘 저녁에 뭐 할거 있어?

+ have an appointment
이 표현은 일정을 잡고 비즈니스로 인해 고객을 만나거나 의사나 치과에 예약을 잡고 갈 때 혹은 회의나 면접에 대한 일정을 잡았을 때 사용

05 **be better off** + Ving   ~하는 편이 낫다

어딘가로부터 떨어지니 더 좋다는 뜻은 첫번째로는 경제적으로 상황이 예전보다 살만해졌다는 의미로 해석할 수 있습니다.

더불어 비교되는 상황이 있을 때, "~하는 게 더 낫다"는 의미로도 사용 가능합니다.

- I **am better off** than before.
  나는 (경제) 상황이 전보다 좋아졌어.

- My family **is** much **better off** now that my mom and dad are both working.
  엄마랑 아빠 두분 다 일을 하시면서 우리 집 형편이 더 좋아졌어.

- I **am better off** starting to study now rather than cramming for my midterm exam.
  중간고사를 벼락치기로 공부하는 것 보다는 공부를 지금 시작하는 편이 좋겠어.

- You**'re better off** leaving now to avoid traffic.
  교통 체증을 피하기 위해서는 지금 출발하는 게 좋을 거야.

- We would **be better off** practicing a little every day.
  우리는 조금이라도 매일 연습을 하는 편이 좋을 것 같아.

06 **as long as** + 주어 + 동사 , 주어 + 동사

~하기만 한다면, ~하는 한

"~하기만 한다면, 어떤 조건이 충족된다면" 그에 대한 결과를 얻게 되거나, 타인에게 허락을 하는 것으로 사용할 수 있습니다.

*as long as + 숫자*는 "~만큼이나"라는 의미로, 강조할 때 사용되기도 하고,

*as long as + 기간*은 "~하는 동안"이라는 뜻으로 쓰이기도 합니다.

- You can leave early today **as long as** you finish all your work by the deadline.
  마감일까지 모든 일을 끝낼 수 있으면 오늘 일찍 퇴근할 수 있어.

- I can lend you my laptop **as long as** you promise to be careful.
  조심히 다룬다고 약속하기만 하면 내 노트북 빌려줄 수 있어.

- **As long as** we're together, I'm always on your side.
  우리가 함께하는 한 나는 언제나 너의 편이야.

- I don't mind if you stay up late **as long as** you get up early tomorrow.
  내일 일찍 일어나기만 한다면 오늘 늦게까지 깨어 있어도 괜찮아.

- I can support you financially until you get into the finest university **as long as** you study harder.
  네가 공부를 열심히 한다면 좋은 학교에 들어갈 때까지 재정지원을 할 수 있어.

tip

06 **get into** 입성하다

이 표현은 상황에 따라서 다양한 의미로 사용되는데 기본적으로 어떤 특수 분야나 장소 혹은 전문직종에 "들어가다"라는 뜻이 있음

How did you get into this field?
이 분야에 몸담게 된 계기는 뭐 였어요?

또한 어떤 주제에 대한 이야기를 시작하고 자세한 내용으로 들어간다고 표현할 때도 사용할 수 있음

We don't have to get into the details.
우리 자세한 이야기는 할 필요 없어.

+ Do you have any plans for tonight?
오늘 저녁에 뭐 할거야 있어?

PART
14

CATCH

01 CATCH | (물건부터 추상적인 것을) 잡다

catch [현재형] – caught [과거형] – caught [과거분사형]

 감각 기르기

01 catch + 움직이는 사물/사람 ～를 잡다

- Can you **catch** the ball?
  공 좀 잡아 줄 수 있어?

- He never gave up trying to **catch** the criminal.
  그는 그 범인을 잡기 위해 노력하는 것을 결코 포기하지 않았다.

02 catch + 교통수단 (시간에 맞춰서) ～을 타다

정해진 시간 안에 교통수단을 잡아서 타거나 특정 장소까지 가서 이용해야 한다는 의미

- I was in a hurry to **catch** the train.
  나는 기차를 타기 위해 서둘렀다.

- You can **catch** the shuttle bus to the airport in front of the hotel.
  호텔 앞에서 공항으로 가는 셔틀 버스를 탈 수 있습니다.

03 catch + 어떤 행동이나 나쁜 짓을 하고 있는

　　　　　　　　　　　　～을 발견하다, 목격하다, ～를 잡다

- She **caught** me looking at her.
  그녀를 쳐다보는 나를 발견했다.

- I **caught** the boy stealing money from my wallet.
  그 남자 아이가 내 지갑에서 돈을 훔치는 걸 잡았어.

04 catch + 영화/TV/경기 등 ～을 보다

- **01** *Are you free to* **catch** a movie with me tonight?
  오늘 저녁에 나랑 영화 볼 시간 있니?

- Let's **catch** a soccer game on TV tonight.
  오늘 밤에 TV에서 축구 경기하는 거 보자.

05 catch + 감기/전염병 등 ～에 걸리다

- I've **caught** a cold and I have a severe cough.
  감기에 걸렸는데 기침이 심해요.

- After **catching** COVID, it took a toll on my dad's immune system.
  코로나에 걸린 이후로 아빠의 면역력이 떨어졌어요.

자세한 설명은
감각 더하기 에서!　　**01** Are you free to + 동사

tip

04 catch a movie 영화를 보다

+ catch a flick
flick은 동사로 잽싸게 움직이다라는 표현과 더불어 명사로 영화라는 의미가 있음. 영화를 보다 라는 의미로도 사용

　예 Do you want to go catch a flick tonight?
오늘 밤 영화 보러 가고 싶어?

05 take a toll on
　　　　　악영향을 끼치다

어떤 것에 손실을 가져오거나 안 좋은 영향을 끼칠 때 사용

　예 COVID-19 took a huge toll on the economy.
코로나는 경제에 엄청난 영향을 끼쳤다.

catch는 "움직이는 것을 잡다"는 의미에서 출발합니다. 교통수단과 함께 쓰면 떠나기 전 그것을 잡아탄다는 뜻이 되고, 영상과 함께 쓰면 움직이는 장면을 눈으로 잡는 이미지로 "영상을 보다"는 의미가 됩니다. 감기나 전염병과 함께 쓰이면, 바이러스를 잡는다는 개념에서 "질병에 걸리다"로 해석됩니다. 기본 이미지를 이해하고 응용하면 다양한 회화 표현에 효과적으로 활용할 수 있습니다.

감각 활용하기

01
A How was your fishing trip?
낚시 여행 어땠어?

B It was great. And my dad taught me how to **catch** fish.
You've got to come along with us the next time.
좋았어. 아빠가 물고기를 어떻게 잡는지 가르쳐줬어. 너도 다음 번에 우리랑 꼭 같이 가자.

02
A **02** *We're supposed to* be here at 6:15. Where are you?
Have you checked the train schedule?
우리 6:15분에 만나기로 했잖아. 어디야? 기차 시간은 확인했는지?

B Yeah, I know. We need to **catch** the 6:30 train.
I'm on my way and almost there.
응, 알지. 우리 6:30분 기차 타야하잖아. 가고 있고 거의 다 왔어.

03
A My mom **caught** me sneaking out late at night.
I'm grounded for a week.
늦은 밤에 나가다가 엄마한테 걸렸어. 나 일주일 동안 외출 금지야.

B I'm sorry to hear that, but you did something wrong.
유감이긴 한데 네가 잘못했네.

04
A It was frustrating. I was caught in a traffic jam for one hour.
But you know what? Despite the delay, I was still able to
catch the movie from the middle.
차가 막혀서 한 시간 동안 꼼짝도 못해서 짜증이 났어. 근데 그거 알아? 늦었는데도 영화 중간부터 볼 수 있었어.

B Oh, that's lucky! So, did you enjoy the movie overall?
오, 운이 좋았네. 영화는 전체적으로 재미있었어?

A Definitely! **03** *I'm curious about* the beginning, so I'll make
time to watch it again later.
물론이지! 영화 첫 장면이 궁금해서 나중에 시간 내서 영화 다시 보려고.

05
A It's a bit nippy out. **04** *Be careful not to* **catch** a cold.
밖에 좀 쌀쌀하네. 감기 걸리지 않게 조심해.

B Thank you. I'll make sure to bundle up.
고마워. 꼭 옷 따뜻하게 입을게.

자세한 설명은
감각 더하기 에서!
02 be (not) supposed to + 동사
03 be curious about + WH + to + 동사
04 be careful not to + 동사

153

02 CATCH | 알아듣다, 불이 붙다 / 구동사 활용

 **감각 기르기**

01 **catch** 알아듣다, 이해하다

- I'm sorry, but I didn't **catch** your name.
  죄송합니다만 성함을 못 들었어요.

- She is a fast learner. She easily **catches** the main idea of the lesson.
  그녀는 진짜 빨리 배워. 수업에 대한 주요 내용을 수월하게 이해해.

02 **catch** + 불 등 ～이 붙다

catch 명사 "~에 불이 붙다"라고 사용할 수 있고 구어체에서는 종종 catch on ~으로 사용 하는 것을 볼 수 있음

- There was a car accident on the road yesterday and the car **caught** fire.
  어제 도로에서 차 사고가 있었는데 차에 불이 붙었어.

- The house **caught** fire and he lost everything.
  그 집에 불이 붙어서 그는 모든 것을 잃었다.

03 **catch up on/with** ～를 만회하다, 밀린 이야기를 나누다

- I just want to go home and **catch up on** some sleep.
  나는 그냥 집에 가서 밀린 잠을 자고 싶어.

- I did a lot of **catching up with** my friends last weekend.
  나는 지난주에 친구들과 밀린 이야기를 많이 나눴어.

04 **catch on** 이해하다, 유행하다

- It took me a long time to **catch on** to the new job, but I got the hang of it in the end.
  나는 새로운 일을 이해하는데 시간이 걸렸지만 결국은 감을 잡았어.

- Bucket hat is **catching on** again.
  벙거지 모자가 다시 유행하고 있어.

05 **get caught** ～가 걸리다, 끼이다

get caught Ving ~행위를 하다가 잡히거나 걸리는 것을 표현

- My bag **got caught** between the automatic doors.
  내 가방이 자동문에 꼈어요.

- The paper **got caught** in the printer.
  종이가 프린트에 꼈어요.

---

tip

---

03 **catch up on** ～를 만회하다

밀려있는 집안일이나 일을 처리 하거나 부족한 잠이나 일상에서 해야 할 것을 보충 할 때 사용

예 I have a lot of work to catch up on.
해야 하는 밀린 일이 많아.

+ catch up with + 사람
밀린 이야기를 나누다. ～를 따라잡다
친구나 지인을 오랜만에 만나서 그 동안 밀려있던 소식이나 근황 이야기를 나눌 때

예 It's been forever. Let's catch up over dinner sometime.
오랜만이다. 언제 저녁 먹으면서 밀린 이야기 나누자

물리적으로 앞서가는 사람을 따라잡을 때나 약속 장소에 먼저 도착해 있는 사람과 나중에 만나기로 할 때

예 I will catch up with you later. 나중에 만나자.

+ catch up with + 학업, 업무, 목표
～를 따라잡다
여러 이유로 생긴 공백이나 지연을 만회하거나 진도를 따라잡을 때 사용

예 I need to catch up with my work after my sick leave.
병가 이후로 내 업무를 따라잡아야 해.

154

catch는 누군가의 말이나 소리를 듣거나 이해하다는 의미로도 쓰입니다. 불이 붙는 상황도 catch로 표현할 수 있습니다. catch up은 단순히 누군가를 따라잡는 것뿐 아니라, 밀린 일이나 집안일을 처리하거나, 다시 연락을 주고받을 때도 사용됩니다. get caught는 잡히거나 어디에 걸린 상황을 나타내며, 상태보다는 동작의 순간을 강조하므로 be동사보다 get동사를 사용하는 것이 자연스럽습니다.

감각 활용하기

01 **A** I'm thinking of buying Sarah the coffee machine she wanted for her housewarming gift.
세라 집들이 선물로 그녀가 원했던 커피 머신 사 줄까 생각 중이야.

B I'm sorry, I didn't **catch** what you just said. Can you please repeat that?
미안해. 뭐라고 말했는지 못 들었어. 다시 말해 줄 수 있어?

02 **A** You don't want anything to **catch** fire. You need to keep the candle away.
불을 내고 싶지 않을 테니까. 초 멀리 떨어트려 놓는 게 좋겠어.

B Oh, you're right. I'll be careful and make sure the candle is placed in a safe spot.
오, 맞아. 조심하고 초를 안전한 곳에 놓을 게.

03 **A** Hurry up, we don't have time to waste. The staff dinner starts at 7 o'clock.
서둘러. 꾸물거릴 시간 없어. 회식이 7시에 시작해.

B I have a project that I have to finish by today. You go ahead. I will **catch up with** you soon.
내가 오늘까지 끝내야 하는 프로젝트가 있어서. 먼저 가. 곧 뒤따라 갈게.

04 **A** Hey, how's your experience with making video clips on your smartphone?
안녕. 스마트폰으로 비디오 클립 만드는 거 어때?

B Well, it was a bit complicated at first. But after a few tries, I was able to **catch on**. Now, I'm focusing on creating thumbnails that catch people's eyes.
처음에는 좀 복잡했지만, 몇 번 시도하니까 (어떻게 만드는지) 이해되더라고. 이제는 사람들의 눈길을 사로잡는 썸네일을 만드는 데 집중하고 있어.

05 **A** How did the exam go?
시험 어떻게 봤어?

B Not so well. I **got caught** cheating on it by the teacher. She said she'd let me off this time but warned me not to do it again.
안 좋아. 커닝하는 거 선생님한테 걸렸어. 선생님이 이번에는 봐준다고 말씀하셨는데 다시는 그러지 말라고 경고하셨어.

tip

04 **catch one's eye**
눈길을 사로잡다

누군가의 눈을 잡았다는 것은 "눈길을 끌다"라는 의미로 해석되며 종종 사용되는 유용한 표현

㉫ The dress in the window caught my eye.
진열장의 드레스가 내 눈을 사로 잡았어.

05 **let 사람 off** 봐주다

안좋은 행동을 했을 때 처벌을 하지 않거나 가벼운 처벌을 통해 봐주거나 벌을 주지 않는다는 의미로 사용

㉫ I won't let you off next time.
다음번에는 봐주지 않을 거야.

03 CATCH | 동사를 활용한 이디엄

 감각 기르기

01 **get caught up in** ~에 휘말리다, 연루되다

- I don't want to **get caught up in** this scandal.
  나는 스캔들에 휘말리고 싶지 않아.

- I **got caught up in** the excitement of the concert and lost track of time.
  콘서트의 흥에 사로잡혀 시간 가는 줄 몰랐어.

02 **catch** + 사람 + **at a bad time** 곤란할 때 연락, 이야기하다

- Am I **catching** you **at a bad time**?
  통화하기 어려운 상황이야?

- You've **caught** me **at a bad time**. Let's talk about it later.
  지금은 내가 이야기하기가 좀 곤란해. 나중에 이야기하자.

03 **catch** (사람) **off guard** 허점을 찌르다

- When my friend unexpectedly showed up at my birthday party, it really **caught** me **off guard**.
  친구가 갑작스럽게 내 생일파티에 왔을 때 정말 놀랐어.

- We were **caught off guard** when the boss wanted to have the meeting right before the end of the workday.
  보스가 퇴근할 시간에 회의를 하기 원한다고 해서 갑작스러워서 우리는 당황했어.

04 **catch** + 사람 + **red-handed** 현행범으로 붙잡다

- I **caught** my son **red-handed** sneaking and eating too many cookies before dinner.
  아들이 저녁 먹기 전에 몰래 쿠키를 먹고 있다가 나에게 걸렸어.

- The police officer **caught** the thief **red-handed** breaking into the house.
  경찰관은 집에 침입하려 도둑을 현장에서 체포했다.

05 **catch some rays** 햇빛을 쬐다, 일광욕 하다

- I'm going to spend my vacation **catching some rays** at the beach.
  해변에서 햇빛을 쬐면서 이번 휴가를 보낼 거야.

- I want to take a day off to **catch some rays** by the pool.
  수영장에서 일광욕하게 하루 휴가 내고 싶어.

tip

03 catch (사람) off guard 허점을 찌르다

off guard는 "경계가 풀어진 상태를 잡아내다라"는 의미로 방어할 준비가 되지 않은 상황에서 방심한 틈을 타 허점이 찔려 깜짝 놀라는 것을 표현

+ be caught off guard 형태로도 사용 가능

04 catch + 사람 + red-handed 현행범으로 붙잡다

범죄를 지은 사람 손에 피가 묻은 채로 경찰한테 체포되는 상황에서 유래된 표현으로 큰 사건에서부터 일상생활에서 일어나는 일까지 사용 가능

catch를 사용한 이디엄 중 일상생활에서 원어민이 자주 사용하는 표현들을 엄선하여 감각 기르기에 담아 보았습니다. 영어 회화의 이해도를 높이는데 큰 도움이 될 것이라 생각합니다. 이디엄은 표면적인 뜻만으로는 해석이 어려울 때가 있으니 "감각 기르기"에 나와있는 내용을 토대로 catch의 추가적인 표현을 통해 영어 감각을 살려보시길 바랍니다.

감각 활용하기

01 **A** Martin and Sue had a serious argument, but I didn't want to **get caught up in** that.
마틴하고 수랑 심하게 싸웠는데 나는 거기에 관여하지 않았어.

B It's better to let them work things out on their own.
그들이 직접 해결하게 하는 게 더 좋아.

02 **A** Hello, I hope I'm not **catching** you **at a bad time**.
여보세요. 통화할 수 있으면 좋겠는데 가능해?

B No problem. What's up?
문제없어. 무슨 일이야?

A Can I ask you for a favor? I have to go to work this Sunday, but my husband is on a business trip, and there's no one to look after my kids. What a Catch-22.
부탁 좀 할 수 있을까? 이번주 일요일에 회사에 출근을 해야 하는데 남편은 출장 중이고 아이들을 돌봐 줄 사람이 없어. 완전 진퇴양난이야.

03 **A** I screwed up my interview.
The interviewer **caught** me **off guard** with his questions.
나 면접 망쳤어. 허점을 찌르는 질무에 깜짝 놀랐어.

B Don't jump to conclusions. They might still consider you.
너무 속단하지 마. 그들이 너를 여전히 고려하고 있을지도 모르잖아.

04 **A** Did you hear about Mike?
The manager **caught him redhanded** stealing office supplies.
마이크 소식 들었어? 매니저가 사무 용품을 훔치는 그를 현장에서 딱 잡았대.

B No way. What was he thinking?
말도 안 돼. 그는 무슨 생각으로 그런 거지?

05 **A** I'm going to catch up on reading books I wanted to read during my vacation. How about you?
이번 휴가 때 밀어 놨던 읽고 싶었던 책들 좀 읽으려고. 너는 뭐할 거야?

B **05** *I'm too busy to* take a vacation this summer.
06 *I wish* I could hit the pool to **catch some rays** and relax.
나는 올해 여름에는 너무 바빠서 휴가 못 가. 나도 수영장 가서 일광욕 하면서 쉬면 좋을 텐데.

자세한 설명은
감각 더하기 에서!
05 be too busy to + 동사
06 I wish (that) + 주어 + 과거동사

tip

02 **Catch-22**
진퇴양난, 곤경에 처한

2차 세계대전을 배경으로 한 유명한 소설의 제목에서 유래된 표현으로 자기 모순적인 곤란한 상황을 겪을 때 사용

예 I think it's a real Catch-22 situation.
이건 진짜 진퇴양난 상황이야.

03 **jump to conclusions**
속단하다

"결과로 뛰다"라는 의미는 아직 아무 것도 확실하지 않은 상황에서 진실을 알기도 전에 넘겨짚는 것을 표현

예 I don't want to jump to conclusions.
나는 속단하고 싶지 않아.

04 **What was/were 주어 thinking?**
도대체 무슨 생각이었?

누군가 이해하기 어려운 일을 했거나 예상 밖의 행동을 했을 때 당황스럽고 실망스러운 감정을 표출할 때 사용

예 I don't want to jump to conclusions. What was I thinking?
호텔 예약을 잘못된 달에 했어. 도대체 내가 무슨 생각으로 그랬지?

01 Are you free to + 동사 ~할 시간 있어?

free는 "자유"를 의미하기도 하지만, 일상생활에서 약속을 잡거나 시간이 괜찮은지 물을 때 사용할 수 있는 표현입니다.
의문문으로만 사용할 수 있는 것이 아니라 평서문으로도 사용 가능합니다.

- **Are you free to** have dinner with me tonight?
  오늘 나랑 저녁 먹을 시간 있어?

- **Are you free to** help me this weekend?
  이번 주말에 나 좀 도와줄 시간 있어?

- **Are you free to** meet up after work?
  퇴근하고 만날 수 있는 시간 있어?

- **Are you free to** chat later this evening?
  이따가 저녁에 수다 떨 시간 있어?

- **Is Kelly free to** come to the party that day?
  켈리가 그날 파티에 올 수 있는 시간 된데?

02 be (not) supposed to + 동사 ~하기로 되어 있다

be supposed to + 동사원형 원어민들이 정말 자주 사용하는 표현으로 합의에 의한 책임을 나타낸다고 볼 수 있습니다. 나의 생각이나 의견이 기준이 되기 보다 상식적인 기준 (의도하거나 계획한 일, 예상한 일), 관습, 전통, 법, 관례, 정책에 의해서 "~하기로 되어 있다"라는 의미입니다.

*주어 + be not supposed to + V*는 "~하면 안 된다"는 뜻으로 Don't로 시작하는 명령문 보다 완곡한 표현을 사용할 수 있습니다.

- I**'m supposed to** have lunch with my friend.
  오늘 점심은 친구랑 먹기로 되어 있어.

- I**'m supposed to** go to the dentist tomorrow.
  나는 내일 치과에 예약이 되어 있어.

- You **are supposed to** bring your own towels to the swimming pool.
  수영장에 갈 때 수건 챙겨가야 해.

- You **are not supposed to** park here.
  여기에 주차하시면 안 되세요.

- You **are not supposed to** be late on the first day of school.
  학교에 가는 첫날에는 늦으면 안 돼.

tip

01 be free to
무언가를 해도 된다

이 표현은 무언가를 할 수 있는 자유가 있다라는 의미로 ~할 시간이 여유롭다거나 할 수 있거나 괜찮은 상황을 표현할 때 쓸 수 있음

예 I'm free to go shopping with you tomorrow.
내일 너랑 쇼핑 갈 시간 있어.

03 be curious about + 명사　～에 관하여 궁금하다

보통 궁금하다는 단어를 떠올리면 wonder이 제일 먼저 떠오르는 데 이 표현은 내가 궁금한 것을 혼잣말로 표현하는 것으로 상대의 답을 크게 요하지 않으며 자신의 궁금증을 표현합니다.

반면 be curious는 무언가 궁금한 상황에서 타인에게 궁금한 내용에 대해 답을 확인하고 싶거나 보다 객관적인 사실을 궁금해할 때 사용할 수 있습니다.

참고로 구어체에서는 [how/what/why] 앞에서 about을 생략해서 사용하기도 합니다. *be curious [how/what/why] 주어+동사*

- I'm curious about your opinion on a new project.
  새로운 프로젝트에 대한 너의 의견이 궁금해.

- I'm curious about the details of your wedding.
  너의 결혼에 대한 세부 상항이 궁금해.

- I'm curious about the new songs that BTS will release.
  BTS가 발표할 새로운 노래들이 궁금해.

- I'm curious about who will be the special guest speaker at the conference.
  컨퍼런스에서 특별 초청 연사로 누가 나올지 궁금해.

- I'm curious how you managed to solve the problem.
  어떻게 그 문제를 해결했는지 궁금해.

04 be careful not to + 동사　～하지 않게 조심해

어떤 상황에서 무언가 하는 것이 위험하니 조심해서 행동하라고 주의를 줄 때 사용하는 표현입니다.

이 표현은 주어 없이 명령문 형태로 사용할 수 있다는 점을 기억해주세요.

- Be careful not to fall off the sofa.
  소파에서 떨어지지 않게 조심해.

- Be careful not to scratch your car when you park.
  주차할 때 차가 긁히지 않도록 조심해.

- Be careful not to break the cup.
  컵을 깨트리지 않게 조심해.

- Be careful not to burn yourself. The pot is really hot.
  데이지 않도록 조심해. 주전자가 정말 뜨거워.

- Be careful not to slip on the wet floor.
  젖은 바닥에서 미끄러지지 않게 조심해.

---

tip

04　Be careful! 조심해!

우리나라 말에서는 위험한 상황에서 주의를 요청할 때 모든 상황에서 "조심해"라는 말을 공통적으로 사용하는 데 영어에서는 좀 다르다는 점 알아두기!

+ be careful 일반적인 상황에서 전반적으로 주위를 기울이라고 미리 알려줄 때 사용

  예 Be careful when you drive.
  운전을 할 때는 조심해.

+ 긴급하거나 즉각적인 위험 상황을 알릴 때는 Watch out이나 Look out을 사용할 수 있음

  예 Watch out for motorcycles!
  오토바이 조심해!

05 be too busy to + 동사   바빠서 ~할 수 없어

무언가를 하기에 너무 바쁜 상황을 나타낼 때 사용하는 표현으로 "~하기에는 너무 바쁘다"라는 표현으로 "너무 바빠서 ~할 수 없다"는 부정의 의미로도 해석 가능합니다.

too + 형용사 + to + 동사원형 "~하기에 너무 ~하다"라는 잘 알고 있는 표현을 이렇게 응용해서 사용할 수 있습니다. 주의해야 할 것은 *be busy + Ving* 표현과 의미를 구분해서 사용해야 한다는 점입니다.

- I**'m too busy to** have lunch on time.
  너무 바빠서 점심을 제시간에 먹을 수가 없어.

- I**'m too busy to** go to the movies tonight.
  오늘 밤에 바빠서 영화 보러 못 갈 것 같아.

- I**'m too busy to** take over your project at the moment.
  My schedule is already packed.
  지금으로선 너무 바빠서 너의 프로젝트를 넘겨받을 수 없어. 내 스케줄도 이미 찼어.

- I**'m too busy to** reply to all of my emails today.
  오늘은 바빠서 모든 메일에 답장을 할 수 없어.

- My parents **are too busy to** talk to me.
  우리 부모님은 너무 바빠서 나랑 이야기도 못하셔.

06 I wish (that) + 주어 + 과거동사   ~하면 좋을텐데

우선 wish는 "소망하다"라는 뜻으로 알고 있습니다. I wish you good luck. "행운을 빈다"로 사용할 수 있습니다.

반면 이 문형에서 사용되는 wish는 지금 당장 이룰 수 없는 무언가를 바라는 상황에서 쓰이는 표현입니다.

현재 일어날 수 없는 것을 바라기 때문에 현재에 불가능함을 표현하기 위해 과거동사를 사용해서 의미를 전달해야 한다는 것을 꼭 알고 사용하시면 좋겠습니다.

- **I wish** I won the lottery.
  복권에 당첨되면 좋을 텐데.

- **I wish** I could meet a famous celebrity in person.
  직접 유명인을 만날 수 있으면 좋을 텐데.

- **I wish** I could speak English like a native speaker.
  원어민처럼 영어를 말 할 수 있으면 좋을 텐데.

- **I wish** I had more time to spend with my family.
  가족들이랑 함께 있는 시간이 더 있으면 좋을 텐데.

- **I wish** I didn't have to work overtime tonight.
  오늘밤에는 야근을 할 필요 없으면 좋을 텐데.

tip

05 be too busy to
(무언가를 하고 있어서) 바빠

이 표현은 지금 하고 있는 일로 인해서 바쁜 상황을 표현합니다.

- + 〈to + 동사원형〉은 미래지향적이며 앞으로 해야 할 일에 대한 것을 언급할 때 사용되고 Ving은 과거에서부터 해온 것이나 현재 진행되는 것을 표현할 때 쓰임

- + 비교
  두 표현은 비슷해 보이지만 뒤에 무엇을 붙이는지에 따라 의미가 달라지기 때문에 잘 구분해서 사용해야함
  be too busy to + 동사 :
  너무 바빠서 무언가를 할 수 없다
  be busy + Ving :
  ~하느라 바쁘다

  🗨 I can't talk right now. I'm busy finishing this report.
  나 지금 말할 수 없어. 이 보고서를 끝내야 해서 바빠.

PART
15

HOLD

 **감각 기르기**

01 hold + 명사 (손이나 팔 등으로) 잡다, 들고 있다

- He always **holds** my hand in public, but never in private.
  그는 사람들 앞에서 내 손을 잡지만, 둘이 있을 때는 절대 그러지 않아.

- Can you **hold** my bag while I open the door?
  문을 여는 동안 내 가방 좀 들고 있어 줄 수 있어?

02 hold + 행사/파티 등 ~을 개최하다

- Olympics are **held** every four years.
  올림픽은 4년마다 개최된다.

- The school will **hold** a marketplace to raise money for the charity.
  자선 기금을 모으기 위한 마켓을 개최할 예정입니다.

03 hold (잠시) ~를 멈추다, 빼다

- Can you **hold** the elevator for me? I'm a bit late for school.
  엘리베이터 좀 잡아 줄 수 있어? 나 학교 좀 늦었어.

- Please **hold** the cilantro if the pho has it.
  쌀국수에 고수가 들어가면 빼주세요.

04 hold + 사람/사물 ~을 수용하다, 담다

- This room can **hold** 25 people.
  이 방은 25명을 수용할 수 있다.

- **01** *Just in case*, let's **hold** some juice in this bottle.
  혹시 모르니까 이 병에 주스를 담아두자.

05 hold + 무게 등 ~을 지탱하다, 받치다

- I struggled to **hold** the heavy box but managed to move it to the car.
  무거운 상자를 거우 들어서 차로 옮겼이.

- Weightlifters need to train hard to **hold** the weight of the barbell.
  역도 선수들은 열심히 훈련해야 바벨의 무게를 지탱할 수 있습니다.

자세한 설명은
감각 더하기 에서!

01 Just in case

---

tip

05 struggle to + 동사원형
애를 쓰다

어떤 행동을 하는데 어려움을 겪거나 그 일을 하는데 힘겹게 노력을 하거나 안간힘을 쓴다는 의미로 사용

- She struggled to finish her homework on time.
  그녀는 숙제를 제시간에 끝내려고 애썼다.

+ struggle은 기본적으로 "버둥거리거나 허우적거리고 애쓰다"라는 의미를 가지고 있으며 어려운 상황에서 빠져 나오기 위한 사투를 버릴 때 사용

+ 〈struggle with + 명사〉
  명사 위치에 씨름하는 대상을 넣어서 그 상황에서 벗어나려고 투쟁하는 상황을 표현할 때 사용

  - He struggles with depression.
    그는 우울증과 싸우고 있다.

catch는 움직이는 것을 잡는다는 의미이고, hold는 손에 쥔 것을 놓치지 않으려 꽉 잡는 이미지입니다. 비슷해 보이지만 상황에 따라 다르게 쓰이므로 구분해서 익혀두세요. 행사나 파티처럼 사람들을 한 공간에 모으는 경우에는 hold를 써서 개최하다고 표현합니다. 또한 무언가를 붙잡아 두다는 의미에서 확장되어, 멈추다, 담다, 수용하다는 뜻으로도 사용됩니다.

감각 활용하기

01 **A** Do you know the man who is **holding** a baby?
I've never seen him before.
아기를 안고 있는 저 남자 알아? 처음 보는 사람이야.

B He must be Steve, who is Noah's husband.
I've seen him in the picture.
노아의 남편인 스티브야. 사진에서 본적 있어.

02 **A** The KIAF is usually **held** in September.
I went there this time last year.
한국 국제 아트 페어는 보통 9월에 개최되는데 작년 이맘 때 갔었어.

B I've never been there before. Let's go together this time.
한 번도 키아프에 가본적이 없어. 이번에 같이 가자.

03 **A** Hello, I need to discuss some matters with the manager.
Can you put me through to him?
안녕하세요. 매니저님과 몇몇 문제들에 대해서 상의를 해야 하는데요. 그와 연결해 주실 수 있나요?

B Certainly, I'll **connect you to** him. Please **hold** the line.
그럼요. 매니저님께 전화 연결해 드릴게요. 전화 끊지 말고 기다려 주세요.

B **02** *Thank you for* your patience. He is in a meeting now.
03 *When would be a good time to* call you back?
양해해 주셔서 감사합니다. 매니저님은 지금 회의 중에 있습니다. 그가 언제 연락을 다시 드리면 좋으세요?

04 **A** Wow, this thermos is really cool! It's pretty unique.
와우, 이 보온병 정말 멋지다. 좀 특이하다.

B It's designed to **hold** water and beverages at the perfect temperature for a long time.
장시간 동안 완벽한 온도로 물이랑 음료들을 담을 수 있게 디자인 되어있어.

05 **A** Do you think this table can **hold** the weight of the new TV?
이 탁자가 새로운 TV 무게를 지탱할 수 있을까?

B I'm not sure. It looks a bit flimsy.
잘 모르겠네. 그거 좀 엉성해 보이긴 해.

자세한 설명은
감각 더하기 에서!
02 Thank you for + 명사/Ving
03 when would be a good time to + 동사원형?

---

tip

03 **connect 사람 to 사람**
연결해 주다

connect는 "연결하다"라는 뜻으로 잘 알려진 단어인데 누군가와 전화통화를 할 수 있도록 연결해 준다는 표현으로 사용

예 I will connect you to the person in charge.
담당자를 연결해 드리겠습니다.

+ 유의어
put 사람 through to

05 **flimsy** 부실한

이 단어는 형용사로 "아주 얇은"이라는 의미로 쓰이며 가구나 상자 같은 물건이 단단하지 않고 약하고 쉽게 부서지거나 무게를 견디지 못할 때 사용

예 This box is way too flimsy to hold all of those books.
저 책을 모두 넣기에는 상자가 너무 부실해.

 **감각 기르기**

01 hold on 기다리다/(손에 있는 무언가를 계속) 잡다, 버티다

- If you **hold on** for a minute, I will take care of it.
  잠깐 기다려 주시면 제가 처리해 드리겠습니다.

- Can you **hold on**? Let me see if Laura is here.
  기다릴 수 있어? 로라가 여기 있는지 확인해 볼게.

02 hold up 견디다 / 지연시키다

- I need to **hold up** under the pressure.
  나는 압박을 견뎌야 해.

- The traffic jam **held up** our schedule for over an hour.
  교통체증으로 한 시간 이상 우리 일정이 지연됐다.

03 hold down ~가를 누르다 /(직장 생활을 잘) 유지하다
(물가 상승 등을) 억제하다, 막다

- You need to **hold down** the power button for a few seconds to reboot the laptop.
  노트북을 재가동 시키기 위해서 전원버튼을 몇 초 동안 누르고 있어야 해.

- Despite the challenges, I could **hold down** a job.
  어려운 상황에도 불구하고 나는 직장에 꾸준히 다녔어.

04 hold off (on) 미루다, 연기하다

- I really want to buy a new phone but I have to **hold off on** getting it until my old one is not in good condition.
  새로운 핸드폰을 정말 사고 싶지만 지금 쓰고 있는 게 상태 안 좋을 때까지 미뤄야 겠어.

- I asked her to **hold off on** signing the contract for a couple of days.
  계약하는 것을 며칠 연기해 달라고 그녀에게 요청했어.

05 hold over (예상된 시간을 초과하여 기간 등을) 연장하다

- The negotiations took longer than we thought, so we **held over** the meeting until the following day.
  우리가 생각했던 것보다 협상이 오래 걸려서 회의를 다음날로 미뤘어.

- The performance was so popular that it was **held over** for two weeks in theaters.
  그 공연이 정말 인기가 있어서 극장에서 2주동안 상영 연장했어.

---

tip

02 hold up 견디다, 지연시키다

어릴 적 손을 들고 있는 모습을 연상해 보면 그 상태를 유지하고 견디는 이미지를 연상할 수 있으며 어떤 상황을 최대한 잡아 놓는다는 것은 어떤 상황을 지연시키는 것으로 의미를 확장할 수 있음

+ 주어가 무언가를 지연시키는 상황일 때는 hold up을 사용하지만 의지와 상관없이 무언가로 인해서 지연되는 상황을 말할 때는 수동형으로 쓰임
be held up
예 I was **held up** at work.
회사에서 일이 있어서 아무것도 못했어.

03 hold down
음식을 소화시키다

위로 음식을 내려서 유지시킨다는 것은 소화를 시킨다는 의미로 받아들이면 이해하기 쉬움

예 I can't **hold** anything **down**.
나는 소화가 안돼.

hold의 기본적인 의미는 손에서 놓치지 않도록 꼭 움켜 쥐고 있다라는 의미가 있습니다. 손에 쥔무언가를 떨어트리지 않기 위해서는 그 상태를 지속하고 유지하다라는 파생적인 의미까지 사용 할 수 있다는 걸 기억하고 전치사와 결합되었을 때 의미를 익혀보면 좋겠습니다.

감각 활용하기

01 Ⓐ Oh, I forgot my phone. **Hold on** a minute, please.
아! 핸드폰 까먹었다. 잠깐만 기다려줘.

Ⓑ I will hold the elevator. Hurry back.
엘리베이터 잡고 있을게. 빨리 다녀와.

02 Ⓐ The project is being **held up**.
We need more information before we dive in.
그 프로젝트 보류 중이야. 우리가 일에 착수하기 전에 더 많은 정보가 필요해.

Ⓑ Got it. Just let me know when you're ready.
알겠어, 준비되면 알려줘.

03 Ⓐ We've been trying our best to **hold down** costs.
But we might have to raise some prices on the menu.
우리는 가격상승을 막기위해서 최선을 다하고 있지만 일부 메뉴의 가격의 인상해야 할 지도 몰라요.

Ⓑ I understand. It's just part of business.
이해해요. 그것도 사업의 일부분이죠.

04 Ⓐ **04** *I didn't think* the flight tickets to Jeju *would* be way too expensive.
제주도로 가는 비행기 값이 이렇게 비쌀 줄 몰랐어.

Ⓑ Jeju Island is **05** *not only* famous for its natural beauty *but also* a popular tourist destination. On top of that, it's the peak season.
제주도는 자연의 아름다움으로 유명할 뿐만 아니라 관광객들이 찾는 인기있는 관광지야. 게다가 성수기잖아.

Ⓐ You're right. So I'm **holding off on** making a decision because it seems too expensive right now.
맞아. 그래서 지금은 너무 비싼 것 같아서 결정을 미루고 있어.

05 Ⓐ The musical is supposed to be amazing, but I didn't get to see it. It's such a bummer!
그 뮤지컬 정말 대단하다고 하던데, 못 봐서 너무 아쉬워!

Ⓑ As far as I know, it's so popular that they're **holding** it **over** for another month. Do you want to go watch it together?
내가 알기로는 공연이 인기가 많아서 한 달 더 연장할거래. 같이 보러 갈래?

자세한 설명은 **감각 더하기** 에서!
04 I didn't think + 주어 + would + 동사원형
05 not only A but also B

tip

02 **dive in** 일에 착수하다

dive는 물속에 뛰어들 때 사용하는 단어로, dive in은 어떤 특정한 상황으로 뛰어드는 것이니까 일에 착수하거나 몰두할 때 사용하기도 하며, 식사를 할 때도 쓰임

▣ Let's dive right in and see how it works.
바로 일에 착수하고 어떻게 될지 보자.

▣ I'm starving. Let's dive in.
배가 너무 고프니까 빨리 먹자.

04 **on top of that** 게다가

한 가지 주제로 말을 이어가다 추가적인 정보를 얹어서 말할 때 쓸 수 있음

▣ It's pouring a lot. on top of that the city blacked out.
비가 많이 오는 데다가 성선//시 됐어.

03 HOLD | 동사를 활용한 이디엄

 **감각 기르기**

01 hold a grudge 뒤끝 부리다

- I hope you won't **hold a grudge**.
  나에게 안 좋은 마음을 갖지 않았으면 좋겠어.

- He has a quick temper, but he doesn't **hold a grudge**.
  그는 다혈질이긴 해도, 뒤끝은 없어.

02 hold all the cards 상황을 압도하다

- I think our team is **holding all the cards**.
  우리 팀이 유리하다고 생각해.

- **01** *I'm pretty sure* I'm **holding all the cards** and can probably win the competition this time.
  내게 유리한 상황이라 이 번에는 대회에서 이길 수 있다고 확신해.

03 hold one's tongue 잠자코 있다, 입을 다물다

- I **held my tongue** while my boss was talking.
  상사가 말을 하는 동안 나는 아무 말도 하지 않았어.

- When you are angry, you'd better **hold** your **tongue**.
  네가 화가 났을 때는 말을 하지 않는 게 좋아.

04 hold water 이치에 맞다, 타당하다

- That excuse doesn't **hold water** with me.
  그 변명은 타당하지 않아.

- I think his theory doesn't **hold water**, because it lacks important facts.
  그의 이론은 논리에 맞지 않는 것 같아. 왜냐하면 중요한 요소들이 부족하기 때문이야.

05 hold one's horses 침착하다, 마음을 가라 앉히다

- Just **hold your horses**! Let's sit down and think about it for a while.
  진정하고 앉아서 잠깐 생각을 해보자.

- Please **hold** your **horses**. Just take it easy. I'll be there soon.
  제발 침착하고 진정해. 내가 곧 갈게.

자세한 설명은
감각 더하기 에서!   **06** I'm sure that + 주어 + 동사

tip

01 hold a grudge 뒤끝있다

grudge는 사전적인 의미로 "원한"이라는 뜻을 가지고 있지만, 기분이 상해서 앙금이 남아있는 감정으로 생각하면 좋음

02 hold all the cards
상황을 압도하다

게임할 때 이길 수 있는 모든 카드를 들고 있어 유리한 입장을 표현하는 관용적 표현

03 hold one's tongue
잠자코 있다

혀를 잡고 있으면 하고 싶은 말을 할 수 없기 때문에 불쾌한 말을 내뱉지 않고 말을 삼가한다라는 뜻으로 사용되기 시작

04 hold water 타당하다

hold water의 일차원적인 표현은 "물을 담고 있다"는 의미를 가지고 있지만 그릇에 물이 빠져나가지 않고 잘 담겨 있으려면 그릇에 금이 간 곳이 없어야 함을 빗대어, 무언가 주장을 펼치기 위해서는 논리에 허점이 없고 치밀해야 한다는 것을 의미

05 hold one's horses
마음을 가라 앉히다

단순히 말을 붙잡고 있는 것이 아니라, 성이 나서 날뛰는 말을 기수가 고삐를 잡아 진정시키는 상황에서 이 표현이 유래되었다고 함

hold를 사용한 이디엄은 표면적인 의미만으로는 해석이 어려울 수 있습니다. 각 주에 달린 설명과 함께 표현을 이해하고 어떤 상황에 쓸 수 있는지 예문을 함께 참고하시길 바랍니다. 이디엄을 익히는 목적은 직접 대화에서 사용하는 것도 중요하지만 타인과 대화의 흐름을 파악하는데 큰 도움이 된다는 것을 기억해 주세요.

감각 활용하기

01 **A** Are you still upset with Allie?
아직도 앨리한테 화가나 있는 거야?

B Yeah, I can't believe she did that. I'm **holding a grudge**.
응. 그녀가 나에게 그렇게 했다는 게 믿을 수가 없어. 아직 마음에 남아 있어.

02 **A** Have you decided on a topic for the presentation in science class? It's a tough call.
과학 수업에서 발표 할 주제는 정했어? 정하기 어려워.

B Since I know the most about dinosaurs, I'm planning to give a presentation on dinosaurs.
나는 공룡에 대해서 잘 알기 때문에 공룡에 관해서 발표할 예정이야.

A Ah, so you're the one **holding all the cards** for our science project then!
과학 프로젝트는 네가 모든 것을 꽉 잡고 있네.

03 **A** I should talk to my boss about his bad behavior.
그의 나쁜 행동에 대해서 상사에게 말하는 게 좋겠어.

B I understand how you feel, but try not to lose your temper. Sometimes it's better to **hold** your **tongue** and not let it escalate.
네 기분이 어떤지 나도 이해하지만 흥분하지 말아. 가끔은 말을 아끼고 상황이 악화되지 않도록 하는 게 좋을 때도 있어.

04 **A** I heard that Jason's planning to quit his job and start a bakery business.
제이슨이 일을 그만두고 빵집 사업을 시작할 계획이라고 들었어.

B Really? I'm not sure if his thinking **holds water**. He doesn't have much experience in that field.
정말? 그의 결정이 맞는 건지 잘 모르겠다. 그 분야에 경험이 많이 없잖아.

05 **A** Are you ready to go? We don't want to be late for Grace's wedding.
나갈 준비됐어? 그레이스 결혼식에 늦지 않게 가야 해.

B **Hold** your **horses**! We've got enough time. I haven't even gotten dressed yet.
침착해. 우리 시간 충분해. 나는 아직 옷도 안 입었어.

tip

02 **It's a tough call.**
결정을 내리기 어렵다.

무언가 결정을 내리거나 판단하기 힘들 때 쓰는 표현으로, a tough call은 말 그대로 '어려운 판단'을 의미

예 There are a lot of choices here. It's a tough call.
여기 여러가지가 있어서 선택하기 힘들다.

03 **lose one's temper**
화를 내다

temper는 욱 하는 성미를 나타내며 흥분하여 역정을 내는 것을 의미

예 Don't lose your temper over anything.
아무것도 아닌 일로 흥분하지 마.

167

01 Just in case 혹시 모르니까

일상생활에서 자주 사용하는 표현으로 어떤 상황이 발생했을 때를 대비한다라는 의미로 잠재적인 상황이 일어나는 경우를 대처하기 위해서 "만약의 경우를 대비하여"라는 뜻으로 알려져 있으며 "혹시 모르니까"라는 뜻도 함께 알아두면 좋겠습니다. 문장 뒤에 부착해서 사용할 수도 있으며 문장을 연결해서 사용 가능합니다.

- I always have sunglasses in my backpack **just in case**.
  나는 혹시 모르니까 항상 가방에 선글라스를 가지고 다녀요.

- Don't forget to carry some cash **just in case**.
  혹시 모르니까 현금을 좀 챙겨가는 거 잊지 마.

- I will pack some extra snacks, **just in case** we get hungry.
  내가 여분의 간식을 챙겨갈게. 혹시 우리 배가 고플지 모르니까.

- I will leave home early **just in case** there is a lot of traffic.
  차가 막힐 수도 있어서 나는 집에서 일찍 출발할 거야.

- Make sure to bring your phone charger, **just in case** your phone runs out of battery.
  핸드폰 배터리가 떨어질 때를 대비해서 꼭 충전기를 가지고 가.

02 Thank + 사람 + for + 명사 /Ving ～에 대해서 고마워

일상생활에서 무언가에 대해서 고마움을 나타낼 때 사용하는 표현입니다.
함께 알아두면 좋은 표현으로 *I appreciate + 명사* "～에 감사를 하다"

- **Thank you for** your time.
  시간을 내주셔서 감사합니다.

- **Thank you** so much **for** your concern.
  염려해줘서 정말 고마워요.

- I would like to **thank** my parents **for** their support.
  부모님께서 지원해주신 것에 대해 감사를 드리고 싶습니다.

- **Thank you for** having me./ **Thank you for** inviting me.
  초대해 주셔서 감사합니다.

- I can't **thank you** enough **for** helping me.
  나를 도와줘서 뭐라고 감사를 해야 할지 모르겠어.

---

tip

02 appreciate it 감사합니다

appreciate 뒤에는 사람이 아니라 감사한 일을 연결해야 하는 것을 꼭 기억하고 사용

📌 I truly appreciate it.
그것에 대해 정말 감사드립니다.

+ 〈I'd appreciate it if you could + 동사원형〉
우리나라 말에서도 상대방에서 공손하게 요청하거나 부탁할 때 "～해주시면 감사하겠습니다"라는 표현을 쓰는 데 이 단어를 가지고 사용 가능

📌 I'd appreciate it if you could get back to me at your earliest convenience.
가능한 빨리 연락 주시면 감사하겠습니다.

03 when would be a good time to + 동사원형 ?

언제 ~하면 좋겠습니까?

상대방과 시간약속을 조율하거나 무엇을 하는 데 있어서 적합한 때가 언제인지 물어볼 때 쓰는 표현입니다.

- **When would be a good time to** visit the museum you told me about last time?
  지난 번에 나에게 말했던 그 박물관에 언제 가는 게 좋을까?

- **When would be a good time to** go hiking?
  언제 등산가는 게 좋을까?

- **When would be a good time to** have dinner tomorrow night?
  내일 저녁은 언제 먹으면 좋을까?

- **When would be a good time to** meet and **discuss** the new project?
  언제 만나서 새로운 프로젝트에 대해서 논의하는게 좋을까요?

- **When would be a good time to** start the training for new employees?
  새로운 직원들을 위한 교육을 언제 시작하는게 좋을까요?

04 I didn't think + 주어 + would + 동사원형 ~일 줄은 몰랐어

예상과는 다른 결과나 행동을 표현하고자 할 때 사용할 수 있으며, 해석은 "~일거라 생각하지 못했다"이지만, "~일 줄은 몰랐다"는 뜻도 함께 익혔으면 좋겠습니다. 우리가 일상생활에서 그런 일이 일어날 것을 예상하지 못했을 때 사용해 볼 수 있습니다.

- **I didn't think** you **would** ask her out.
  네가 그녀에게 데이트 신청을 할 거라는 생각 못했어.

- **I didn't think** you **would** reply so fast.
  답장을 이렇게 빨리 보낼 거라고 생각지 못했어.

- **I didn't think** he **would** win the race.
  나는 그가 경주에서 이길 줄 몰랐어.

- **I didn't think** they **would** change their mind about the trip.
  나는 그들이 여행에 대해서 마음을 바꿀 줄 생각지도 못했어.

- **I didn't think** she **would** be interested in joining the book club.
  나는 그가 독서 클럽에 가입하는 것에 흥미가 있을 거라고 생각 못했어.

---

tip

03 **discuss** 논의하다

범위가 넓은 주제에 대해서 의사소통을 하거나 논의를 할 때 자주 사용

회화에서 사용할 때 discuss about 형태로 단어를 잘못 사용하는 경우가 있는데 discuss는 단어 자체의 의미가 "무언가에 대해서 논의/이야기 등을 하다"라는 뜻으로 사용되기 때문에 about 전치사를 사용 하지 않고 문장을 만드는 연습이 필요

예 Let's **discuss** it over dinner.
저녁 먹으면서 그것에 대해서 이야기 하자.

05 not only A but also B A뿐만 아니라 B도

의미는 잘 알고 있지만 막상 대화를 나눌 때 잘 사용하지 않는 표현 중 하나라고 생각합니다. A와 B 두 가지 관련된 중요한 사실을 설명하거나 특징을 강조할 때 사용할 수 있습니다.

*not only A but (also) B*는 각각 A와 B에 해당되는 품사를 일치시켜주는 것이 중요합니다.

- I like **not only** English **but also** Math.
  나는 영어뿐만 아니라 수학도 좋아해.

- She is **not only** intelligent **but also** beautiful.
  그녀는 지적일 뿐만 아니라 아름다워.

- He's **not only** a talented actor **but also** a skilled painter.
  그는 재능이 있는 배우일 뿐만 아니라 숙련된 화가입니다.

- The restaurant offers **not only** delicious food **but also** excellent customer service.
  그 레스토랑은 맛있는 음식뿐만 아니라 훌륭한 고객 서비스도 제공해.

- I **not only** washed the dishes **but also** did the laundry.
  나는 설거지뿐만 아니라 빨래도 했어.

06 I'm sure that + 주어 + 동사   ~가 확실하다

알고 있는 사실이나 정보에 대해서 확신을 할 때 "확실하다"라는 의미로 주로 사용하며 일반 회화에서 자주 등장하는 표현입니다. pretty/quite를 사용해서 좀 더 강한 확신을 표현하기도 합니다.

I'm pretty/quite sure that + S + V 더불어 I'm pretty/quite sure that + s+v에서 문장을 연결하는 that은 생략 가능합니다

- **I'm sure** you'll do a great job on the interview.
  네가 면접을 잘 할 거라고 확신해.

- **I'm sure** we'll have a great time on our trip.
  여행에서 좋은 시간을 보낼 거라고 확신해.

- **I'm sure** he is still missing you.
  그가 여전히 너를 그리워하고 있을 거라고 확신해.

- **I'm** quite **sure** she won't mind if I get there a little early.
  내가 거기 좀 일찍 도착해도 그녀는 괜찮을 거라 확신해.

- **I'm** pretty **sure** that everything will be fine.
  나는 모든 것이 잘 될 거라고 확신해.

---

tip

06 do a good job 잘 수행하다

이 표현은 무언가 잘 해냈을 때 Good job이라는 표현을 많이 들어 보았을 텐데 상황이나 강조하는 것에 따라 뒤에 붙는 전치사가 달라지는 점을 알아두면 이해하는 데 도움이 됨

+ 〈do a good job on + 명사〉
과업이나 프로젝트에 대해서 잘 했을 때

  예 We did a good job on her presentation.
  우리는 발표 잘 했어.

+ 〈do a good job with + 명사〉
특정 요소 등을 잘 다루었을 때

  예 She did a good job with the decorations for the party this time.
  이번에 그녀는 파티 장식을 잘했더라.

+ 〈do a good job about + Ving〉
어떤 작업이나 수행을 하는 방식이나 과정에 대해서 잘 했을 때

  예 Amy did a good job of explaining the concept.
  에이미는 그 컨셉에 대해서 설명을 잘 했어.

PART
16

PULL

01 PULL : 당기다 / 근육을 다치다 / 골탕먹이다

pull [현재형] – pulled [과거형] – pulled [과거분사형]

 감각 기르기

01 pull 당기다

- You need to **pull** this door to open it.
  이 문을 열려면 당겨야 해.
- **01** *You're not allowed to* **pull** the handle too hard.
  손잡이를 너무 세게 잡아 당기지 마세요.

02 pull 잡아 당기다/뽑다

- Are you kidding me? Stop **pulling** my hair!
  장난해? 머리 좀 잡아당기지 마!
- When you put your sweater on, you need to **pull** it over your face.
  스웨터를 입을 때는 얼굴 쪽으로 그것을 잡아 당겨야해.

03 pull 근육을 다치다

인대나 힘줄이 늘어나거나 근육이 다쳐서 통증이 있을 때 사용

- He **pulled** a muscle in his leg.
  그는 다리 근육을 다쳤다.
- I **pulled** a muscle in my shoulder while I was lifting weights yesterday.
  어제 근력 운동하다가 어깨를 다쳤어.

04 pull 골탕이나 수작을 부리다

- It's not fair to **pull** a trick on your friends just to get your way.
  원하는 것을 얻기 위해 친구들을 속이는 것은 불공정하다.
- Why would you **pull** such a stupid trick like that?
  너는 왜 그런 바보같은 골탕을 먹이는 거야?

05 pull (forward/back) 특정 방향으로 옮기다

- Excuse me, can you **pull** forward so I can get out?
  죄송하지만 제가(차가) 나갈 수 있게 차를 앞으로 빼 주실 수 있으세요?
- I **pulled** back **02** *so that* my friend *could* park.
  친구가 주차할 수 있도록 내 차를 뒤로 빼 줬어.

자세한 설명은
감각 더하기 에서!

01 be (not) allowed to + 동사원형
02 주어 + 동사 + so that + 주어 + (can) + 동사원형

tip

04 get one's way
원하는 바를 얻어 내다

이 표현은 모르는 단어는 없지만 직역을 하게 되면 어색해질 수 있는 표현으로 의미를 잘 이해하고 사용해야 함

way는 "길, 방법"이라는 의미가 있는데 여기서는 '방식'이라는 의미로, 원하는 방식을 얻어내는 행위 즉, 바라는 것을 얻어서 원하는 대로 하거나 자신의 의견이나 요구가 받아들여져서 이루어지는 상황을 전달할 때 사용 가능

예 My son is going to whine until he gets his way.
우리 아들은 원하는 걸 얻을 때까지 징징거릴 거야.

문을 열 때 "당기다"라는 말로 익숙한 기본동사 pull은 실생활에서 어떻게 사용이 되는 지 예문을 통해 익혀보면 좋겠습니다. 특히 근육이 당기거나 다친 상황에서 이 동사를 사용 할 수 있다는 점이 흥미롭습니다. 더불어 누군가에게 수작을 걸 때도 pull을 사용 할 수 있으며 예문을 통해 상황을 상상해보면서 문장을 연습해보시길 바랍니다.

감각 활용하기

01 **A** Can you give me a hand?
It's way too heavy, and I can't move it at all.
나 좀 도와줄 수 있어? 이거 무거워도 너무 무거워서 전혀 움직이지 않는다.

B Sure, I can help. You push, and I'll **pull**.
It should be easy to move together.
당연히 도와줄 수 있지. 너는 밀어. 나는 당길게. 함께 옮기면 쉬울 거야.

02 **A** Why don't you **pull** your desk under the light?
It would provide better lighting for your work.
책상을 이쪽으로 당겨 오면 어때? 일할 때 빛을 더 잘 받을 수 있을 것 같아.

B It was a bit dim, so that's a great idea. I'll move it now.
약간 어두웠는데 좋은 생각이다. 지금 옮길게.

03 **A** I think I **pulled** a hamstring from running without stretching.
I can hardly walk.
스트레칭 안하고 달렸더니 허벅지 뒤쪽 근육이 다친 것 같아. 걷기가 너무 힘들어.

B Words fail me. If you don't want to **pull** a muscle, you need to stretch and warm up before you start working out.
You'd better go see a doctor.
뭐라고 해줄 말이 없다. 근육을 다치고 싶지 않으면 운동을 시작하기전에 스트레칭이랑 기초 운동을 해야 해. 병원에 가보는 게 좋겠어.

04 **A** I have good news. Today's math class is canceled.
좋은 소식 있어. 오늘 수학 수업 휴강이야.

B Nice try, but don't **pull** that old trick on me.
I know it's April Fool's Day.
시도는 좋았는데 그런 뻔한 장난치지 마. 오늘 만우절인 거 알아.

05 **A** You parked the car way too close. I can barely get out.
차를 너무 바짝 붙여 주차해서 제가 빠져나갈 수가 없네요.

B I apologize for the inconvenience.
03 *I didn't realize* it was that tight. I'll **pull forward** right away.
불편을 끼쳐 죄송해요. 그렇게 바짝 붙었는지 몰랐어요. 바로 앞으로 뺄게요.

자세한 설명은
감각 더하기 에서!   **03** I didn't realized (that) + 주어 + 동사

tip

03 **Words fail me.**
말로 표현 할 수가 없다.

"말들이 나를 실패 시켰다"는 해석은 어색하지만, 이 표현에서 fail은 도움을 주지 못하거나 부족하다는 의미로도 사용하므로 말이 도움이 되지 않는다는 뜻으로 상황에 놀라거나 화가 나서 뭐라 해 줄 말이 없다고 표현할 때 사용 가능

예 I was so moved by her present that words failed me.
그녀의 선물에 정말 감동받아서 뭐라 할말이 없었어.

02 PULL 구동사 활용

 **감각 기르기**

01 **pull over** (한쪽 길에) 차를 세우다, 차를 대다

- I saw the ambulance coming up behind me and **pulled over**.
  구급차가 차 뒤를 따라오는 것을 보았고 길 옆으로 차를 비켜주었어.

- My car is still making a weird sound. I need to **pull over** and take a look at it.
  내 차에서 계속 이상한 소리가 나. 차를 세워서 살펴봐야겠어.

02 **pull off** (성공적으로) 수행하다, 해내다
(특이한 옷이나 헤어스타일 등을) 잘 소화하다

- I think you will **pull** it **off**.
  나는 네가 그걸 해낼 거라고 생각해.

- Can I **pull off** this red dress?
  내가 이 빨간색 드레스를 소화시킬 수 있을까?

03 **pull through** (심한 투병 후) 회복하다
(아주 힘든 일에서) 벗어나다, 회복하다

- I bet that he will be able to **pull through** after the surgery.
  수술 후에 그가 회복할 수 있을 거라고 장담해.

- We're expecting the economy to **pull through**.
  우리는 경기가 회복될 것이라고 예상하고 있습니다.

04 **pull into** (교통수단이) 역으로 들어오다

- The train is **pulling into** the station. Please take one step back.
  기차가 역에 들어오고 있습니다. 한 발짝 뒤로 물러서세요.

- The next bus to Seoul will **pull into** the terminal in about 10 minutes.
  서울로 가는 버스가 10분 후쯤 터미널로 들어올 것입니다.

05 **pull out** ~를 꺼내다, 빼다/실행하다

- Let's **pull out** of this spot.
  여기서 빠져나가자.

- The subway is **pulling out** of the station.
  지하철이 역을 빠져나가고 있어.

tip

01 **pull over** 차를 세우다

교통수단이 마차였을 시대에 말의 고삐를 쥐고 당기면 말이 서거나 마차가 섰던 것이 현대에 와서는 "차를 세우다" 라는 의미로 사용

03 **pull through** 회복하다

건강이나 전반적인 상태가 일반적으로 회복한다고 할 때 recovery를 사용하는데 이 표현은 삶의 끈을 잡고 무사히 통과하는 이미지로 주로 심각한 병이나 힘든 상황을 극복하고 회복할 때 사용

+ 개인적인 어려움이나 병, 재정적 어려움을 이겨내고 일상으로 돌아오는 것을 표현할 때는 get back one's feet 이라는 표현도 있음

📋 After losing my job, it took me a few months to get back on my feet.
직장을 잃고 나서 다시 일상생활로 돌아오는 데 몇 달 걸렸어.

pull의 구동사 활용은 다른 기본 동사와 달리 교통수단과 관련된 표현이 많습니다. 차를 한쪽에 세우는 것뿐만 아니라 역에 도착하거나 차를 다른 쪽으로 빼는 상황까지, 일상생활에서 자주 쓰이는 유용한 표현들을 소개합니다. 또한 pull off는 원어민들이 자주 쓰는 표현으로, 어려운 상황에서 무언가를 해냈을 때나 특이한 옷이나 헤어스타일을 잘 소화했을 때 사용됩니다.

 **감각 활용하기**

01 **A** Do you know why I **pulled** you **over**?
Don't you know the speed limit here?
제가 왜 차를 왜 세우라고 한지 아십니까?
이 곳에 속도 제한 있는 거 모르십니까?

B Sorry. I'm very late for a big meeting. I have no excuse.
죄송합니다. 중요한 회의에 늦어서요. 변명의 여지가 없습니다.

02 **A** Do you think I can **pull off** this deal?
내가 이 거래를 해낼 것 같아?

B I'm pretty sure that you can make it happen.
나는 네가 해낼 거라고 확신해.

A Thank you so much. It's really important. So, I'll try to brace myself.
정말 고마워. 이 거래가 정말 중요해서 단단히 각오하려고.

03 **A** I heard your dad is in the hospital. Is he okay?
너의 아빠가 병원에 입원하고 계시다고 들었는데. 괜찮으셔?

B He was kind of touch-and-go.
But he has managed to **pull through**.
좀 위독하셨었는데, 간신히 회복하신 상태야.

04 **A** Hey, what happened to your car?
차에 무슨 일 있었어?

B I accidentally bumped into the wall while trying to **pull it into** a tight space. I've been driving for a long time, but I'm not getting used to parking.
좁은 공간에 주차하다가 벽을 박았어. 운전 한지 오래됐는데도 주차하는 게 익숙해지지 않아.

05 **A** Are you still at work? Will you do me a favor?
I didn't bring my car today, can you give me a ride home?
아직 회사에 있어? 부탁 좀 들어줄래?
나 오늘 차를 안 가지고 왔는데 집에 데려다 줄 수 있어?

B Sure, just let me finish up a few things and I'll call you when I **pull out** of the parking lot.
물론이지. 몇 개만 마무리하고 내가 주차장에서 차 뺄 때 전화할게.

tip

02 **brace oneself**
각오 단단히 해

brace는 무언가를 단단히 고정하다라는 뜻으로 스스로 마음을 잘 다지고 각오하거나 정신 바짝 차리라는 뜻

예 Brace yourself for the shocking news.
충격적인 소식에 정신 바짝 차려.

02 **make it happen**
실현시키다

이 표현은 일상에서 자주 사용되는 표현으로 무언가를 "실현시키다. 가능하게 하다. 해내다" 라는 의미로 어떤 목표나 계획을 실제로 행동해서 이루는 것을 뜻함

예 Let's make it happen!
우리 꼭 해내자!

03 **touch-and-go** 아슬아슬한

교통수단이 마차였을 때 마주오던 마차가 살짝 닿고 지나치는 상황을 묘사한 것으로 아슬아슬하거나 위태로운 상황을 설명하기도 하고 불확실한 상태를 표현

예 It's a touch-and-go situation.
불확실한 상황입니다.

03 PULL : 동사를 활용한 이디엄

 **감각 기르기**

01 pull one's (own) weight 자신의 역할이나 몫을 다하다

- **04** *If there's anything* I can do to **pull** my **own weight** around here, let me know.
  여기서 제가 도움이 될 수 있는 게 있다면 알려주세요.

- I didn't even imagine he **pulled** his **own weight**.
  나는 그가 자신의 역할을 다할 거라고는 생각지도 못했어.

02 pull oneself together 정신 차리다, 정신을 가다듬다

- I think you'd better **pull** yourself **together** first.
  내 생각에는 우선 진정하는 게 좋을 것 같아.

- There is no point crying. Just **pull** yourself **together**.
  울어봐야 소용없어. 정신을 좀 가다듬어.

03 pull an all-nighter (공부나 일을 하느라) 밤을 새다

- We will have to **pull an all-nighter** to finish this project.
  이 프로젝트를 끝내려면 우리는 밤을 새워야 할 겁니다.

- I **pulled two all-nighters** in a row preparing for my big interview.
  중요한 면접을 준비하느라 연속으로 이틀 밤을 새웠어.

04 pull the plug on 중단시키다, 취소하다, 손을 떼다

- They've decided to **pull the plug on** the concert due to the bad weather.
  악천후로 인해 그들은 콘서트를 취소하기로 결정했다.

- Am I the only one who wants to **pull the plug on** that business?
  나만 그 사업에서 손을 떼고 싶어하는 거야?

05 pull one's leg 장난치다, 놀리다

- Are you **pulling** my **leg** or are you really getting divorced?
  장난치는 거야 아니면 진짜 이혼할 기리는 거야?

- I haven't won the lottery. I'm **pulling** your **leg**.
  복권 당첨 안 됐어. 장난친 거야.

자세한 설명은
감각 더하기 에서!   **04** If there's anything (that) + 주어 + 동사

tip

01 pull one's (own) weight
제 몫을 다하다

과거 배의 노를 저을 때 자신의 무게를 실어 배가 잘 가도록 하던 것에서 유래된 말로 덩칫값을 하거나 자신의 몫을 다할 때 사용

02 pull oneself together
정신을 가다듬다

무언가 안 좋은 상황이나 긴장될 때 나가 있는 정신을 끌어다가 함께 두며 정신을 바짝 차린다는 의미로 사용

04 pull the plug on
중단시키다

직관적인 표현은 "콘센트를 뽑다"라는 의미를 가지고 있는데 전력을 차단시킨다는 것은 하던 일을 중단시킨다는 이중적 의미로 이해하고 익히기!

05 pull one's leg 장난치다

아기들이 부모님 다리에 매달려서 장난치는 모습을 비유해서 만들어진 표현으로 누군가를 놀리거나 장난칠 때 사용

pull을 대표하는 이디엄을 통해 원어민들이 대화 속에서 어떻게 사용하는 지 알아보고 각각의 표현들을 연습해 보면 좋겠습니다.

감각 활용하기

01 **A** Did you hear that Eva got promoted to manager?
에바가 매니저로 승진했다는 거 들었어?

B Wow, that's great news!
She's been **pulling** her **own weight** around here.
와우. 좋은 소식이다. 그녀는 자기 몫을 잘 해내고 있어.

02 **A** I made a fool of myself. I'm so embarrassed.
So I'm trying to **pull** myself **together**.
내가 바보 같은 짓을 했어. 정말 창피해서 마음을 가다듬으려고 하는 중이야.

B I don't mean to **pry**, but tell me what happened. Maybe I can help.
꼬치꼬치 캐물으려는 건 아닌데 무슨 일이 있었는지 말해봐. 내가 도와줄 수도 있잖아.

03 **A** We're planning to have a sleepover at Roy's house and
05 *spend* the night play*ing* computer games.
06 *Would you be interested in* joining us?
우리 로이네 집에서 컴퓨터 게임하면서 하룻밤 잘 계획이야. 관심 있으면 올래?

B Unfortunately, the test is just around the corner.
So I will have to **pull a couple of all-nighters** to study for it.
안타깝게도 시험이 얼마 안 남아서 며칠 동안 밤새워서 공부해야 할 거야.

04 **A** It's time to seriously think about **pulling the plug on** the stock market.
주식시장에서 손 뗄지를 진지하게 생각해 봐야 할 때야.

B I understand your concern, but I recommend you hold on to blue-chip stocks for the long term.
네가 염려하는 거 이해하는데 우량주는 장기간 보유하고 있는 걸 추천해.

05 **A** Did you enjoy the party yesterday?
Apparently, there were a lot of celebrities at the party.
어제 파티 재미있었어? 듣자 하니 유명인들도 많이 있었다더라.

B Did Peter say that?
Oh, don't believe what he says, he's just **pulling** your **leg**.
피터가 그렇게 말했어? 걔가 무슨 말을 해도 믿지 마. 너 놀리는 거야.

자세한 설명은
감각 더하기 에서!
05 spend + 시간/돈 + Ving
06 Would you be interested in + Ving/명사?

tip

02 **pry** 캐묻다

남의 사생활을 꼬치꼬치 캐물을 때 사용하는 단어

예 Please don't pry into my personal life.
제발 내 사생활 좀 캐묻지 마.

05 **apparently**
보아하니, 듣자하니

이 단어는 간접적으로 누군가에게 전해 들었거나 주관적인 판단으로 내용을 공유할 때 주로 사용하며 100% 확신하고 단정짓기는 어려운 상황일 때 사용

예 Apparently, she is interested in you.
(확실하지는 않지만 관심이 있어 보일 때) 보아하니 그녀가 너에게 관심이 있는 것 같아.

+ **obviously** 명백한, 분명한
객관적으로 누가 보아도 그러하고 분명한 상황을 전달할 때 사용. "명백하게, 분명하게"라는 의미로 쓰임

예 Obviously, she is interested in you.
(누가 봐도 명확하게 관심을 나타낼 때) 분명히 그녀는 너에게 관심 있어.

 **감각 더하기**

01 **be (not) allowed to** + 동사원형 ~하는 건 허용됩니다(안됩니다)

어떤 일을 허락하거나 허용할 때 *be allowed to + 동사원형*을 사용해서 문장을 만들 수 있고, 그 반대로 무언가 해서는 안 될 때는 *be not allowed to + 동사원형*을 사용해서 어떤 행동을 하는 것이 허용이 안됨을 표현할 수 있습니다.

- You're allowed to take pictures.
  사진을 찍을 수 있습니다.

- You're allowed to use your laptop during the class.
  수업시간에 노트북을 사용하는 건 허용됩니다.

- My mom is very strict. So I'm not allowed to go out late at night.
  엄마가 무지 엄해서서 밤 늦게 외출하는 건 안돼.

- You're not allowed to bring pets into the hospital.
  병원에는 반려동물을 데려올 수 없습니다.

- You're not allowed to smoke in the building.
  건물 안에서 담배를 피우면 안 돼요.

02 주어 + 동사 + so that + 주어 + (can) + 동사원형

~하기 위해서

목적이나 이유를 설명할 때 사용하는 문장 구조입니다.
that 이하 문장의 의미에 따라 can을 빼고 사용할 수도 있습니다.

- I have to study very hard **so that** I **can** pass the exam.
  나는 시험에 통과하기 위해서 열심히 공부를 해야 해.

- I work out every day **so that** I **can** keep my body slim.
  나는 몸을 날씬하게 유지하기 위해서 매일 운동해.

- I drank a cup of coffee this morning **so that** I **could** stay awake.
  오늘 아침에 잠 깨려고 커피한잔 했어.

- He set an alarm **so that** he **could** get up on time for the interview.
  그는 인터뷰 참석을 위해 제시간에 일어나려고 알람을 맞췄습니다.

- I'm practicing speaking English **so that** I **can** improve my English skills.
  나는 영어 실력을 향상시킬 수 있게 영어 말하기 연습을 매일 하고 있어.

tip

01 **laptop** 노트북

대표적인 콩글리쉬 중 하나로 영어권에서 notebook은 "공책"이라는 뜻

+ 콩글리쉬로 사용하는 주요 단어

  예 리모컨 remote control
  에어컨 air conditional
  아르바이트 part-time job
  비닐봉투 plastic bag
  와이셔츠 dress shirt
  원피스 dress
  보이스 피싱 phone scam
  원샷 bottoms up
  원룸 studio apartment
  선크림 sunscreen/ sunblock

03 I didn't realized (that) + 주어 + 동사   ~를 몰랐어

realize는 "깨닫다, 알아차리다"라는 뜻으로 많이 알고 있는 단어인데,
I didn't realized that + 주어 + 동사 는 어떠한 상황을 인지하지 못하거나 중요한
것을 놓쳤을 때 혹은 실수를 한 상황에서 사과를 할 때 "~인 줄 몰랐다"는 의미로
사용할 수 있습니다.

- **I didn't realize** the restaurant closed on Saturdays.
  토요일마다 그 식당이 문을 닫았는지 몰랐어.

- **I didn't realize** you were allergic to peaches.
  복숭아 알레르기가 있는지 몰랐어.

- **I didn't realize** the movie was based on the bestselling novel.
  베스트셀러를 바탕으로 만들어진 영화인지 몰랐어.

- **I didn't realize** it was really important until now.
  지금까지 그게 정말 중요한지 몰랐어요.

- **I didn't realize** I had lost my phone until my friend asked me.
  내 친구가 물어볼 때까지 나는 핸드폰을 잃어버렸는지도 몰랐어.

04 If there's anything (that) + 주어 + 동사   ~이 있다면

앞으로 발생할 수 있는 일에 대해 미리 언급을 해주거나, 문제가 생기거나 달라 질
수 있는 상황에 대해서 교류할 때 쓸 수 있는 표현입니다.

- **If there's anything** you need, please feel free to tell me.
  필요한 게 있으시다면 편하게 말씀해 주세요.

- **If there's anything** I can help you out with, please let me know.
  도와드릴 일이 있다면 저에게 알려주세요.

- **If there's anything** I'm missing, please fill me in.
  내가 놓치고 있는 게 있다면 설명해 줘.

- **If there's anything** you would like to discuss, please email me.
  논의하고 싶은 게 있으시면 메일 주세요.

- **If there's anything** he should know, now is the time to tell the
  truth.
  그가 알아야 하는 게 있다면 지금이 사실대로 말 할 때야.

— tip —

04 fill + 사람 + in 설명해 줘

상대가 잘 모르는 정보나 놓친 내용이
있으면 그 부분을 채워 준다는 의미로
사용

예 I can fill you in after the
meeting.
회의 끝나고 내가 알려 줄 수 있어.

05 **spend** + 시간/돈 + Ving   ~하는 데 시간을 보내다/돈을 소비하다

어떠한 것을 하면서 시간을 보내거나 돈을 쓸 때 사용할 수 있는 표현으로 일상 회화에서 자주 사용하는 문장입니다.

어떤 동작이나 행동을 하는 동시에 시간을 보내고 돈을 소비하는 것이기 때문에 *to부정사*가 아닌 *Ving*를 활용한다는 점을 꼭 기억하세요. 물론 명사를 연결할 때는 전치사 on을 사용할 수 있다는 점도 익혀주세요.

- I **spent** a great time travel**ing** with my family.
  가족들이랑 여행을 하면서 좋은 시간을 보냈어.

- We **spent** a whole weekend clean**ing** the house.
  우리는 집을 청소하면서 주말을 보냈어.

- I decided to **spend** my vacation study**ing** English in the States.
  나는 미국에서 영어공부를 하면서 방학을 보내기로 결심했어.

- I don't want to **spend** a lot of money buy**ing** a luxury bag.
  나는 명품가방을 사는 데 많은 돈을 쓰고 싶지 않아.

- We **spent** too much money buy**ing** a new apartment in Seoul last year.
  우리는 작년에 서울에 집을 사느라 돈을 너무 많이 썼어.

06 **Would you be interested in** + Ving / 명사 ?

~하는 것에 관심이 있니?

어떤 것에 흥미나 관심이 있는지 상대방의 의견을 물어볼 때 사용하는 표현이며, 무언가를 같이 하자는 제안이나 참여 기회를 제공할 때도 쓸 수 있습니다.

"~할 생각 있어?"라고도 해석 가능합니다.

- **Would you be interested in** going to the movies tonight?
  오늘밤에 영화 보러 가는 거 관심 있어?

- **Would you be interested in** joining our book club?
  책을 읽는 모임에 참여하는 거 관심 있어?

- **Would you be interested in** trying out the new restaurant?
  새로운 음식점에 가보는 거 어때?

- **Would you be interested in** going on a trip to Hawaii for this summer?
  이번 휴가 때 세수도로 여행 갈 생각 있어?

- **Would you be interested in** buying the new car that will be released?
  신차가 출시되면 살 생각 있어?

tip

06 **try out** 시험해 보다

특정한 물건이 작동되는지 보기 위해서 사용해 보거나 어떤 장소가 자신이 좋아할 만한 곳인지 알아보기 위해서 테스트해 볼 때 사용

- Don't forget to try out a new product if it's okay.
  새로운 물건이 괜찮은지 테스트해 보는 거 잊지 마.

PART
17

GO

01 GO | 목적지로 향해 가다

go [현재형] – went [과거형] – gone [과거분사형]

 **감각 기르기**

01 go 떠나다, 출발하다, 다니다

- It's time to **go** now.
  이제 가야 할 때야.

- It's getting late. I should get **going**.
  시간이 늦었어. 가봐야 할 것 같아.

02 go to a/the + 장소   ~에 가다, (특정한 장소를) 나오다

- **01** *I told you not to* **go to the park** late at night.
  늦은 밤에는 공원에 가지 말라고 말했잖아.

- We did know each other. We **went to the same school** together.
  우리 서로 알지. 같은 학교 나왔어.

03 go to work/ school/ church/ bed

(회사/학교/교회/잠을 자러) ~에 가다

일상적으로 빈번하게 가는 장소나 지명 앞에서는 **관사**를 따로 붙이지 않음

- Every morning, I wake up early and get ready to **go to work**.
  매일 아침 일찍 일어나서 출근할 준비를 한다.

- You should **go to bed** now to get enough rest for tomorrow.
  내일을 위해서 충분한 휴식을 취하기 위해서 지금 자면 좋을 것 같아.

04 go + 장소   ~에 가다

- I won't **go home** without you.
  너 없이는 집에 가지 않을 거야.

- More and more people **go abroad** to study.
  점점 더 많은 사람들이 공부하기 위해 해외로 간다.

05 go + 형용사   (어떤 상태로)진행이 되다

- Even if he **goes** bald, I will always love him.
  그가 대머리가 될지라도 나는 그를 항상 사랑할 거야.

- How did your job interview go yesterday?
  어제 면접 어떻게 봤어?

자세한 설명은
감각 더하기 에서!

01 told you not to + 동사원형

tip

01 **go home** 집에 가다

동사 go를 사용할 때 언제 방향전치사를 사용하는지, 언제 사용하지 않는지, 헷갈릴 때가 있는데, 특정 부사에 이미 방향성이 내제되어 있기 때문에 방향전치사 to를 생략

예 go home
go there
go abroad
go upstairs
go downstairs

+ here 같은 경우는 come here 형태로 사용 가능

05 **How did 주어 go?**
어떻게 됐어?

go라는 단어에는 "(일의 진행이 어떻게) 되다, 되어 가다"라는 의미가 있기 때문에 주어에 대한 진행상황이나 결과가 어떻게 되었는지 물어 볼 때 사용하며 진행되는 상황을 묻는 것이기 때문에 진행형으로도 자주 사용 됨

예 How is your new job going?
새로운 일은 어때?

+ 더불어 이 표현은 일상적인 인사나 안부 묻기로도 사용 함

예 How is it going?
잘 지내?

기본동사 go는 목적지를 향해 나아가는 동사입니다. 어딘가를 향해 가는 것뿐 아니라 특정 장소에 목적을 두고 다니는 것도 표현할 수 있습니다. 단순한 이동뿐 아니라 〈go + 형용사〉 형태로는 변화의 의미를 나타내며, 일의 진행 상황을 표현할 때도 사용됩니다. go 동사를 적절히 활용할 수 있도록 다양한 예문과 함께 익혀보세요.

감각 활용하기

01 Ⓐ Something urgent has come up and I have to **go**. I'm really sorry.
급한 일이 생겨서 가봐야 해. 정말 미안해.

Ⓑ It's alright. What happened? Let me know If there's anything I can do to help.
괜찮아. 무슨 일이야? 도와줄 게 있으면 알려줘.

Ⓐ Thank you. I'll make it up to you later.
고마워. 나중에 꼭 보답할게.

02 Ⓐ You look good today. What did you do yesterday?
오늘 좋아 보인다. 어제 뭐 했어?

Ⓑ I **went to the amusement park** with my family. I relieved my stress, and it gave me a lot of energy to **get back to normal**.
응. 어제 가족들이랑 놀이공원에 다녀왔어. 스트레스도 풀렸고 그게 일상으로 돌아가기 위한 많은 에너지를 주었어.

03 Ⓐ Do you **go to church** on Sundays **02** *by any chance*? I've been thinking about going to church.
혹시 매주 주일마다 교회에 다니니? 교회 다닐까 생각 중이야.

Ⓑ Yes, I do. I attend the local church with my family. **03** *You're welcome to* join us.
응. 가족들이랑 지역 교회에 다니지. 우리 교회에 다니는 거 환영이야.

04 Ⓐ I'm out of juice. I'll **go downstairs** and get some juice. Could I get you something to drink?
주스가 다 떨어졌어. 내려가서 주스 좀 가져올게. 너도 마실 것 좀 가져다줄까?

Ⓑ Yes, you're the best!
응. 정말 고마워

05 Ⓐ Time **goes** so fast. It's incredible.
시간이 정말 빨리 가. 믿을 수 없어.

Ⓑ It's already Wednesday. We're **halfway through** the week already. Hang in there.
벌써 수요일이야. 한주 반이나 지났어. 조금만 버텨.

---

tip

02 **get back to normal**
일상으로 돌아가다

to 뒤에 장소에 따라 "그 장소로 돌아가다"라는 의미로 사용

◙ get back to work/ school
◙ You should get back to normal.
너는 원래대로 돌아가야 해.

03 **You're the best!**
정말 고마워!

'너는 최고다'라는 의미도 있지만 누군가의 도움에 대한 고마움을 전할때도 사용 가능

◙ Thank you so much for throwing me a baby shower. You're the best. I mean it.
임신 축하 파티 열어줘서 정말 고마워. 진짜 고마워. 진심이야.

04 **be halfway through**
시간이 절반 지나다

특정 시점의 절반이 지난 것을 의미하기도 하며 어떤 것을 시작하고 반절 끝냈을 때도 사용 가능

◙ I'm already halfway through the report.
리포트 절반 읽었어.

자세한 설명은
감각 더하기 에서!
02 by any chance
03 You're welcome to + 동사원형

02 GO | 활동을 하러 가다 / 구동사 활용

 감각 기르기

01 go + Ving ~하러 가다

- I can't afford to **go** backpacking overseas.
  난 해외 배낭여행 갈 형편이 못 돼.

- I used to **go** camping with my family once a month.
  한달에 한번 가족들이랑 캠핑을 가곤 했어.

02 go on (특별 활동으로 전환하여 여행, 휴가 등을) 가다
  (파업, 다이어트) ~를 하다

- I'm planning to **go on** a vacation to Bangkok at the end of this month.
  이번 달 말에 방콕으로 휴가를 갈 계획이야.

- The doctor told me that I was a little overweight.
  I think I should **go on** a diet.
  의사가 나 조금 과체중이라고 말했어. 다이어트하는 게 좋을 것 같아.

03 go for (일상 생활 속 가벼운 활동 등을) 하러 가다

- I know the best place to see the night view in Seoul.
  Let's **go for** a drive after dinner.
  서울에서 야경 보기 제일 좋은 곳 알고 있어. 저녁 먹고 드라이브 가자.

- Do you want to **go for** a walk with me after dinner?
  저녁 먹고 나랑 산책하러 갈래?

04 go out 외출하다, 나가다/데이트하다

- Why don't we **go out** for dinner tonight?
  오늘 밤에 우리 외식하는 거 어때?

- I was wondering if you would like to **go out** with me this weekend.
  이번 주말에 나랑 데이트하는 거 어떤지 궁금해.

05 go through (특히 어렵거나 안 좋은 일 등을) ~겪다
  거듭 살펴보다/(결제 등이) 완료, 승인되다

- They are **going through** a lot right now.
  그들은 지금 많은 일을 겪고 있어.

- I want you to **go through** all the flies.
  네가 모든 파일을 꼼꼼하게 살펴보면 좋겠어.

---

tip

01 go + Ving 활동을 하러가다

여가활동 중 특히 스포츠 등의 활동을 하러 갈 때 사용

+ 혼자서 즐길 수 있는 운동에서 사용
  예 go jogging/ go golfing

+ 단체로 하는 구기 종목에서는 play 사용
  예 play soccer/ play baseball

05 go through 살펴보다

go over도 "살펴보다"라는 의미가 있으며 좀 더 꼼꼼하게 검토할 때 사용

예 You need to go over your report before you hand it in.
  너는 보고서를 제출하기 전에 검토해 봐야해.

go는 동사의 가장 기본적인 의미는 "가다"입니다. 이 의미를 활용해서 어떠한 활동을 하러 갈 때 다양하게 사용됩니다. 중요한 것은 한가지의 형태로만 쓰이는 것이 아니기 때문에 상황에 따라 사용되는 표현 덩어리들을 잘 익히고 연습해서 회화에 적용시켜 보시길 권장합니다.

 **감각 활용하기**

01 **A** What did you do yesterday?
어제 뭐했어?

B I **went** shopping with my mom. I enjoy spending time with her because we have a lot in common.
엄마랑 쇼핑 갔어. 나랑 엄마랑 공통점이 많아서 같이 시간 보내는 걸 좋아해.

02 **A** **04** *Do you have any reason to* **go on** a business trip for Jackson?
잭슨을 대신해서 출장을 가야 하는 이유라도 있는 거야?

B Yes, he asked me to attend the conference **on his behalf**. That's because he ran into an issue with his project.
응, 그가 대신해서 회의에 참석해달라고 부탁했어. 그의 프로젝트에 문제가 있어서.

A I see. **05** *That's very kind of you to* help him out.
그렇구나. 그를 도와주다니 정말 친절하다.

03 **A** I could use a drink.
Why don't we **go for** a drink to kick back right now?
술 한잔 해야겠어. 긴장도 풀 겸 지금 한잔하러 가는 거 어때?

B After what happened today, I really want to do that but I'm still **on the clock**.
오늘 겪은 일을 생각하면 나도 정말 그러고 싶은데. 나는 아직 근무 중이라.

04 **A** Have you heard? There is a rumor **going around** that Paul and Sarah are **going out**.
그 소식 들었어? 폴이랑 세라가 사귄다는 소문이 돌고 있어.

B Oh, I really didn't see that coming. I wonder if it's true.
오. 그런 일이 생긴 줄 몰랐어. 사실인지 정말 궁금하다.

05 **A** I just got an email from the adoption agency.
The adoption papers finally **went through**.
방금 입양기관에서 메일이 왔어. 우리 입양 서류가 승인되었는데.

B I'm so happy. We need to figure out what to do next.
정말 기쁘다. 이제 뭘 해야 할지 생각해보자.

자세한 설명은
감각 더하기 에서!
04 Do you have any reason to + 동사원형
05 That's very kind of you to + 동사원형

---

tip

02 **on one's behalf**
대표하여, 대변하여

타인을 대리하여 수상하거나 팀이나 회사 대표로, 혹은 개인을 대신해서 무언가를 할 때 사용

+ 유의어 : on behalf of
  예 I would like to say thank you all for your hard work **on behalf of** my team.
  우리팀을 대표해서 노고에 감사드린다는 말을 전하고 싶습니다.

+ instead of
  둘 중 하나를 포기하고 대체해서 무언가를 선택할 때 사용
  예 I want to eat some pizza **instead of** pasta.
  파스타 말고 피자 먹고 싶어.

03 **kick back** 긴장을 풀다, 쉬다

여유롭게 소파나 선베드에 누워있는 모습을 상상하며 스트레스를 받았을 때 긴장을 풀고 쉬는 것을 표현

예 I think you need to **kick back**.
너는 좀 긴장을 풀고 쉬어야 해.

03 **on the clock** 근무 중인

근무 시간에 회사에 붙어 있는 것을 표현하여 일하는 중임을 나타낼 수 있음

예 I was **on the clock** until late last night. yesterday.
어제 늦게까지 근무했어.

04 **go around**
퍼지다, 돌아다니다

소문이나 병 등이 퍼지고 돌아다니는 것을 표현할 때 사용하기도 하며 종이 같은 것을 돌릴 때도 씀

예 The flu is **going around**.
독감이 유행이야.

03 GO | 동사를 활용한 이디엄

 **감각 기르기**

01 **go out of one's way** 애를 쓰다

- Thank you so much for **going out of** your **way** to help me.
  나를 도와주려고 애를 써줘서 고마워.

- He doesn't **go out of** his **way** to eat fast food.
  그는 굳이 페스트푸드를 먹으려고 하지 않아..

02 **go over one's head** 너무 어려워서 이해하지 못하다
~를 무시하고 바로 상사에게 말하다, 보고하다

- He **went over** my **head** and talked to the boss.
  그는 나를 건너뛰고 상사에게 가서 말을 했어.

- The report **went over** my **head**, so I couldn't fully understand it.
  보고서가 나에게 너무 어려워서 이해할 수 없었어.

03 **go viral** 입소문 나다, 급속도로 퍼지다

- His new restaurant has started to **go viral**.
  그의 새로운 식당이 입소문이 나기 시작했어.

- I didn't expect this video to **go viral**.
  그 영상이 급속도로 퍼질지 예상 못했어.

04 **go above and beyond** 능가하다, 뛰어 넘다

- My parents always want me to **go above and beyond**.
  부모님은 항상 내가 기대 이상으로 해내기를 원하셔.

- Sarah **goes above and beyond** in her work.
  그녀는 일에 있어서 기대 이상으로 성과를 낸다.

05 **go along with** ~의 의견 등을 따르다, 동의하다

- I will **go along with** your decision.
  너의 결정에 따를게.

- My friend wanted to watch an action movie, so I **went along with** her choice. I **06** *prefer* SF films though.
  내 친구가 액션영화를 보고싶어 해서 그녀의 결정에 동의했어. 나는 SF 영화를 선호하긴 하지만.

자세한 설명은
감각 더하기 **에서!** **06** prefer A to B

---

tip

02 **go over one's head**
(상사 등에게) 보고하다

"머리를 넘어서 가다"라는 의미는 비즈니스 회화에서는 주변사람을 건너띄고 상사에게 바로 보고를 한다는 의미가 있으며 누군가를 무시하거나 제쳐두고 일을 진행하는 상황에서 사용하기도 함

더불어 무언가가 복잡하고 어려워 이해를 하지 못 할 때도 사용

03 **go viral** 입소문이 나다

바이러스가 전파되는 것처럼 오프라인이나 인터넷에서 입소문이 빠르게 확산되는 것을 표현

04 **go above and beyond**
능가하다

위로 올라가서 필요 이상으로 일을 한다든가 기대 이상으로 일을 해내는 것을 표현

go를 활용해서 만들어진 영어 이디엄을 익혀보고 원어민과의 대화 속에서 다음과 같은 내용을 이해하고 사용 할 수 있도록 연습해보기를 권장해드립니다. go 이디엄을 살펴보면 가장 기본적인 "가다"의 의미를 뛰어 넘어 새로운 의미로 사용되는 것이 표현이 대부분이기 때문에 표현과 함께 의미를 잘 파악해 두는 것이 중요합니다.

감각 활용하기

01 **A** I heard you **went out of** your **way** to help Steve with his project yesterday.

어제 스티브의 프로젝트를 도와주느라 애를 썼다고 들었어.

B Yeah, he was really struggling, so I decided to give him a hand.

응, 그가 고군분투하고 있어서 도와주기로 결심했지.

02 **A** What she said in the presentation **went over** my **head**. I managed to grasp a few important ideas.

발표 때 그녀가 했던 말이 이해가 안 갔어. 겨우 중요한 아이디어만 파악했어.

B Well, it's a new concept. That's why.

음, 새로운 컨셉이잖아. 그래서 그래.

03 **A** Did you watch that video I shared?

내가 너한테 보내준 그 영상 봤어?

B Yeah, it was hilarious! It'll definitely **go viral**.

응, 봤어. 엄청 웃기더라. 분명 급속도로 퍼질 거야.

04 **A** Your teacher said you did a great job on your project.

선생님께서 네가 프로젝트를 아주 잘 했다고 말씀하시더라.

B I really **went above and beyond**. I think it made a huge difference.

저 진짜 열심히 했어요. 그게 큰 차이를 만든 것 같아요.

05 **A** I've been in a slump. Maybe I should quit my diet.

슬럼프를 겪고 있어. 아무래도 다이어트를 그만둬야 할까 봐.

B If you want to lose some more weight, I would recommend doing cardio exercises like jogging or cycling.

살을 더 빼고 싶으면 조깅이나 사이클 같은 유산소 운동 하는 걸 추천할 것 같아.

A I'll totally **go along with** your idea. I've only been focusing on my diet and haven't been working out. I need to start jogging **at this point**.

네 말에 전적으로 동의해. 식이요법에만 집중했지 운동은 안 했거든. 지금 시점에서 조깅을 시작해야겠어.

---

tip

05 **at this point** 지금 시점에서

무언가 진행하는 과정에서 결단이 필요하거나 중요한 사항들을 다룰 때 사용 가능한 표현

예 At this point, I realized I needed your help.

이 시점에서 네 도움이 필요하다는 것을 깨달았어.

01 told you not to + 동사원형 　~하지 말라고 말 했잖아

tell은 누군가에게 정보를 전달하는 기본적인 의미를 가지고 있습니다. tell의 특징 중 "~에게 무언가를 하라고 시키다/말하다"는 의미로 사용할 수 있으며, 이 패턴에서는 어떤 행동을 하지 말라고 당부를 했음에도 주의를 기울이지 않고 같은 상황이 반복적으로 일어났을 때 지적하거나 충고를 하는 뉘앙스입니다.

- I **told you not to** say that.
  그거 말하지 말라고 했잖아.

- I **told you not to** be hard on others.
  다른 사람들에게 너무 엄하게 굴지 말라고 했잖아.

- I **told you not to** eat too much junk food.
  몸에 안 좋은 음식을 너무 많이 먹지 말라고 했잖아.

- Mom **told us not to** stay up all night playing computer games.
  엄마가 우리한테 밤새 게임하지 말라고 했잖아.

- He **told you not to** buy it.
  그가 이거 사지 말라고 말했잖아.

02 by any chance 　혹시, 저기, 혹시라도

누군가에게 공손하게 부탁을 하거나 예의 바르게 무언가를 물어볼 때 주로 의문문에 붙여서 사용하는 표현입니다. 혹은 불확실한 상황에서 "혹시라도"라는 뜻으로 제안을 할 때도 사용 가능합니다.

*by chance*라는 '우연, 뜻밖에'라는 단어와 비슷하기 때문에 반드시 잘 구분해서 알아두시길 바랍니다.

- Can I borrow your pen **by any chance**?
  혹시 펜을 빌릴 수 있을까?

- **By any chance**, are you available to help me move after work?
  혹시 퇴근하고 이사 좀 도와줄 수 있어?

- **By any chance**, have you heard from Luke recently?
  혹시라도 최근에 루크에게 연락 받은 거 있어?

- **By any chance**, have you seen my phone?
  혹시 내 핸드폰 봤니?

- Could you **by any chance** tell me where the nearest shopping mall is?
  혹시 가장 가까운 쇼핑몰이 어디 있는지 말씀해 주실 수 있으세요?

tip

01 **be hard on** 엄하게 대하다

누군가에게 엄격하고 딱딱하게 대할 때 사용 할 수 있는 표현

예 Don't be too hard on yourself.
너무 스스로에게 엄격하게 하지마.

02 **by chance** 우연히, 뜻밖에

예상하지 못한 일을 표현할 때 사용할 수 있는 표현

예 I met her by chance at the library.
나는 도서관에서 그녀를 우연히 만났다.

03 You're welcome to + 동사원형

얼마든지 ~해도 좋아, ~하는 거 환영이야

You're welcome은 고맙다는 말에 "천만에"라는 답으로 가장 많이 쓰이는 표현입니다.

오늘 소개할 이 패턴은 얼마든지 무언가를 해도 된다고 허락을 표현할 때 사용하거나 어떤 행동을 하는 게 환영이라고 할 때도 쓸 수 있습니다.

- **You're welcome to** join us for dinner tonight.
  오늘 밤에 저녁 같이 하는 거 환영이야.

- **You're welcome to** use my laptop if yours is not working.
  너의 노트북이 작동을 하지 않으면 얼마든지 내 노트북 사용해도 좋아.

- **You're welcome to** stay at my place during your vacation.
  휴가 동안 우리 집에 얼마든지 머물러도 좋다.

- **You're welcome to** try it if you want.
  원하면 얼마든지 시도해도 좋아.

- **You're welcome to** borrow my umbrella if it starts raining.
  비가 오면 내 우산 얼마든지 빌려가도 좋아.

04 Do you have any reason to + 동사원형

~를 하는 이유가 있어?

상대방이 하는 행동이나 의견이 이해가 되지 않을 때 그 이유가 무엇인지 알고자 할 때 사용할 수 있는 질문입니다.

- **Do you have any reason to** break up with him?
  그와 헤어져야 하는 이유가 있어?

- **Do you have any reason to** get a medical check-up regularly?
  규칙적으로 건강검진을 받는 이유가 있어?

- **Do you have any reason to** think that the project will be delayed?
  그 프로젝트가 연기가 될 거라고 생각하는 이유가 있어?

- **Do you have any reason to** avoid her?
  그녀를 피하는 이유라도 있어?

- **Do you have any reason to** be concerned about your safety?
  안전을 걱정하는 이유가 있는 거야?

tip

04 be concerned 걱정하다

어떤 사건이나 문제가 발생했을 때 그것을 해결하려는 동기를 바탕으로 그 상황에 대해서 걱정할 때 사용하며 걱정보다는 "우려하다"라는 의미로 쓰이며 공식적인 상황에서 객관적이고 차분하게 우려되는 마음을 절제된 감정으로 전달 할 때 쓸 수 있음

☑ I'm concerned about the air pollution in Korea.
한국의 대기 오염이 우려된다.

+ worry about
평상시에 발생하지 않은 문제에 대해서 지속적으로 신경을 쓰거나 걱정하는 것에 대해서 언급할 때 사용

☑ I worry about my mom's health.
엄마 건강이 걱정이야.

+ be worried
현재 감정을 나타내며 개인적인 감정이나 주변인들에서 일어나는 특정 사건이나 상황에 대한 깊은 불안감을 표현 할 때 사용

☑ I'm worried about my exam tomorrow.
내일 시험이 걱정 된다.

05 That's very kind of you to + 동사원형

~에 대해 너무 감사합니다

kind는 "친절한"이라는 뜻으로 잘 알려져 있듯, "정말 친절 하시네요"라는 칭찬의 의미로 사용할 수 있으며, 어떠한 행동에 대해서 감사한 마음을 전달할 때도 사용할 수 있습니다.

- **That's very kind of you** to take me home.
  집에까지 데려다주시다니 정말 감사합니다.

- **That's very kind of you** to think of me.
  나를 생각해줘서 정말 고마워.

- **That's very kind of you** to help me with my assignment.
  과제를 도와줘서 너무 고마워.

- **That's very kind of you** to listen to my problems.
  내 문제에 대해서 잘 들어줘서 고마워.

- **That's very kind of you** to invite me over to your party.
  파티에 초대에 줘서 정말 고마워.

06 prefer A to B ~를 선호하다, 좋아한다

선호도를 표현할 때 사용하면 유용한 표현입니다. 이 표현을 사용할 때 어디에 선호하는 것을 넣어야 하는지 많이들 헷갈려 하는데, prefer 바로 뒤 A 자리에 선호하는 것을 넣으면 됩니다. 동사원형을 사용하는 경우는 문장구조를 따로 익혀두어야 합니다.

> 예 요가를 하는 것보다는 골프 치러 다니는 것을 선호한다.
>   I prefer to go golfing rather than (to) do yoga.

- I **prefer** coffee **to** tea.
  나는 차보다는 커피를 선호해.

- He **prefers** summer **to** winter.
  그는 겨울보다는 여름을 좋아한다.

- I **prefer** driving **to** walking.
  나는 걷는 것보다는 운전하는 것을 선호해.

- She **prefers** reading books **to** watching movies.
  그녀는 영화를 보는 것보다는 책을 읽는 것을 좋아한다.

- We **prefer** hiking **to** working out at the gym.
  헬스장에서 운동하는 거보다는 등산하는 것을 선호한다.

05 That's very kind of you, but + 주어 + 동사

정말 고맙긴 한데…

타인의 배려가 너무 감사하지만 정중 하게 거절 해야하는 상황에서도 사용할 수 있습니다. 단답형으로 거절을 하는 것이 아니라 구체적인 이유를 부드럽게 설명 할 때도 쓸 수 있음

예 That's very kind of you, but I have other plans tonight.
정말 고마운데 나 오늘밤에는 다른 선약이 있어.

PART
18

COME

01 COME | 오다 / 상태에 이르다(되다)

come [현재형] – came [과거형] – come [과거분사형]

 **감각 기르기**

01 come 오다

- I thought he wouldn't **come** today.
  나는 오늘 그가 안 올 것 같다고 생각했어.

- 01 *Is it okay if* you **come** meet me where I live?
  우리 집 쪽으로 와서 만나는 거 괜찮아?

02 come to + 장소 ~쪽을 향해 오다

- Whenever I **come to** this restaurant, my grandmother comes to my mind.
  이 식당에 올 때마다 할머니가 떠올라.

- Do you want to **come to** my place this weekend?
  이번 주말에 우리 집에 올래?

03 come 중요하다

come에는 "중요하다"라는 의미가 있음

- Personality **comes** before appearance for me.
  외모보다는 성격이 나에게는 우선이다.

- My work and money are important, but my family always **comes** first.
  일과 돈도 중요하지만 항상 나의 가족이 우선이야.

04 come to + 명사 상황에 이르다

- I think we can **come to** an agreement.
  우리가 합의에 이를 수 있을 것 같아.

- I finally **came to** a conclusion.
  마침내 결론에 도달했지.

05 come + 형용사 ~한 상태가 되다

- You need to **come** clean.
  사실대로 말해.

- They don't have good deals. Items don't **come** cheap.
  여기는 물건을 괜찮은 가격에 살 수 없어. 물건들이 싸지 않아.

자세한 설명은
감각 더하기 에서!

01 Is it okay if + 주어 + 동사?

---

tip

01 come 다가가다

누군가가 부르거나 그 쪽을 향해 갈때, 우리 말로는 "갈게."라고 하기 때문에 go를 사용할 것 같지만, 화자나 목적지가 있는 방향으로 다가가는 상황에서는 come을 사용

예 I'm coming.
가고 있어.

02 come to one's mind
생각나다, 떠오르다

노력을 하지 않아도 자연스럽게 머릿속에 아이디어가 떠오르거나, 생각나는 것을 표현할 때 사용

예 Her name doesn't come to his mind.
그녀의 이름이 떠오르지 않아.

05 come clean 진실되다

깨끗한 상태가 된다는 것은 마음 속에 담아둔 비밀을 털어놓고 실토하는 것을 표현

예 It's time for you to come clean.
이제 진실을 털어 놓아야 할 때야.

come의 가장 큰 특징은 "오다"라는 의미도 있지만 듣는 이나 화자가 있는 방향으로 "다가가다"라는 의미가 있다는 것을 꼭 기억해야 합니다. come은 "오다"라는 의미 외에서 어떤 상황이나 상태에 '~에 이르다'라는 의미로도 자주 사용이 되기 때문에 주어진 예문을 통해 다양한 의미로 변형되는 come의 형태들도 익혀보면 좋겠습니다.

감각 활용하기

01 **A** Do you remember Jackson, who is the greatest magician of all time? I invited him tonight. I want you to **come** home for dinner.

역대급 마술사 젝슨을 기억하니? 내가 초대했어. 나는 네가 집에 저녁 먹으러 오면 좋겠어.

B Why not? I will be there just in time.

알겠어요. 시간 맞춰서 갈게요.

02 **A** Kevin! Do you have time for coffee with me tonight?

캐빈, 오늘 저녁에 나랑 커피 마실 시간 있어?

B Sure. I just need to **wrap up** some work. Why don't you **come** to my office?

물론. 정리해야 할 일이 있긴 한데. 내 사무실로 오는 게 어때?

03 **A** I've realized the relationships **come** first and how important you are. I want to spend my life creating beautiful memories with you. Will you marry me?

나는 관계가 우선이라는 것과 네가 얼마나 중요한지 깨달았어. 너와 아름다운 추억들을 만들며 살고 싶어. 나랑 결혼해 줄래?

B Absolutely. You are everything I've dreamed of.

당연하지. 당신은 내가 꿈꿔온 전부야.

04 **A** Hello, this is Stella. May I speak to Robin? **02** *I'm calling about* the proposal.

스텔라입니다. 로빈과 통화할 수 있을까요? 제안서 때문에 전화 드렸습니다.

B He can't **come to** the phone right now.

지금은 전화를 받으실 수 없으세요.

05 **A** When I was traveling in Korea, what I found the most exciting was how the entire city **came** alive at night. I wish you could travel to Korea too. You would love it.

내가 한국을 여행할 때, 가장 흥미로웠던 것은 도시 전체가 밤에 생동감 있게 변하는 것이었어. 너도 한국 여행을 할 수 있으면 좋을 텐데. 분명 좋아할 거야.

B I will travel to Korea no matter what.

무슨 일이 있어도 꼭 한국으로 여행 갈 거야.

자세한 설명은
감각 더하기 에서!   **02** I'm calling to + 동사원형/ about + 명사

tip

01 **the (최상급 명사) of all time** 역대급

모든 시간에서 최고라는 말은 "역사상 최고"이라는 의미로 사용

"~이/가 역대급"이라고 하고 싶은 때 최상급+명사 형태로 사용 할 수 있으며 구어체로는 GOAT라고 축약해서 사용하는데 "염소"와 헷갈리지 않도록 주의

예 She is the GOAT.
그녀는 역대급이야.

02 **wrap up** 정리하다

wrap은 "포장하다, 싸다"라는 의미가 있는데 하던 일이나 논의 등을 그만하거나 마무리 짓는 다는 의미로 사용

예 Let's wrap it up.
우리 마무리 합시다.

 **감각 기르기**

01 come in (물건의 크기, 색, 형태 등으로) 나오다

- This skirt **comes in** black and light blue.
  이 치마는 검은색과 밝은 파란색이 있어요.

- Does this ice-cream **come in** different flavors?
  이 아이스크림은 다른 맛도 나오나요?

02 come off (단추 등이) 떨어저 나오다, 빠지다 / 성공하다

- I never thought this sticker wouldn't **come off**.
  이 스티커가 안 떨어질 거라고는 생각도 못했어.

- Did your party ever **come off**?
  파티는 성공적이었어?

03 come out 상품이 출시되다, 얼룩이 빠지다

- The new phone that I wanted to buy is **coming out** next week, and I can't wait.
  내가 사고 싶어 했던 새로운 핸드폰이 다음주에 출시될 거야. 정말 기대된다.

- You'd better clean your shirt right away.
  That oil stain won't **come out**.
  셔츠는 바로 빠는 게 나을 걸. 그 기름 자국은 빠지지 않아.

04 come along (일이 순조롭게) 진행되다.

- How is your project **coming along**?
  그 프로젝트는 어떻게 진행이 되고 있어?

- I heard you're working on a new marketing campaign.
  How is it **coming along**?
  새로운 광고 마케팅에 착수했다고 들었는데 잘 진행되고 있어?

05 come across 우연히 발견하다/ (누군가에게 어떤) 인상을 주다

- We **came across** a claw machine and we finally won a plushie.
  우연히 인형 뽑기를 발견했고 마침내 인형을 뽑았어.

- There's a good chance that Serina **came across** well in the interview.
  세리나는 인터뷰에서 좋은 인상을 췄을 가능성이 높아요.

---

tip

02 come off 성공하다

off는 일반적으로 떨어지는 전치사의 의미가 있으므로 come off는 "성공하다"라는 뜻으로 머릿속이나 계획했던 것이 현실에서 실현이 되어 나온다고 이해하고 익히기!

03 come out 얼룩이 빠지다

out은 밖으로 나오는 이미지를 가진 전치사이기 때문에 come out을 사용하면 "생산된 물건이 출시되다"라는 의미로 사용 가능하며 "옷이나 천에 묻은 얼룩이 없어지다"라는 뜻으로 사용

05 come across 우연히 만나다

교차의 의미가 있어 기본적으로 우연히 발견하거나 마주치는 것을 의미하는데(=run into, bump into), 마주하는 사람에게는 어떤 인상이나 느낌을 전달할 때도 사용 가능하며, 어떤 생각이나 의미가 떠오르거나 이해되는 상황에서도 쓰일 수 있음

기본적인 의미 "오다"를 넘어 다양한 의미로 파생되는 동사구를 살펴보고 상황에 알맞게 활용할 수 있도록 예문을 통해 여러가지 동사구를 익혀보세요.

감각 활용하기

01 **A** I'm looking for a pair of flat shoes. Oh, I like these ones.
Do you have them in a bigger size?
플랫슈즈를 찾고 있는데요. 오, 이게 마음에 드네요. 이거 큰 사이즈가 있나요?

B Absolutely, these shoes **come in** all sizes.
You can try them on and take your time to see how you feel.
물론이죠. 이 신발은 모든 사이즈 별로 나오니까 신어 보시고 어떤지 느껴보세요.

02 **A** The button **came off** your shirt. Do you have it with you?
셔츠에 단추가 떨어졌어. 단추 가지고 있어?

B No. I don't know where I lost it, so it's hard to find.
I'll go to the convenience store to buy a sewing kit.
아니. 어디서 잃어버렸는지 몰라서 찾기 힘들어. 편의점에 가서 반짇고리 세트를 사야겠어.

A That sounds like a good idea.
좋은 생각이야.

03 **A** You **came out** beautiful in this picture.
너 이 사진 아주 예쁘게 나왔다.

B Thanks. It was so crowded that I had to wait in a long line for an hour to take the picture.
고마워. 사람이 너무 붐벼서 사진 찍는데 한시간 동안 줄을 서서 기다려야 했어.

04 **A** The preparation for the party's **coming along** well.
We've ordered the decorations and sent out the invitations.
But I'm afraid that some people won't be able to make it?
파티 준비는 잘 진행되고 있어. 장식품을 주문했고 초대장도 발송했는데 아쉽게도 몇 사람은 올 수 없데.

B **03** *I was under the impression* that everyone who I invited was coming.
내가 초대 한 사람들은 모두 올 거라고 생각 했었는데.

05 **A** I'm impressed by her piano skills.
그녀의 피아노 기술에 감명받았어.

B Absolutely! When she plays the piano, she really **comes across** as a true prodigy.
맞아. 그녀가 피아노 칠 때면 진짜 영재 같다는 느낌이 들어.

자세한 설명은
감각 더하기 에서!
03 I was under the impression that + 주어 + 동사

tip

02 **That sounds like a good idea.** 좋은 생각이야.

더불어 원어민이 자주 사용하는 표현을 소개하자면 That sounds like a plan.이라는 유의어도 있는데 직역하면 "계획같이 들린다."이지만 실질적인 뜻은 "좋은 생각이야. 그거 괜찮은데."라는 뜻을 지니고 있고 상대방의 의견에 동의하는 의미로도 사용

+ 유의 표현
That's a great(good) idea.
That sounds good.

05 prodigy 영재

There is a ten-year-old prodigy at our school.
우리 학교에는 10살짜리 영재가 있다.

03 COME | 동사를 활용한 이디엄

 **감각 기르기**

01 **come up with** 생각, 해결책, 계획 등이 떠오르다
돈을 구하다, 마련하다

- Let's **come up with** a delicious recipe for dinner.
  우리 저녁을 위한 맛있는 조리법을 떠올려보자.
- I have to **come up with** the rent for this month.
  이번 달 월세를 마련해야 해.

02 **come down with** (가벼운) 질병에 걸리다

- I'm **coming down with** a cold and I've got a slight fever.
  감기기운이 있고 열도 약간 있어요.
- You don't look so good. Are you **coming down with** the flu?
  안 좋아 보이는데 독감 걸렸어?

03 **come rain or shine** 무슨 일이 있어도, 반드시

- I go jogging every morning, **come rain or shine**.
  무슨 일이 있어도 나는 아침에 조깅하러 간다.
- Don't worry. **Come rain or shine**, I give you my word.
  걱정 마. 반드시 너에게 한 약속은 지켜.

04 **come up short** 실패하다

- I think their performance really **came up short**.
  그들의 성과는 기대치에 못 미쳤다고 생각해.
- I didn't save the amount of money that I had planned.
  I **came up short** this month.
  내가 계획했었던 것만큼 돈을 모으지 못했어. 이번 달은 실패했어.

05 **come out in the wash** 좋은 결과가 나오다

- In the end, everything will all **come out in the wash**.
  결국에는 모든 것이 잘 해결될 거야.
- Don't worry about your problem. It will **come out in the wash**.
  It's mind over matter.
  문제에 대해서 걱정하지 마. 다 잘될 거야. 마음먹기에 달렸어.

---

tip

03 **come rain or shine**
무슨일이 있어도

"비가 오나 눈이 오나"라는 말과 비슷한 의미로 "무슨 어려움이 있어도, 무슨 일이 있어도"라는 뜻

+ 동의어 : come what may
  예 Come what may, I will be there.
  무슨 일이 있어도 갈게.

04 **come up short** 실패하다

무언가 짧게 나타났다는 말은 무언가를 시도하긴 했지만 노력이 못 미치거나 기대에 못 미칠 때 사용

05 **come out in the wash**
좋은 결과가 나오다

더러운 옷이 깨끗하게 빨려 나왔다는 것은 어떤 문제나 어려움이 해결되었다는 의미로 사용되며 지저분한 것이 깨끗해졌다는 것이니 비밀이나 사실이 밝혀졌을 때도 사용

05 **mind over matter**
정신력이 달린 문제

마음먹기에 달렸다는 의미로 사용

예 You can do it. It's mind over matter.
너는 원래대로 돌아가야 해.

come을 활용한 이디엄 중 come up with과 come down with은 형태가 비슷해 보이지만 완전히 다른 의미를 지니고 있기 때문에 뜻을 명확하게 구분하여 연습하는 게 좋습니다. 감각 깨우기에 다루고 있는 이디엄들은 모두 일상 회화에서 자주 활용되는 표현이니 꼭 외워보고 나만의 문장으로 응용해 보시길 권장합니다.

감각 활용하기

01

A We need a creative idea for our marketing campaign.
우리 마케팅 캠페인을 위한 창의적인 아이디어가 필요해.

B **04** *Don't even bother worrying* about it. If we **put our heads together**, we'll **come up with** something brilliant.
그건 걱정할 필요도 없어. 우리 머리를 맞대면 분명 훌륭한 아이디어가 나올 거야.

02

A You didn't come to work yesterday.
05 *I can't help but* wonder what happened.
어제 회사에 안 왔잖아. 무슨 일 있었는지 궁금하지 않을 수 없네.

B I **came down with** a stomachache yesterday.
So I took a day off. My health comes first.
어제 배가 아파서 휴가 냈어. 내 건강이 우선이잖아.

03

A Are you planning to go on a picnic to Han River this weekend?
I have some time on my hands.
이번 주말에 한강으로 소풍 갈 거지? 나 시간 엄청 많아.

B Absolutely! **Come rain or shine**, we're going to have a great time.
당연하지. 무슨 일이 있어도 그날 가서 우리 즐거운 시간 보내자.

04

A How did your interview go?
인터뷰 어떻게 봤어?

B Not so well, I **came up short** on a few questions.
I thought I was well-prepared. It was a huge letdown.
별로야. 몇 개의 질문에 대해 부족한 점이 있었어. 잘 준비했다고 생각했는데 실망스러웠어.

05

A I made a mistake at work today, and it's stressing me out.
06 *I feel like drinking* right now.
오늘 회사에서 실수를 했는데 스트레스 받아. 지금 당장 한잔하고 싶네.

B Just pull yourself together.
Sometimes, small mistakes **come out in the wash**, and they don't have a big impact in the long run.
마음을 가라 앉혀봐. 가끔은 작은 실수들은 문제가 되지 않을 수 있고 그게 길게 봤을 때는 별 영향을 끼치지 않기도 해.

자세한 설명은
감각 더하기 에서!

04 Don't even bother worrying
05 I can't help, but
06 I feel like + Ving

---

tip

01 **put one's heads together**
머리를 맞대다

우리나라 말과도 비슷한 표현으로 함께 협력해서 무언가를 해결하거나 머리를 맞대고 의논하는 상황에서 유용하게 사용할 수 있음

예 If we put our heads together, we can solve the problem.
우리가 함께 머리를 맞대고 상의를 하면 그 문제를 해결 할 수 있어.

04 **letdown** 실망

실망스러운 마음이나 기대 이하의 마음을 표현할 때 disappointment도 있지만 letdown도 자주 사용

예 The end of the movie was a real letdown.
정말 실망스러웠어.

+ 동사로 Let + 사람 + down의 형식으로도 사용

예 Don't let me down.
나를 실망 시키지 마.

01 **Is it okay if** + 주어 + 동사 **?** ～한다면 괜찮을까요?

*Can I ~?*는 어떤 행동을 할 수 있는지 허락을 구할 때 사용된다면, 이 표현은 상대의 의견을 묻고, 허락이나 동의를 보다 깊이 있게 구할 때 사용합니다.

- **Is it okay if** I switch seats with you for a second?
  잠깐만 자리를 바꿔 앉아도 괜찮으세요?

- **Is it okay if** I get off work early?
  오늘 좀 일찍 퇴근해도 괜찮을까요?

- **Is it okay if** I use your phone?
  너의 핸드폰을 사용해도 괜찮을까?

- **Is it okay if** I come along with my boyfriend to your party?
  너의 파티에 남자친구랑 함께 가도 괜찮을까?

- **Is it okay if** we take a coffee break?
  커피 마시면서 쉬는 시간을 가져도 괜찮을까?

02 **I'm calling to** + 동사원형
I'm calling about + 명사 ～때문에 전화드렸습니다

전화상으로 상대에게 전화 걸게 된 이유를 설명할 때 사용하는 표현입니다.
비즈니스 회화뿐 아니라 일상 회화에서도 장소를 예약하거나 취소할 때, 주문에 대한 문의를 할 때도 쓰이는 표현입니다.

- **I'm calling to** ask you a favor.
  부탁을 하려고 전화했어.

- **I'm calling to** thank you for the special cake that you gave me for my birthday.
  내 생일에 준 특별한 케익에 대해서 고맙다고 말하려고 전화했어.

- **I'm calling to** make a reservation for 2 people at 6 o'clock under the name of Luis.
  루이스라는 이름으로 6시에 2명 예약을 하려고 전화했습니다.

- **I'm calling about** a new phone that came out yesterday.
  어제 출시된 새로운 핸드폰 때문에 전화했어요.

- **I'm calling about** our meeting on Friday.
  금요일 회의 때문에 전화했어요.

tip

01 **come along with** 같이 가다

"가다"라는 의미로 go를 떠올릴 수 있지만 정해진 목적지지나 행사 등에 "함께 가다"라는 의미로 표현할 때 come along with라는 표현을 적극 활용해 보자!

예 I will ask Jackson to come along with us.
잭슨한테 우리랑 같이 가자고 할게.

03 **I was under the impression that** + 주어 + 동사

~라고 생각했어

impression은 보통 "감명"이라는 뜻으로 잘 알려져 있는데, 또 다른 의미로 "인상, 느낌"이 있습니다.

내가 알고 있는 사실과 다른 느낌을 받고 있다는 의미를 전달할 때 사용하며, 잘못 생각하고 있거나 무언가를 오해한 일에 대해서 말을 할 때도 쓸 수 있습니다.

- **I was under the impression that** the meeting was canceled.
  회의가 취소되었다고 생각했어.

- **I was under the impression that** he told you the truth.
  그가 너에게 사실대로 말했다고 생각했어.

- **I was under the impression that** it was crowded with people.
  사람들이 많을 거라고 생각했어.

- **I was under the impression that** she was fluent in English, but she wasn't.
  그녀가 영어를 유창하게 할 거라고 생각했는데 아니었어.

- **I was under the impression that** it was first come, first served.
  나는 그게 선착순이라고 생각했어.

tip

03 **first come, first served**

선착순

먼저 오면 먼저 대접이나 지원을 받는다는 뜻으로 한정적인 자원이나 기회를 공정하게 분배하거나 반대로 경쟁을 부추길 때 사용할 수 있는 표현

Ex Line up, please! It's first come, first served.
줄을 서주세요. 선착순 입니다.

04 **Don't even bother** + Ving 굳이 ~하지 않아도 돼

bother은 누군가를 "신경 쓰이게 하거나 괴롭히다"라는 의미로 많이 사용하는데, 이 표현에서는 조금 다른 의미로 알아 두어야 합니다.

특정 행동이나 노력이 필요 없음을 조언할 때, 또는 굳이 애쓰지 않아도 된다고 말할 때 사용하는 표현입니다.

- **Don't even bother** try**ing** to fix the old radio.
  그 오래된 라디오를 고치려고 애쓰지 마.

- **Don't even bother** study**ing** hard for that exam, it's open-book this time.
  그 시험 공부 굳이 열심히 할 필요 없어. 이번에는 교재를 보면서 치르는 시험이야.

- **Don't even bother** wait**ing** in a long line for the street food.
  굳이 길거리 음식을 먹으려 긴 줄을 설 필요는 없어.

- **Don't even bother** go**ing** to that restaurant. The food is awful.
  굳이 그 식당에 가지 않아도 돼. 음식 정말 별로야.

- **Don't even bother** read**ing** this book. It's really boring.
  이 책 읽을 필요 없어. 진짜 지루해.

05 **I can't help, but** ～할 수 밖에 없다, 어쩔 수 없어

help의 "돕다"라는 의미만을 가지고 이 문장을 해석하면 일상 대화에서 활용하기 어렵기 때문에 제대로 된 의미를 파악하는 것이 중요합니다.

"～하는 외에는 나는 도울 수 없다"라는 의미는 "～할 수 밖에 없다, ～하지 않을 수 없다"라는 뜻이 됩니다.

- I still **can't help but** wonder.
  나는 여전히 궁금해.

- **I can't help but** worry about this problem.
  이 문제에 대해서 걱정을 할 수 밖에 없어.

- It's a breathtaking view that **I can't help but** take a lot of pictures of.
  숨이 막힐 듯한 장관이라 사진을 많이 찍을 수 밖에 없어.

- **I can't help but** feel excited about the upcoming party.
  다가오는 파티 때문에 흥분될 수 밖에 없어.

- I didn't bring my wallet. **I couldn't help but** come back.
  지갑을 안 가지고 갔어. 돌아올 수 밖에 없었어.

06 **I feel like** + Ving ～하고 싶어

want to + 동사원형은 명확한 의지나 욕구를 나타내지만, *feel like* + *Ving*는 현재의 상태나 기분에 따라 느껴지는 감정이나 순간적인 욕구를 나타냅니다.

두 표현이 간혹 헷갈릴 수 있기 때문에 미묘한 차이를 알고 유용하게 사용하길 바랍니다.

- **I feel like** eat**ing** pizza with some beer tonight.
  오늘밤에 맥주랑 피자를 먹고 싶어.

- I've never traveled since I started working.
  I feel like travel**ing** abroad.
  일을 시작하고 여행을 간 적이 없어. 해외로 여행을 가고 싶어.

- **I feel like** relax**ing** at home and watching TV.
  집에서 쉬면서 TV 보고 싶어.

- **I feel like** throw**ing up**. Can you pull over?
  토할 것 같아. 차 좀 세워줄 수 있어?

- I'm not that hungry. **I** don't **feel like** hav**ing** dinner.
  그렇게 배가 고프지 않아. 저녁 생각 없어.

PART
19

SEE/WATCH/LOOK

01 SEE 보다 / 썸타다 / 진찰받다 / 확인하다

see [현재형] – saw [과거형] – seen [과거분사형]

 **감각 기르기**

01 **see** + 사물 ~를 보다/ 관람하다, 구경하다

- I **saw** the Eiffel tower when I went to Paris.
  파리에 갔을 때 에펠탑을 봤어.

- I'm so excited to **see** the parade at Disney World.
  디즈니월드에서 퍼레이드를 보다니 정말 신나.

02 **see** + 사람 ~를 만나다/ 사귀다(썸타다)

- It's good to see you again so soon.
  이렇게 빨리 다시 만나게 돼서 기뻐요.

- How's your dating life?
  Are you **seeing** that guy you went on a blind date with last time?
  연애 사업은 어때? 지난번에 소개팅한 남자랑 사귀고 있는 거야?

03 **see** (의사에게) 진찰받다

- **01** *I'd rather* go to **see** a doctor *than* lose my health.
  건강을 잃기 전에 병원에 가보는 편이 낫겠어.

- I'm afraid of going to **see** a dentist.
  So I brush my teeth three times a day.
  나는 치과에 가는 게 무서워서 하루에 3번 이를 닦아.

04 **see** (몰랐던 사실 등을) 알다, 이해하다/ 확인하다

- I am sorry but I can't **see** the point of what you're saying.
  죄송합니다만 하시는 말씀의 요점을 모르겠습니다.

- I will **see** if there's any way I can help you.
  너를 도와줄 수 있는 방법이 있는지 확인해 볼게.

05 **see** + 목적어 + 동사원형 /Ving ~가 …하는 것을 보다

- We **saw** the children build a snowman in the playground.
  아이들이 놀이터에서 눈사람을 만드는 거 봤어.

- I **saw** Oliver wait**ing** for you.
  올리버가 너를 기다리고 있는 걸 봤어.

자세한 설명은
감각 더하기 에서! **01** I'd rather + 동사원형 + A + than + B

tip

02 **be seeing someone**
썸을 타다

일반적으로 see는 사람을 보거나 만날 때 사용하지만 남녀 사이에서는 썸을 타거나 사귀기 시작하고 서로를 알아갈 때 be seeing someone 형태로 사용 가능

예 Are you seeing anyone?
누구 만나는 사람 있어?

03 **see a doctor** 진찰받다

우리 말로는 "병원에 가다"라고 하는데. hospital은 "종합병원"의 의미가 강하기 때문에 일반적으로 영어권에서는 "의사를 만나러 가다"라는 표현을 더 자주 사용

05 **see** + 목적어 + 동사원형
(~하는 것을) 보다

동사원형을 사용할 때는 동작의 처음과 끝을 모두 목격하는 것을 의미

+ 〈see + 목적어 + Ving〉
  사건이 진행되는 광경을 중간에 볼 때 주로 사용

우리말의 "보다"는 하나의 단어지만, 영어에는 see, look, watch처럼 상황에 따라 다른 표현이 있어 헷갈릴 수 있습니다. 특히 see는 의식하지 않고 눈에 들어오는 것을 뜻하며, 의도 없이 보이는 것에 사용됩니다. 이 때문에 진행형으로는 잘 쓰이지 않으며, 특정 의미(예: 사귀다)를 제외하면 예외적입니다. 무언가를 구경하거나 관람할 때도 see를 쓸 수 있으니, 예문을 통해 정확히 익혀두면 좋습니다.

감각 활용하기

01 **A** Excuse me, you're not supposed to park here.
Do you **see** that sign over there?
실례지만 여기에 주차하면 안 되세요. 저기 표지판 보이시죠?

B Oh, I'm sorry. I didn't **see** it.
I'll move my car to another spot right away.
오, 죄송합니다. 저걸 못 봤네요. 제가 바로 차를 다른 곳으로 옮기도록 할게요.

02 **A** You seem to be in a good mood today. Just tell me.
기분이 좋아 보인다. 솔직하게 털어놔.

B Actually, my friend set me up with a guy a few weeks ago.
I'm **seeing** him.
얼마 전에 친구가 남자를 소개해 줬는데. 사귀고 있어.

03 **A** I heard you fell down on the street this morning.
Are you okay? Maybe you should **see** a doctor after work.
오늘 아침에 길에서 넘어졌다며. 괜찮아? 아무래도 회사 끝나고 병원에 가보는 게 좋을 것 같은데.

B I think I'm okay. I don't have to see a doctor.
괜찮아서 병원에 가볼 것까지는 없어.

04 **A** I've heard something negative about the company you're planning to invest in, and it would be better not to do it.
You might be taking a risk.
네가 투자하려고 계획하고 있는 그 회사에 대해서 안좋은 얘기를 들어서 거기 투자 하지 않는 게 좋을 것 같아. 위험을 감수하게 될지도 몰라.

B Oh, I **see** what you're saying. Thank you for your advice.
오, 네가 무슨 말을 하고 있는 지 알겠어. 조언 고마워.

05 **A** Pop up in my head.
On my way here, I **saw** Anny arguing with her boyfriend.
갑자기 생각 난 건데. 여기 오는 길에 애니가 남자친구랑 싸우고 있는 걸 봤어.

B Oh, really? I hope everything's okay with them.
오, 정말? 잘 해결됐으면 좋겠다.

---

tip

05 **pop up in one's head**
머릿속에 무언가가 떠오르다

pop up은 무언가 갑자기 튀어 나오는 것을 뜻하며 생각이나 아이디어 기억 등이 머릿속에 갑자기 생각나는 것을 표현할 때 사용

+ 유의 표현
pop up in one's mind
예 The great idea just popped up in my head.
네가 했던 말을 명심하도록 할 게.

02 SEE | 구동사 활용 / 동사를 활용한 이디엄

 감각 기르기

01 see about ~를 알아보다, 고려하다

- Can you **see about** making a hotel reservation for our vacation?
  휴가 때 호텔 예약을 알아봐 줄 수 있어?

- I need to **see about** getting my car serviced soon.
  내 차를 곧 정비 받아 봐야지 싶어.

02 see off 배웅하다

- I have to **see off** my son at the airport.
  아들을 공항에 배웅해 줘야 해.

- We would like to **see** you **off** this time.
  이번에는 저희가 배웅해 드리고 싶습니다.

03 see through 꿰뚫어 보다/ 끝까지 해내다

- I could **see through** his excuses but I just let it slide.
  그가 변명하는 것을 알아챘지만 그냥 넘어 갔어.

- *02 I've set my sights on* **seeing** this project **through** by the end of the year.
  연말까지 이번 프로젝트를 완수하기로 마음먹었어.

04 see eye to eye 의견이 일치하다

- We need to **see eye to eye** on the decision that we discussed yesterday.
  어제 의논한 것에 관한 결정에 의견을 일치하는 게 좋겠어.

- Speaking of which, you and I always don't **see eye to eye**.
  얘기가 나와서 말인데 너와 나는 항상 의견이 맞지 않아.

05 see to it that + 주어 + 동사 무언가를 확실히 ~되게 하다

- Please **see to it that** children are not allowed to play on this site.
  아이들이 이 곳에서 놀지 못하도록 확실하게 해주세요.

- I will **see to it that** he's ready on time.
  그가 제시간에 준비하도록 하겠습니다.

자세한 설명은
감각 더하기 에서! 02 set one's sights on

---

tip

01 see about
알아보다, 고려하다

"~에 관하여 본다"라는 뜻은 앞으로 일어날 상황에 대해 알아보거나 "~해도 괜찮을 지 생각을 하거나 조치를 취한다"라는 뜻으로 사용

02 see off 배웅하다

함께 있던 누군가를 특정 장소까지 데려다 주면서 눈에서 멀어질 때까지 봐주며 배웅하는 것을 표현

03 see through 끝까지 해내다

무언가를 통해 본다는 의미는 거짓말이나 계략 등을 알아차리고 사람의 본심이나 정체 등을 간파한다는 의미로 쓸 수 있으며, see something through 형태로 사용하게 되면 끝까지 무언가를 완수하고 해낸다는 의미

04 see eye to eye
의견이 일치하다

눈과 눈을 맞춘다는 것은 같은 걸 바라보기 때문에 생각이나 의견이 일치하는 것을 뜻하며 의견이 맞지 않는 것을 돌려서 표현할 때도 사용

05 see to it that + 주어 + 동사
확실히 하도록 조치하다

틀림없이 무언가가 완료되도록 조치를 하거나 확인을 할 때 쓸 수 있음

+ 유의어
  Make sure that + S + V
  꼭 ~하세요

+ see to something 이 표현은 해야 할 일을 처리하거나 챙길 때 사용

다양한 구동사와 관용적인 표현 중 원어민들이 자주 사용하는 표현 위주로 선정하였습니다. see를 활용한 구동사와 이디엄을 익혀보고 원어민과 대화를 나누거나 영어로 된 영상을 시청 할 때 그 표현들을 바로 이해할 수 있도록 훈련해 보세요.

감각 활용하기

01 **A** I really wanted to go to that concert, but I couldn't get tickets.
나 그 콘서트 정말 가고 싶었는데 티켓을 못 구했어.

B **03** *No wonder* it's been so hard to find tickets.
It's such a popular event. I'll **see about** getting tickets.
그 티켓을 구하기 힘든 건 당연하지. 엄청 인기가 있으니까. 내가 티켓 구해 볼게.

02 **A** I'm so glad we got to catch up while I was visiting.
Thank you for driving me to the airport.
여기 있는 동안 밀린 얘기 나눌 수 있어 좋았어. 공항까지 태워줘서 고마워.

B I couldn't be happier to **see** you **off**.
너를 배웅해 줄 수 있어서 더할 나위 없이 기뻐.

03 **A** I just finished reading the novel. The twist at the end was mind-blowing! Actually, I didn't see that coming.
막 그 소설 다 읽었어. 결말에 있는 반전이 완전 놀라웠어. 예상을 못했어.

B Really? I thought you would have **seen through** it.
정말? 나는 네가 결말을 간파했을 거라고 생각했었는데.

04 **A** Hi, Alice, I think we should work on the presentation for the meeting next week.
안녕, 앨리스, 다음주 회의 발표를 준비해야 할 것 같아.

B Absolutely, but first things first, we need to make sure we **see eye to eye** on the key points we want to cover.
물론이야. 근데 제일 먼저, 우리가 다루고자 하는 중요한 요점에 대해서 의견을 맞춰보는 게 좋을 것 같아.

A I'll bring my iPad so that we will be able to jot it down.
간단하게 적을 수 있게 아이패드 챙겨 갈게.

05 **A** The meeting which was postponed because of the technical issue will take place this Wednesday.
기술적인 문제로 연기됐던 회의가 이번주 수요일에 열릴 거야.

B Can you **see to it that** everyone knows the date of the Zoom meeting?
줌 회의 날짜를 모두가 알게 해 줄 수 있어?

---

tip

03 **twist** 반전

이야기상황의 예상 밖의 전계를 나타내는 단어로 영화나 소설 등의 "반전"이라는 의미로 사용

03 **see something coming**
예상하다

미리 생각하거나 예상한다는 표현으로 부정문으로 쓰면 예상하지 못했다는 의미로도 사용

예 No one saw that plot twist coming.
아무도 그 반전을 예상 못했어.

04 **first things first**
제일 중요한 것은

다른 일에 앞서 가장 중요하거나 먼저 해야 할 일에 대해서 말할 때 사용

예 First things first, I should talk to my boss about the problem.
우선 그 문제에 대해 상사와 이야기를 하는 게 좋겠어.

04 **jot down**
무언가를 받아 적다/쓰다

무언가를 받아 적는 다는 표현을 떠올리면 write down이나 make a note가 있지만 메모하거나 빠르게 받아 적을 때 jot down도 함께 알아 두기!

예 Let me jot down your number.
제가 번호를 받아 적을 게요.

자세한 설명은
감각 더하기 에서!   **03** No wonder (that) + 주어 + 동사

03 **WATCH** | TV를 보다 / 정주행 하다 / 조심하다

watch [현재형] – watched [과거형] – watched [과거분사형]

 **감각 기르기**

01 **watch** + 명사 ~를 보다/ 감시하다, 지켜보다

- My plan is to stay at home and **watch** TV all day.
  내 계획은 하루 종일 집에 있으면서 TV 보는 거야.

- Don't worry, just go to the restroom. I will keep **watching** your baby.
  걱정하지 말고 화장실 다녀와. 내가 아기 지켜보고 있을게.

02 **binge-watch** (드라마, 시리즈, TV 쇼 등) 정주행 하다

- I stayed up all night **binge-watching** the new TV series on Disney+.
  디즈니 플러스로 새로운 드라마 몰아 보기 하느라 밤샜어.

- I want to chill out **binge-watching** 'Modern family' this weekend.
  이번 주말에 "모던 패밀리" 정주행 하면서 쉬고 싶어.

03 **watch** ~를 조심하다

- It's really slippery when the floor is wet. **Watch** your step!
  바닥이 젖어 있을 때는 미끄러워. 바닥 잘 보고 다녀.

- You should **watch** your back in crowded places to protect yourself from pickpockets.
  혼잡한 곳에서는 소매치기로부터 스스로를 보호하기 위해서 뒤를 조심해야 해.

04 **watch one's language/mouth** 언행을 조심하다

- **04** *The way I see it is* that he needs to **watch** his **language**.
  그가 말을 조심해야 한다고 생각해.

- I told you to **watch** your **mouth**.
  내가 말 조심하라고 했잖아.

05 **watch out** (for + 명사) ~에 주의하다

- Make sure to **watch out for** pedestrians crossing the street when you're driving.
  운전을 할 때 는 보행자가 길을 건널 때 꼭 주의해야 한다.

- You almost fell, didn't you? **Watch out** next time!
  넘어질 뻔 했잖아. 그치? 다음부터 조심해.

자세한 설명은 **감각 더하기** 에서! **04** The way I see it is

---

tip

02 **binge-watch** 정주행 하다

binge는 흥청망청하거나 폭식한다는 뜻이 있지만 watch를 연결하여 시리즈 영상물 등을 '정주행 하다'라고 쓰임

OTT 기반의 영상 플랫폼이 다양하게 생기기 시작하며 드라마나 쇼 프로그램 등을 한꺼번에 몰아서 보는 것을 표현할 때 유용하게 사용

+ binge-eat 폭식하다
  binge-drink 폭음하다
  예 I don't want to binge-eat.
  폭식하고 싶지 않아.

watch는 시작과 끝이 있는 생동감 있는 것을 집중해서 볼 때 사용하는 동사입니다. 대표적으로 TV를 본다거나 영화나 공연 등을 볼 때 쓰이며 누군가를 지속적으로 지켜보거나 감시할 때도 쓰입니다. 더불어 행동에 주의를 주거나 갑작스럽게 무언가 튀어나 올 때 조심하라는 표현으로 응용해서 사용 할 수 있습니다.

감각 활용하기

tip

01
- **A** What did you do over the weekend?
  주말에 뭐했어?
- **B** I went to Yeouido Hangang Park with my family to **watch** the fireworks last Saturday. It brought us joy.
  지난 토요일에 가족들이랑 불꽃놀이 보려고 여의도 한강공원에 갔어.
  그 덕에 즐거웠어.

02
- **A** Have you been watching any interesting TV series lately?
  요즘에 재미있게 본 TV 드라마 있어?
- **B** Oh, absolutely! I've been **binge-watching** this fantastic series called "Emily in Paris" on Netflix.
  05 I can't tell you how obsessed I am with it!
  오, 물론이지! 넷플릭스에서 '에밀리, 파리에 가다'라는 기막히게 재미있는 드라마를 정주행 중이야. 내가 그것에 얼마나 빠져있는지 말로 다 할 수 없어.

03
- **A** Amy, it's pretty dark out. Be careful when you walk to the car.
  에이미, 밖이 좀 깜깜하다. 차로 걸어 갈 때 조심해.
- **B** Thanks for the heads up. I'll **watch** my step.
  귀띔해 줘서 고마워. 앞에 잘 볼게.

04
- **A** You'll get us in trouble! Well, **watch** what you say in front of the boss. You know how strict she is.
  너 때문에 우리 곤란해질 거 같아. 상사 앞에서 말 조심해.
  그녀가 얼마나 엄격한지 알잖아.
- **B** I know, but I just blurted it out. I'll be more careful next time.
  나도 아는데 입에서 불쑥 튀어나왔어. 다음에는 조심할게.

05
- **A** **Watch out**! There's a car coming! The traffic light is red. Don't cross.
  조심해! 차가 오고 있잖아. 빨간불이니까 건너지 마.
- **B** Oh, Thanks. I spaced out.
  I almost stepped into the street without looking.
  오, 고마워. 멍 때렸어. 안 보고 길 건널 뻔했네.

03 watch one's step 조심해

넓은 반경에서 이동 중일 때 외부에서 물체나 다른 사람에게 부딪히지 않도록 앞을 잘 살피고 다니는 거나 날카로운 물건 또는 위험한 물건을 다룰 때 조심하라는 의미

예 Watch where you're going!
앞을 잘 보고 다니세요!

04 blurt out 불쑥 튀어나오다

생각 없이 입에서 무심결에 불쑥 튀어 나오는 말을 할 때 사용

예 I'm so sorry. I didn't mean to blurt it out.
미안해. 그걸 발설하려고 한 건 아니었어.

05 space out / zone out
멍 때리다

지금 내가 속해 있는 곳에서 벗어나있다는 말은 다른 생각을 하거나 멍을 때리는 행동을 의미

예 I zoned out during the meeting.
회의 중에 멍 때렸어.

자세한 설명은
감각 더하기 에서!

05 I can't tell you how + 형용사 + 주어 + 동사

04 LOOK : ~처럼 보이다 / 보다 / 찾아보다

look [현재형] – looked [과거형] – looked [과거분사형]

 감각 기르기

01 look ~보다 / look + 형용사 ~처럼 보이다

- How often do you **look** in the mirror a day?
  하루에 얼마나 자주 거울을 보나요?

- She **looks** better in person.
  그녀는 실물이 더 낫다.

02 look like + 명사 ~인 것처럼 보이다, 닮다

헷갈리지 않고 잘 활용하기! look 형용사 / look like 명사 / look like that 주어 동사

- It **looks like** it's going to snow **any second**.
  금방이라도 눈이 내릴 것 같아 보여.

- My friend **looks like** a famous actor.
  내 친구는 유명한 배우를 닮았다.

03 look at ~를 보다

- I **looked at** her for a long time.
  나는 아주 오랫동안 그녀를 쳐다 보았다.

- What are you **looking at**?
  뭘 보고 있는 거야?

04 look around ~를 둘러보다, 구경하다 /무언가를 고려하다

- Can I **look around** if you don't mind?
  괜찮으시다면 제가 둘러볼 수 있을까요?

- You can **look around** and see various kinds of items in that shopping mall.
  그 쇼핑몰에서는 다양한 물건들을 구경할 수 있어.

05 look for ~를 찾아보다, 일자리, 정보 등을 구하다

무언가를 찾기 위해 노력하거나 그 과정을 나타낼 때 사용하며 find은 잃어버린 물건이나 장소 등의 대상을 찾았을 때 주로 '찾아내다, 발견하다'라는 의미로 사용

- You don't know how long I've been **looking for** you.
  내가 너를 얼마나 찾았는지 모를 거야.

- I'm **looking for** a full-time job.
  나는 정규직으로 일자리 구하고 있는 중이야.

---

tip

01 look better in person
실물이 낫다

"실물이 낫다"라는 말을 할 때 사용할 수 있는 표현

+ 추가 표현
  예 The photo doesn't do you justice.
  너는 실물이 낫다.

02 any minute / any second
곧, 언제든

"곧"이라는 의미를 강조하는 표현

예 I will be there any minute.
나 곧 도착할 거야.

무언가를 자세히 들여다 보며 그 상태가 어떤지 어떤 모습인지 말을 할 때 look을 사용 할 수 있습니다. 더불어 어떤 방향이나 위치에 있는 것을 지목해서 볼 때 사용 할 수 있습니다. see는 단순하게 눈으로 들어오는 시각적인 것을 볼 때, watch는 일정한 시간 동안 집중해서 어떤 활동이나, 영상, 공연 등을 볼 때, 그리고 look은 특정한 방향에 있는 무언가를 주위 집중해서 볼 때 쓰입니다.

감각 활용하기

01 **A** Are you ok? You **look** pale.
너 괜찮아? 창백해 보여.

B I got my second dose of the COIVD vaccine this morning.
I've come down with a splitting headache and my arm is kind of sore. Are you vaccinated?
오늘 아침에 코로나 백신 2차 맞았어. 머리가 깨질 듯이 아프고 팔도 좀 아프네. 너는 백신 맞았어?

02 **A** You **look like** a million dollars in that wedding dress!
그 드레스를 입으니까 정말 아름답다.

B I'm grateful I can share this meaningful day with you.
의미 있는 날 너와 함께 할 수 있어서 정말 감사해.

A Getting married is **06** *the best thing that ever happened to* you.
I wish you all the luck in the world.
결혼을 하는 건 너의 삶에 있어서 가장 행복한 일이야. 세상의 모든 행운을 빌어.

03 **A** **Look at** that beautiful painting on the wall. Wow, it's stunning and outstanding! Do you know who the artist is?
벽에 걸린 이 아름다운 그림 봐봐. 와, 굉장히 아름답고 뛰어나네. 이 작가 누군지 알아?

B Yes, it's by a local artist named Andrew.
The thing is he's my brother. He's very talented.
앤드류라는 지역 예술가야. 사실은 우리 오빠야. 그는 정말 재능이 있어.

04 **A** I'm really bad with directions. I always get lost.
나 진짜 길치야. 항상 길을 잃어.

B Don't worry, just **look around** and see if you can spot any buildings to help guide you.
걱정하지 마. 주변을 둘러보고 길 안내를 도와줄 건물들도 확인해봐.

05 **A** There's a black-out. I was in the basement **looking for** the flashlight, but I couldn't find it.
전기가 나갔어. 손전등을 찾으려고 지하에 있었는데 찾을 수가 없었어.

B It's all right. We can use the flashlight apps on our phones.
괜찮아. 우리 핸드폰에 있는 손전등 어플 사용하면 돼.

자세한 설명은 **감각 더하기** 에서! **06** the best thing that ever happened to

tip

02 **look like a million dollars**
멋져 보인다

백만 달러처럼 보인다는 말은 신수가 훤해 보이거나 멋있고 아름다워 보인다는 의미로 평소보다 외모가 돋보이거나 신경을 썼을 때 사용

예 He looks like a million dollars since he lost a lot of weight.
그는 살을 많이 빼고 나서 멋있어 보여.

04 **be bad with directions.**
나는 길치야.

길을 잃어버리거나 방향을 잘 찾지 못하는 사람, 즉 "길치"라고 표현하는데 사용

예 I'm bad with directions, so I often rely on GPS and Google maps.
나는 길치라서 자주 네비게이션이나 구글 지도에 의존을 해.

209

05 LOOK | 구동사 활용

 감각 기르기

01 look after ~를 돌보다

- I used to **look after** my younger brother when my parents were at work back in the day.
  예전에 부모님이 일하시면 내가 남동생을 돌보곤 했어.

- Can you **look after** my dogs while I'm on vacation?
  휴가 동안 내 강아지들을 돌봐줄 수 있어?

02 look into ~를 알아보다, 조사하다

- We're **looking into** the customer complaints.
  우리는 고객들의 불만사항에 대해 조사 중입니다.

- I need to **look into** the design options before making a decision.
  결정을 내리기 전에 디자인 선택사항에 대해서 살펴봐야 해.

03 look forward to + 명사 ~를 고대하다

- I'm **looking forward to** the Jarasum Jazz Festival.
  자라섬 재즈 축제가 넘 기대된다.

- We're **looking forward to** traveling to Europe during our honeymoon.
  신혼여행 때 유럽으로 여행가는 거 정말 기다려져.

04 look up to ~를 존경하다

- My boss is really wise and intelligent, so I **look up to** him as a leader.
  나의 상사는 정말 지혜롭고 똑똑해서 나는 리더로서 그를 존경해.

- My grandmother is warm-hearted, so I always **look up to** her.
  우리 할머니는 마음이 따뜻하셔. 나는 그녀를 항상 존경해.

05 look back on 돌아보다, 회상하다

- I often **look back on** my childhood and cherish the precious memories.
  나는 종종 어린시절을 돌아보며 소중한 기억을 간직한다.

- Someday, you'll **look back on** this birthday party.
  언젠가 오늘 생일 파티를 회상하게 될 거야.

---

tip

01 look after 돌보다

사람이나 동물을 보살피거나 돌볼 때 사용할 수 있는 표현

+ 유의어 : take care of
  책임지고 무언가를 관리하고 처리한다는 의미
  예 There's something I need to take care of.
  처리 해야하는 일이 있어.

+ look after는 보다 좀 더 광범위한 뜻을 가지고 있음

02 look into 알아보다, 조사하다

into는 깊이 안쪽으로 들어간다는 의미로 사용되므로 look into는 어떤 문제나 사건에 대해 주의 깊게 살펴볼 때 사용

원어민들이 즐겨 사용하는 look 동사구 예문들을 통해 다양한 의미들로 파생되는 표현들을 익혀보고 훈련해 보세요. 특히, 동사구로 이루어진 표현들은 전치사에 따라 다른 의미로 해석이 된다는 점을 꼭 기억하세요.

 **감각 활용하기**

01 Ⓐ Is it possible to **move up** the meeting tomorrow?
I have to **look after** my kids this Wednesday.
내일로 회의 일정 당겨 줄 수 있을까? 이번주 수요일에 아이들을 돌봐야 해.

Ⓑ No problem. I will **work around your schedule**.
문제없어. 너의 일정에 맞춰서 내가 조정할게.

02 Ⓐ Have you checked the contract?
그 계약서 확인해 봤어?

Ⓑ No, I haven't yet, but I'm planning to **look into** it to see if it suits our needs.
아직. 우리 요구 사항에 맞는지 확인해볼 계획이야.

03 Ⓐ I'm so **looking forward to** meeting in person next week to discuss the details.
다음 주에 직접 만나서 세부 사항을 논의하는 회의가 정말 기대됩니다.

Ⓑ Great! I hope the meeting leads to a long-term and **mutually beneficial** partnership.
좋습니다! 이 회의가 장기적이고 상호 이익이 되는 파트너십으로 이어지길 바랍니다.

04 Ⓐ Is there anyone in your life that you really **look up to**?
인생에서 정말 존경하는 사람 있어?

Ⓑ I **look up to** my parents. They not only love me but also always provide me with wise and helpful advice. They stand by me through any challenge all the time.
나는 부모님을 존경해. 그들은 나를 사랑하는 것 뿐만 아니라 항상 지혜와 도움이 되는 충고를 주셔. 그들은 어떤 어려움에도 나와 늘 함께해 주셔.

05 Ⓐ Can you believe our daughter is graduating today?
Time really flies.
우리 딸이 오늘 졸업을 한다니 믿어져? 시간 정말 빠르다.

Ⓑ I know, **it feels like only yesterday** she was starting kindergarten.
I can't help but **look back on** all the memories
맞아. 유치원 입학한 지 바로 어제 같은데. 모든 추억들을 돌아보지 않을 수가 없네.

─ tip ─

01 **move up** 앞당기다

일정이나 계획을 앞당겨 할 때 쓸 수 있는 표현이며 때에 따라서는 "승진하다", "성공하다"라는 뜻으로 사용되므로 맥락에 따른 의미를 파악하는 게 중요

㏇ We decided to move up the meeting to tomorrow.
우리는 회의를 내일로 앞당기기로 결정했어.

01 **work around one's schedule** 일정을 맞추다

누군가의 일정을 중심으로 잡고 자신의 일정을 누군가에게 맞춘다는 의미로 사용 되는 표현

㏇ I can work around your schedule.
내가 너의 일정에 맞출 수 있어.

03 **mutually beneficial**
상호간 이익이 되는

서로 간에 이익이 된다는 의미로, 실리적인 이익이나 상호간의 이익이 되는 비지니스나 관계 등에도 사용 가능

㏇ It could be a mutually beneficial relationship.
상호 이익이 되는 관계가 될 수 있을 것 같아.

05 **it feels like only yesterday** 엊그제 같은데

~한 게 바로 어제 같다거나 엊그제 같다고 표현할 때 쓸 수 있는 표현으로 시간이 유수같이 흐름을 실감할 때 사용

㏇ It feels like only yesterday we got married.
우리가 결혼한지 엊그제 같아.

01 I'd rather + 동사원형 + A + than + B

~하느니 차라리 ~하는 게 낫겠어

두 가지 상황에서 좀 더 낫다고 생각하는 쪽을 선택할 때 사용하며, "B할 바에는 그냥 A하겠다"는 뉘앙스를 전달할 때 쓰이는 패턴입니다.

*I would rather*을 축약해서 *I'd rather*로 표기합니다.

- **I'd rather** go to the movies with you **than** stay at home alone.
  집에서 혼자 있는 것보다는 너랑 같이 영화 보러 가는 게 낫겠어.

- **I'd rather** eat out **than** make dinner now.
  지금 저녁 만드는 것보다는 외식하는 게 낫겠어.

- **I'd rather** think it through **than** regret it.
  후회하는 것보다는 신중하게 생각해 보는 게 낫겠어.

- **I'd rather** clean the house **than** watch TV all day.
  하루 종일 TV 보는 것 보다 청소를 하겠어.

- **I'd rather** be with you in any situation **than** anyone else.
  다른 사람과 함께 하느니 너와 어떤 상황에도 함께 하겠어.

02 set one's sights on ~목표 삼고 이루기로 마음먹다

sight는 "시선"이나 "시력"을 뜻하지만, 여기서는 망원경이나 총의 조준기를 의미합니다. 조준기를 통해 목표를 겨눈다는 것은, 목표를 설정하고 그것을 이루려는 의미로도 사용될 수 있습니다.

- The young pianist **set** his **sights on** performing at Carnegie Hall one day.
  그 어린 피아니스트는 언젠가 카네기 홀에서 연주하는 것을 목표로 삼았다.

- In college I **set** my **sights on** getting into Samsung.
  대학 다닐 때 삼성에 입사하는 것을 목표로 삼았어.

- She has **set** her **sights on** running her own restaurant.
  그녀는 자기 식당을 운영하는 것을 목표로 삼았어.

- I have **set** my **sights on** climbing Mount Everest in the near future.
  가까운 미래에 그는 에베레스트 산에 오르는 것을 목표로 삼았다.

- He has **set** his **sights on** becoming a professional designer.
  그는 전문적인 디자이너가 되기로 목표를 삼았다.

---

tip

01 think it through
곰곰이 생각해 보다

어떤 결정이나 계획에 앞서 여러 가능성을 따져보고 깊이 있게 생각하고 난 후 행동에 옮길 때 쓸 수 있는 표현

예 Shouldn't we think it through?
우리 신중하게 생각해 봐야 하지 않을까?

03 **No wonder (that)** + 주어 + 동사 ~하는 것도 당연하다

*no wonder*는 "궁금할 것도 없다, 놀랄 일이 아니다"라는 뜻에서 파생되어, "~할 만도 하다, 어쩐지 ~하더라"는 의미로도 쓰입니다.

주로 이유나 결과를 강조할 때 유용하며, 당연한 상황을 표현할 때 사용됩니다.

일반적으로 *It is no wonder that* + 주어+동사 형태로 쓰지만, 일상 회화에서는 *It is*가 생략되는 경우가 많습니다.

- **No wonder** there was a lot of traffic last night.
  어쩐지 어젯밤에 차가 막히더라.

- **No wonder** he's very upset. The service was terrible.
  그가 화가 난 것도 당연해. 서비스가 최악이었어.

- You've been eating something. **No wonder** you're not hungry.
  너 계속 뭘 먹고 있잖아. 배가 고프지 않을 만도 하지.

- I've heard you got promoted at work. **No wonder** you're in a good mood.
  회사에서 승진했다는 거 들었어. 네가 기분이 좋을 만도 하지.

- She is so beautiful and kind. **No wonder** everyone loves her.
  그녀는 정말 아름답고 친절해. 모든 사람들이 그녀를 좋아하는 건 당연해.

04 **The way I see it is** 내가 보기에는 말이야

나의 의견을 전달할 때 사용하며 "내 의견으로는, 내 소견으로는"이라고 해석됩니다. 유의어로 *in my opinion*과 함께 유용하게 사용할 수 있습니다.

- **The way I see it is**, you're so lucky.
  내 생각에는 너가 진짜 운이 좋은 것 같아.

- **The way I see it is**, you can't take care of this problem on your own.
  내 소견으로는 너 혼자서 이 문제를 처리할 수 없을 것 같아.

- **The way I see it is**, you should get your car repaired. Just bear that in mind.
  내가 보기엔, 너는 차를 수리하는 게 좋겠어. 꼭 기억해 둬!

- **The way I see it is**, she needs to practice more.
  내가 봤을 때는 그녀는 연습을 더 해야 해.

- **The way I see it is**, it was not an accident.
  내가 봤을 때 그건 우연이 아니었어.

tip

04 bear in mind 유념하다

타인의 충고나 조언 등을 마음 속에 품고 견디며 명심하라는 의미로 사용

bear은 여러가지 의미 중 "참다, 견디다"라는 의미

예 I will bear in mind what you told me.
네가 했던 말을 명심하도록 할게.

↳ 유의어 : keep that in mind

05 **I can't tell you how** + 형용사 + 주어 + 동사

얼마나 ~한지 말로 다 할 수 없어

이 표현은 말로 다 표현할 수 없는 감정을 강하게 느낄 때, 그 감정을 강조하기 위해 사용하는 표현입니다.

- **I can't tell you how** touched I am.
  얼마나 감동받았는지 말로 다 할 수 없어.

- **I can't tell you how** excited I am about my upcoming vacation.
  다가오는 휴가가 있어서 얼마나 신나는지 말로 다 할 수 없어.

- **I can't tell you how** grateful I am for your help.
  너의 도움이 얼마나 감사한지 말로 표현할 수 없어.

- **I can't tell you how** important it is for me to learn English.
  나에게 있어서는 영어를 배우는 게 얼마나 중요한지 몰라.

- **I can't tell you how** much I care about you.
  내가 너를 얼마나 신경 쓰고 있는지 말로 다 할 수 없어.

06 **the best thing that ever happened to**

~에게 있어서 가장 최고의 일

기쁘거나 행복할 때 *so happy* 대신, "내 삶에 일어난 가장 좋은 일"이라는 의미로 이 표현을 사용할 수 있습니다. 특히 아주 특별하고 행복한 순간을 강조할 때 잘 어울립니다.

반대로, 가장 힘들거나 나쁜 일을 말할 때 *the worst*를 넣어 표현할 수 있습니다.

- Adopting our dog from a shelter was **the best thing that ever happened to** our family.
  보호소에서 우리 강아지를 입양한 것은 우리 가족에게 가장 좋았던 일이었어.

- Starting this job was **the best thing that ever happened to** my career.
  이 일을 시작한 것이 나의 경력에 있어서 가장 잘된 일이었어.

- Our children are **the best thing that ever happened to** us.
  아이들이 우리 삶에 가장 최고의 기쁨이야.

- Meeting you is **the best thing that ever happened to** me.
  너를 만난 건 내 생에 최고의 일이야.

- Traveling to New York is **the best thing that ever happened to** me.
  뉴욕을 여행하는 것은 내 삶의 최고의 일이야.

tip

06 **the worst** 가장 최악의

→ the worst thing that ever happened to ~에게 있어서 가장 최악의 일
삶에 있어서 극한의 상황을 표현할 때 사용 할 수 있음

예 The divorce was the worst thing that ever happen to him.
이혼을 한 것은 그의 삶에 가장 최악의 일이었어.

PART
20

SAY / TELL
TALK / SPEAK

01 **SAY / TELL** : 말하다 / 알려주다 / 구분하다

say [현재형] − said [과거형] − said [과거분사형]
tell [현재형] − told [과거형] − told [과거분사형]

 감각 기르기

01 say 말하다

say를 사용해서 누군가에게 "말하다"라고 할 때는 <say to 사람> 구조로 사용

- I just called you to **say** hello.
  그냥 안부 물으려고 전화했어.

- I didn't **say** anything, and I just listened to you.
  그냥 네 말을 듣고 있었고 아무 말도 안 했어.

02 say (that) + 주어 + 동사 ～라고 말하다

타인의 말을 인용해서 말을 할 때 사용하는 문장

- I met Emily yesterday. She **said that** she was in between jobs.
  어제 에밀리 만났는데 구직 중이래.

- My mom always **says** I need to live in the moment.
  엄마는 항상 인생을 즐겨야 한다고 말씀하셔.

03 tell + 사람 ～에게 정보를 전달하다, 알려주다, 말해주다

- You **01** *didn't even* **tell** me that you were going to be late.
  늦을 거라고 말도 안 해줬잖아.

- Please don't **tell** me what to do.
  제발 나한테 이래라저래라 하지 마.

04 tell + 사람 + **to** + 동사원형 ～에게 ～하라고 시키다

- I **told** you **to** organize your time.
  시간 관리 잘하라고 말했잖아.

- I **told** you **to** keep it to yourself.
  너만 알고 있으라고 말했잖아.

05 tell 구분하다

- I can't **tell** the difference between the old one and the new one.
  예전거랑 새로운 것을 구분 못 하겠어.

- Can you **tell** the difference between my twins?
  우리 쌍둥이 구별할 수 있겠어?

자세한 설명은
감각 더하기 에서!　**01** didn't even + 동사원형

tip

02 be in between jobs
　　　　　　　구직 중이다

"일과 일 사이에 있다"는 현재 실직 상태지만 구직 중이라는 의미

예 I'm in between jobs.
　일을 잠깐 쉬고 있어요. 취업준비 중이에요.

02 live in the moment
　　　　　　　현재를 즐기다

과거에 연연하거나 미래에 대한 불안감을 떨치고 현재에 충실하고 매순간을 즐기라는 의미로 사용

예 I think you should learn to
　live in the moment.
　내 생각에는 너는 인생을 즐기는 것을 배워야 해.

04 keep it to oneself
　　　　　　　비밀로 하다

스스로에게 간직하라는 의미는 혼자만 알고 있으라는 "비밀로 하다"라는 뜻

예 I will keep it to myself.
　나 혼자 알고 있을게.

"말하다"에 해당하는 영어 동사 중 어떤 단어를 써야 할지 헷갈릴 수 있습니다. say는 말의 내용이나 인용에 집중할 때 사용되며, tell은 전치사 없이 〈tell + 사람〉 구조로 쓰여 정보를 전달하거나 지시할 때 사용됩니다. 또한 "누군가에게 ~하라고 말하다"는 표현에도 쓰이며, "무언가를 구별하다"는 뜻도 있다는 점을 알아두면 좋습니다.

 **감각 활용하기**

01 🅐 I think my boyfriend and I have the seven-year itch.
남자친구랑 나랑 권태기라고 생각해.

🅑 What makes you **say** that? You guys were all lovey-dovey.
왜 그렇게 말하는데? 너네 완전 꽁냥꽁냥 했잖아.

🅐 Well, lately, we've been arguing more and not staying in touch as much. It feels like our relationship might be over.
음, 요즘 더 싸우고 예전만큼 연락도 안 하고 있어. 우리 관계가 끝난 것 같은 느낌이 들어.

02 🅐 I brought this pizza to share, but where's Grace?
피자 같이 먹으려고 사왔는데 그레이스는 어디에 있어?

🅑 She might be in her room. She **said that** she was really exhausted. You **02** *might want to* leave her alone.
아마 방에 있을 거야. 엄청 피곤하다고 했어. 그냥 혼자 두는 게 좋을 것 같아.

03 🅐 Hey, I heard you're good at fixing computers.
네가 컴퓨터 수리 잘 한다고 들었어.

🅑 Is there a problem with your laptop? If there's anything you need help with, **03** *feel free to* **tell** me.
노트북에 무슨 문제 있어? 너를 도울 게 있다면 편하게 알려줘.

🅐 Actually, my laptop has been **acting up** lately.
사실 요즘 노트북이 말썽이야.

04 🅐 Do you want to have dinner with me after work?
퇴근하고 나랑 저녁 먹을래?

🅑 I would love to but, my dad **told** me **to** come home by 7:00 p.m. We're having a family dinner to celebrate my parents' wedding anniversary.
나도 그러고 싶은데 아빠가 저녁 7시까지 들어오라고 하셨어.
부모님 결혼 기념일을 축하하기 위해서 저녁 식사를 할 거야.

05 🅐 Do you know she had plastic surgery two months ago?
쟤 두 달 전에 성형수술 했다는데 너 알아?

🅑 Oh, really? I can't **tell** the difference. It looks so natural.
오, 정말? 차이점을 모르겠어. 자연스러워 보인다.

자세한 설명은
감각 더하기 에서!　**02** might want to + 동사원형
　　　　　　　　　03 feel free to + 동사원형

---

tip

01 the seven-year itch
권태기

결혼 후 7년쯤 되면 좀이 쑤시는 상황이라는 의미로 오랜 연인이나 부부가 겪는 권태기를 의미

1955년에 만들어진 Marilyn Monroe가 주연인 영화 제목에서 비롯된 표현

GII It looks like they're having the seven-year itch.
그들은 권태기를 겪고 있는 것 같이 보여.

03 act up 말썽을 부리다

사람에게 사용하게 되면 말을 안 듣거나 말썽을 부릴 때, 물건은 갑자기 작동이 안될 때 사용

GII My son started acting up.
아들이 말썽을 부리기 시작했어.

02 TALK/ SPEAK | 대화하다 / 구사하다

talk [현재형] – talked [과거형] – talked [과거분사형]
speak [현재형] – spoke [과거형] – spoken [과거분사형]

 감각 기르기

01 **talk to** + 사람 ~와 대화를 나누다(이야기하다)
talk about + 명사 ~에 관하여 이야기하다

- I'm not ready to **talk to** her.
  나는 아직 그녀와 이야기할 준비가 되지 않았어.

- I'd like to **talk about** the marketing campaign and its impact on our new products during the meeting.
  회의 중에 마케팅 캠페인과 그것이 우리 신제품 미치는 영향에 대해서 이야기 나누고 싶습니다.

02 **talk over** ~에 관해 신중하게 논의하다

- We couldn't **talk over** that agenda during the meeting.
  회의 중에 그 안건에 대해서 논의할 수 없었어.

- I decided to **talk over** the problem with my parents.
  나는 부모님과 그 문제에 관해 논의하기로 결심했어.

03 **talk into** (설득해서) ~를 하게 하다
talk out of (설득해서) ~하지 못하게 하다

- I wasn't sure about taking the job at first, but my friend **talked** me **into** it with all the benefits.
  처음에는 그 일을 할지 확신이 없었는데, 친구가 모든 이점을 들며 나를 설득 했어.

- I really want to get a tattoo, and my parents are trying to **talk** me **out of** it.
  나는 문신을 하고 싶은데, 부모님은 그것을 못하게 하려고 하셔.

04 **speak** + 언어 ~를 구사하다

- How many languages do you **speak**?
  몇 개 언어를 구사할 수 있어?

- I **speak** English and a little Chinese.
  영어랑 중국어 조금 할 줄 알아요.

05 **speak to** + 사람 ~와 말하다 /통화를 하다

- I need to **speak to** my manager about the promotion.
  승진에 관해서 매니저님과 이야기 나눠봐야겠어.

- May I **speak to** Nicole?
  니콜과 통화할 수 있을까요?

tip

01 **talk to** + 사람
누군가와 대화를 나누다

〈talk to + 사람〉과 함께 〈talk with + 사람〉도 많이 사용하는데, 두 표현은 엄청난 의미 차이가 나지는 않지만 talk with를 사용하면 "상대와 함께 상호적으로 대화를 나누다"는 의미로, 보다 친밀도가 높은 사람들과 이야기를 주고받을 때 사용하며, 원어민들은 두 전치사를 혼용

기본동사 talk은 누군가와 친밀한 분위기에서 대화를 나누는 것에 초점을 둡니다. say나 tell과 구분하기 위해 "이야기하다, 대화하다"는 의미로 익혀두면 혼동을 줄일 수 있습니다. speak는 격식을 갖춘 상황이나 공식적인 자리에서 주로 사용되며, 외국어를 구사할 때도 "언어를 하다"는 의미로 쓰입니다. tell을 제외한 동사들과 "~와 이야기하다"는 표현에는 전치사 to를 써야 한다는 점도 기억해두세요.

감각 활용하기

01 **A** How come you're not helping with this project?
04 *How many times do I have to* ask?

도대체 왜 너는 우리가 하는 이 프로젝트를 도와주지 않는 거야? 몇 번을 부탁해야 되는 거야?

B Please don't **talk to** me about the project. I'm not involved. I think it would be better to ask Daniel about it.

제발 그 프로젝트에 대해서는 저에게 말하지 마세요. 저는 관련이 없어요. 다니엘에게 물어보는 게 더 좋을 것 같습니다.

02 **A** We've been working on this project for a few months, but there are still some parts that seem unclear.
We should **05** *get the gist of* them.

이 프로젝트를 우리가 몇 달 동안 진행해왔지만 몇 부분이 명확하지 않은 것 같아. 그것들에 대한 핵심을 파악해야 해.

B I agree. Maybe we should **talk** it **over** in more detail.

네 말에 동의해. 아무래도 우리 더 자세하게 논의를 해는 게 좋을 것 같아.

03 **A** I heard you're thinking about moving in with Linda.

린다네 집으로 이사하려고 생각 중이라는 말 들었어.

B Well, she **talked** me **into** it, but **06** *I'm still debating whether* to go through with it. It's a big decision.

음. 린다가 날 설득했는데, 이사를 가야 하는지 고민 중에 있어. 큰 결정이잖아.

04 **A** How do you **speak** such good English?

어떻게 그렇게 영어를 잘 하세요?

B I studied in America for five years. I majored in English literature in college and practiced speaking and writing through English classes.

저는 5년동안 미국에서 공부를 했어요. 대학에서 영문학과 전공을 했고, 영어 강의를 들으면서 말하기와 쓰기를 연습했어요.

05 **A** Hi, may I **speak to** Jessica, please?
This is Stella from the marketing team.

안녕하세요. 제시카랑 통화할 수 있을까요? 마케팅 부서에 있는 스텔라입니다.

B Hi, please hold the line. I will put you through.

안녕하세요. 잠시만 기다리세요. 연결해 드리겠습니다.

자세한 설명은
감각 더하기 에서!
04 how many times do I have to + 동사원형
05 get the gist of
06 be debating whether

---

tip

05 **put 사람 through**
　　　　　전화를 연결하다

과거 전화 교환원이 있었을 때, 누군가에게 걸려 온 전화를 원하는 상대방에게 연결해주는 데에서 시작된 표현

예 Can you put me through to Amy, please?
에이미에게 전화를 연결해 줄 수 있으세요?

01 didn't even + 동사원형 ~조차도 하지 않았잖아

일상 회화에서 *even*은 "심지어"라는 뜻으로 강조를 할 때 사용합니다.
타인이 무언가를 제대로 하지 않았을 때, 하지 않은 행동을 콕 찍어서 이야기할 때
쓰이는 패턴입니다.

- You **didn't even** want to invite him over.
  너는 그를 초대하고 싶어 하지도 않았잖아.

- You **didn't even** know who I was at the party.
  너는 파티에서 내가 누구였는지도 몰랐잖아.

- You **didn't even** apologize to me.
  너는 심지어 나한테 사과도 안 했잖아.

- My boyfriend **didn't even** notice that I changed my hairstyle.
  내 남자친구는 내 머리 스타일 바뀐 것도 알아차리지 못했어.

- He **didn't even** bother to learn English
  그는 영어를 배우는 거조차 하려고 하지 않았잖아.

02 might want to + 동사원형 ~하는 게 좋을 것 같아

should + 동사원형보다 부드럽게, 상대에게 무언가를 하자고 제안하거나 권유할
때 쓰는 표현입니다.

한국어로 직역하면 뜻이 잘 와닿지 않을 수 있으니, 표현의 뉘앙스와 실제 의미를
파악하고 사용해 보시길 바랍니다.

- You **might want to** try that new restaurant downtown.
  시내에 있는 새로운 음식점에 가보는 게 좋을 거 같아.

- You **might want to** change your mind.
  마음을 바꾸는 게 좋을 것 같아.

- You **might want to** double-check your report before you submit it.
  보고서를 제출하기 전에 두 번 확인해 보는 게 좋을 거야.

- I think you **might want to** talk to the manager about your concerns.
  내 생각에는 너의 고민들을 매니저와 이야기 나눠보는 게 좋을 것 같아.

- We **might want to** take a coffee break.
  우리 커피 마시면서 잠깐 쉬는 게 좋을 것 같아.

---

tip

01 notice 알아채다

이 단어는 "알리다"라는 의미로만 알고 있는데 어떤 대상에게 관심을 갖고 바라보았을 때 감지되는 달라진 점이나 이상한 점 또는 주목할 사항을 알아차릴 때 쓰는 표현

예 Do you notice anything different about me?
나 뭐 달라진거 없어?

03 **feel free to** + 동사원형   편하게 ~하세요

상대에게 부담을 주지 않고 편하게 하라고 말할 때 쓰는 표현입니다.
최대한 맞춰주고 싶을 때나 배려의 마음을 전할 때 유용합니다.

- **Feel free to** ask me any questions.
  얼마든지 나에게 물어봐도 괜찮아.

- If you need, **feel free to** use my computer.
  필요하면 얼마든지 내 컴퓨터 써.

- **Feel free to** join us for dinner tonight.
  오늘 저녁 저희랑 식사 함께 해요.

- **Feel free to** help yourself to some refreshments on the table.
  테이블 위에 있는 다과들 마음껏 드세요.

- If you need my help, **feel free to** let me know.
  내 도움이 필요하면 얼마든지 알려줘.

— **tip** —

03 **help yourself**
                마음껏 드세요

집에 손님을 초대하거나 파티에서 음식을 제공할 때 주로 사용 할 수 있는 표현이기도 하지만 스스로 원하는 것을 편하게 취하라는 의미로 물어보지 않고 원하는 것을 가져도 된다는 뜻을 전할 때 사용

■ I have a lot of books at home. Please help yourself to any books you want.
집에 책이 많이있어. 원하는 책 있으면 마음껏 가져가.

04 **how many times do I have to** + 동사원형
                내가 몇 번을 ~해야 하는 거야?

같은 말을 반복하게 되거나, 똑같은 상황이 계속될 때 사용하는 표현입니다.

- **How many times do I have to** tell you?
  내가 몇 번을 말해야 하는 거니?

- **How many times do I have to** explain this concept?
  이 개념에 대해서 몇 번이나 설명을 해줘야 하는 거야?

- **How many times do I have to** call you?
  내가 전화 받기 전에 몇 번을 전화해야 하는 거야?

- **How many times do I have to** apologize for my mistake?
  내 실수에 대해서 몇 번을 사과해야 하는 거야?

- **How many times do I have to** wake you up?
  몇 번을 깨워줘야 하는 거야?

05 **get the gist of** 핵심을 파악하다

"요점을 파악하다"는 의미로 *get the point*라는 표현을 사용하는데, *gist*도 말이나
글의 "핵심"이나 "요지"라는 의미로 사용합니다.

원어민들이 자주 쓰는 표현이니 잘 익혀두면 좋겠습니다.

• I need to **get the gist of** this whole textbook because of my final
exam.
기말 고사 때문에 이 책 전체의 핵심을 파악해야 해.

• I didn't have time to watch this movie, but I **got the gist of** it from
the trailer.
시간이 없어서 이 영화는 못 봤지만 예고편을 보면서 무슨 내용인지 알았어.

• I think I sort of **get the gist of** it.
그것에 대해서 좀 파악을 했어.

• Can you tell me about the meeting so that I can **get the gist of**
what was discussed?
회의 중에 어떤 내용을 의논했는지 핵심을 파악할 수 있게 회의 내용을 알려 줄 수
있어요?

• Even though I didn't understand every word, I **got the gist of** what
he was saying
모든 단어를 이해 못 했어도 그가 무슨 말을 했는지 요지를 파악했어.

06 **be debating whether** ~ 할까 고민 중에 있어

debate는 보통 찬반의견을 내는 "토론"이라는 뜻으로 알려져 있지만, 어떤 일을
할지 말지 고민하고 망설일 때도 쓸 수 있습니다.

선택을 앞두고 생각이 많을 때 유용하게 사용할 수 있는 표현입니다.

• I**'m debating whether** to buy a new car or save the money for a
vacation.
휴가를 위해 돈을 모을까 아니면 신차를 살까 고민 중이야.

• Long story short, I**'m debating whether** to accept the job offer
or look for another job.
간단하게 말하자면, 이 일자리 제안을 받아들일까 아니면 다른 일자리를 찾아볼까
고민 중이야.

• My husband and I **are debating whether** to invest in the stock
market or put our money into real estate.
남편과 나는 주식 투자를 할까 부동산 투자를 할까 고민 중이야.

• We're still **debating whether** to have a small wedding or a big
celebration with all our friends and family.
우리는 소규모 결혼식을 할까 아니면 모든 친구들이랑 가족들이랑 크게 축하를 해야
하나 고민 중에 있어.

• I **was debating whether** to travel to Europe alone or not.
혼자서 유럽 여행을 가야 하는지 고민했었어.

tip

06 **Long story short,**
짧게 말하자면,

어떤 내용에 대해서 구구절절 설명하
기 보다 긴 이야기를 짧게 줄여서 기
본 사실을 간단하게 말 할 때 사용

예) We've been through a lot. but
long story short. I'm going to
marry him.
우리가 여러가지 일이 있었지만. 간
단하게 말해서 그랑 결혼할 거야.

MEMO

MEMO